Du même auteur

Je suis né un jour bleu, Les Arènes, 2007
Embrasser le ciel immense, Les Arènes, 2009
L'Éternité dans une heure, Les Arènes, 2013
C'est une chose sérieuse que d'être parmi les hommes, poèmes de Les Murray, traduits par Daniel Tammet, L'Iconoclaste, 2014
Mishenka, Les Arènes, 2016

Chaque mot est un oiseau à qui l'on apprend à chanter se prolonge sur www.arenes.fr

Ouvrage publié sous la direction de Catherine Meyer.

Titre original : *Every Word is a Bird we Teach to Sing*

Éditions Les Arènes
27, rue Jacob, 75006 Paris
Tél. : 01 42 17 47 80
arenes@arenes.fr

DANIEL TAMMET

TRADUIT DE L'ANGLAIS
PAR SAMUEL SFEZ.

LES ARÈNES

À la mémoire de mon père.

1

Trouver ma voix

Bien que l'anglais soit la langue de mes parents, celle dans laquelle j'ai grandi et étudié, je n'ai jamais eu le sentiment de lui appartenir. J'ai appris ma langue maternelle avec embarras, souvent confusément. Elle m'était étrangère. Une deuxième langue. Toujours, dans un coin de mon esprit d'enfant, se déroulait une traduction simultanée qui luttait pour suivre le rythme. Pour dire tel ou tel mot en d'autres termes. Pour recomposer le puzzle des phrases. Jusqu'à ce qu'un spécialiste m'annonce mon autisme de haut niveau et m'explique la déconnexion entre l'individu et le langage, j'ai dû me débrouiller avec le monde comme je le pouvais. J'étais inadapté. Le monde est fait de mots. Moi, je pensais, sentais, rêvais dans une langue secrète faite de nombres.

Dans mon esprit, chaque nombre possède une forme – ainsi qu'une couleur, une texture, parfois un mouvement (un phénomène neurologique que les scientifiques appellent synesthésie) –, et chaque forme a un sens. Parfois la forme se rapproche du sens : quatre-vingt-neuf, par exemple, est bleu sombre, comme un ciel de tempête, d'une texture perlée, avec un mouvement vacillant, tourbillonnant vers le bas, que j'interprète comme « la neige » ou, plus largement, « l'hiver ». Je me souviens l'avoir vue tomber pour la première fois par la fenêtre de ma chambre. J'avais sept ans. Épais flocons d'un blanc pur, la neige formait une couche de plusieurs centimètres, métamorphosant le bitume gris du quartier en une toundra vierge, opalescente. « Neige », haletai-je à l'intention de mes parents. « Quatre-vingt-neuf », pensai-je. Cette idée m'avait à peine traversé l'esprit qu'une autre me vint : neuf cent soixante-dix-neuf. La vue depuis ma fenêtre ressemblait à neuf cent soixante-dix-neuf – la brillance et la beauté du nombre onze qui s'étendait multipliaient littéralement le tourbillon hivernal de quatre-vingt-neuf. J'étais ému. Sans compter que je suis né à la fin d'un mois de janvier 1979 particulièrement froid et neigeux. Cette coïncidence ne m'échappait pas. Par la suite, je vis des significations privées partout.

Est-ce à partir de ce moment – la correspondance soudaine de mes significations personnelles avec le monde extérieur – que j'ai ressenti le besoin de communiquer ? Jusque-là, je n'avais jamais éprouvé la nécessité de m'ouvrir aux autres, ni à mes parents, ni à mes frères et sœurs, sans parler de mes camarades de classe. Un sentiment soudain m'habitait, auquel je ne pouvais attribuer ni nom ni nombre (il ressemblait un peu à la tristesse du six, mais pas exactement). J'appris plus tard que ce sentiment s'appelait « la solitude ». Je n'avais pas d'amis. Mais comment pouvais-je me faire comprendre par des enfants dont je me sentais si éloigné ? Nous parlions différemment, pensions différemment. Les autres ne savaient rien (comment auraient-ils pu ?) du rapport entre quatre-vingt-neuf et neuf cent soixante-dix-neuf. Le même qu'entre, mettons, *hiver* et *hibernation*. Avec quels mots aurais-je pu expliquer que la forme du onze et celle du quarante-neuf s'accordaient ? Une rime visuelle. J'aurais tant aimé partager avec mes camarades certains de mes poèmes faits de nombres :

Soixante et un deux deux deux deux onze
Cent trente et un quarante-neuf

Mais je gardais cela pour moi. Les enfants de mon école m'intimidaient. Dans la cour de récréation, chaque bouche était un cri, un grognement, une insulte. Plus les enfants se moquaient de moi, moins j'osais les approcher pour tenter d'engager la conversation. Sans compter que j'ignorais à quoi ressemblait une conversation.

J'ai renoncé à l'idée de me faire des amis. Il me fallait admettre que je n'étais pas prêt. Je me suis renfermé dans les certitudes de ma langue numérique. Seul avec mes pensées, dans le calme relatif de ma chambre, je me concentrais sur la forme des nombres, leur grammaire. Cent quatre-vingt-un, un nombre premier, avait une grande forme symétrique et brillante, pareille à une cuiller. Quand je le multipliais par deux (une sorte de chiffre d'action) il se transformait en verbe. Trois cent soixante-deux voulait dire « manger » ou « consommer » (plus littéralement, « déplacer une cuiller »). C'était l'image mentale qui annonçait invariablement un changement intérieur, ici, la faim. Suivant le même principe, d'autres images naissaient en moi : treize, qui a la forme d'une goutte de pluie glissant sur une vitre, devenait vingt-six, « s'endormir ».

Cette langue visuelle m'accompagnait jusqu'à la bibliothèque, où je prélevais régulièrement des couvertures colorées dans les rayons. Avant même de savoir lire, je suis tombé sous le charme des *Aventures de Tintin*, ce garçon à mèche blonde avec son petit chien Milou. Des dialogues dans des bulles ; des émotions figurées en gros caractères avec des points d'exclamation ; une histoire qui se déroule sans accroc d'un dessin à l'autre. Chaque case, si minutieusement détaillée, valait qu'on l'étudie : une mini-histoire en soi. Une infinité d'histoires dans l'histoire, comme une infinité de nombres dans les nombres. J'étais fasciné.

Cette excitation m'a aidé pour apprendre à lire. Une chance car, au début, la lecture ne m'est pas venue facilement. Mes parents ne m'ont jamais lu d'histoires avant de m'endormir (sauf quelques lignes de réconfort la nuit après un cauchemar). Par ailleurs, j'étais sous antiépileptiques, qui me faisaient somnoler en classe. Je n'ai donc jamais été précoce. Je me souviens avoir toujours eu plusieurs trains de retard sur les autres enfants, et je devais me concentrer intensément pour les rattraper. Mon goût pour la forme des mots dans mes manuels scolaires et l'impression visuelle qu'ils provoquaient en moi ont fait la différence. Je me souviens encore de l'illustration d'un de ces livres : une sorcière à la cape noire, tout en angles aigus, chevauchant son balai. Dans mon imagination d'enfant de six ans, la lettre *w* du mot anglais *witch* était une paire de chapeaux de sorcière, pendus côte à côte à un clou.

À cette époque, au milieu des années 1980, un professeur pouvait donner à ses jeunes protégés une boîte à tabac vide. La mienne était vert sombre et or. Il y plaçait de nouveaux mots, écrits avec soin sur de petites cartes rectangulaires, pour qu'on les apprenne à la maison. Je répertoriais alors les mots sur différentes listes en fonction de leur forme et de leur aspect : les mots ronds comme un trois (*gobble* : « glouglou », *cupboard* : « placard », *cabbage* : « chou »), pointus comme un quatre (*jacket* : « veste », *wife* : « épouse », *quick* : « rapide ») ou brillants comme un cinq (*kingdom* : « royaume », *shoemaker* : « cordonnier », *surrounded* : « entouré »). Un autre jour, concentré sur ma lecture, je suis tombé sur le mot *lollipop* (sucette), et un courant de joie m'a traversé. Je lisais « 1011ipop ». Mille onze, divisible par trois, une forme ronde qui correspondait parfaitement au sujet. Je me trouvais face à la plus belle chose que j'aie jamais lue : mi-nombre, mi-mot.

En grandissant, mon vocabulaire s'est enrichi ; je puisais dans les phrases courtes à la typographie guindée de mes manuels scolaires, dans les leçons de mon institutrice écrites à la craie sur le tableau noir, dans les adjectifs essoufflés des tracts froissés qu'on glissait dans notre boîte aux lettres… Enfin, dans les titres pixélisés des pages du télétexte de la BBC. Tous ces mots, et bien d'autres, je savais les lire, les écrire, les épeler à l'endroit et à l'envers, mais pas toujours les prononcer. Il était rare que les mots prononcés par la radio ou la bouche d'un étranger atterrissent dans mon oreille. (Je regardais la télévision pour les images – je baissais toujours le volume.) Si je surprenais mon père à la porte en train de parler au laitier ou ma mère en train d'échanger des potins avec la voisine par-dessus la haie, j'essayais d'écouter – et me déconnectais soudainement. En tant que sons et monnaie sociale, les mots n'avaient pas de prise sur moi. En revanche, je ne manquais pas de les chérir à l'écrit, de les réarranger pour former des « assemblages », de jouer avec eux comme je jouais avec les formes numériques dans ma tête, mesurant l'effet visuel que produisait par exemple l'entrelacement de mots ronds de type trois avec des mots pointus de type quatre, ou l'alignement de plusieurs mots de type cinq, tous brillants, les uns à la suite des autres.

Un camarade de classe nommé Babak fut la première personne à qui je montrai mes créations. Il était à l'image de ses parents, des gens minces et doux qui avaient fui l'Iran des ayatollahs plusieurs années auparavant pour l'anonymat d'une banlieue londonienne. Par chance, ils avaient inscrit leur fils dans mon école. La différence de Babak me rassurait : ses épais cheveux noirs, son anglais impeccable et son esprit tourné vers les mots et les nombres. Par un week-end ensoleillé, assis en face de moi sur la pelouse de son jardin, il leva le regard du plateau de Scrabble pour lire la feuille de cahier chiffonnée que je lui tendais nerveusement.

« Intéressant. C'est un poème ? »

Je restai immobile, la tête baissée, fixant un point entre les cases numérotées. Je sentais ses yeux marron inquisiteurs posés sur moi. Finalement, je haussai les épaules et répondis :

« Je ne sais pas.

– Peu importe. C'est intéressant. »

Ce fut également l'opinion du directeur de notre école. Comment mes écrits sont arrivés entre ses mains reste à ce jour un mystère. J'avais alors dix ans. En classe, nous lisions *La Guerre des mondes* de H. G. Wells. Dans un état de forte excitation induit par sa prose graphique, je rentrais précipitamment chez moi, chaque jour après la classe, pour écrire dans la solitude de ma chambre – d'abord prudemment, puis de manière compulsive. De cette première expérience, mon esprit n'a conservé que quelques fragments : des descriptions tortueuses de tunnels labyrinthiques ; la silhouette épurée de vaisseaux spatiaux constellant le ciel ; des pistolets laser émettant des rayons, électrisant l'air. Aucun dialogue. L'histoire m'habitait, me subjuguait. Elle dépassa rapidement toutes les lignes de toutes les pages de tous les cahiers de la maison. De sorte que la première fois que mon institutrice en entendit parler, ce fut l'après-midi où je lui demandai en rougissant si je pouvais emmener chez moi le rouleau de papier à imprimer de l'école. Elle me l'autorisa, à condition que je lui dise pourquoi. La semaine suivante, elle me demanda avec tact où en était mon histoire. Elle voulait la lire. Je revins et déposai sur son bureau, avec difficulté, les nombreuses pages remplies de mon écriture nette et serrée. « Tu veux bien me les laisser ? » J'hésitai, puis acceptai. A-t-elle décidé, après avoir lu mon texte, de le transmettre au directeur ? Ou celui-ci est-il simplement tombé dessus en rendant visite à mon professeur ? Quoi qu'il en soit, un matin, lors de l'assemblée de l'école, se départant de son habituel bavardage de directeur, il annonça qu'il allait lire un extrait de mon histoire à l'assistance. Je ne m'y attendais pas. Sans même un mot d'avertissement de la part de mon institutrice ! Le directeur n'avait jamais lu à voix haute le travail d'un élève. Je ne pus me résoudre à l'écouter. Nerveux et embarrassé, je plaçai mes paumes sur mes oreilles – l'une de mes habitudes – et fixai les volutes de poussière au sol. Après l'assemblée, des enfants qui ne m'avaient jamais adressé la parole vinrent me saluer en souriant, me tapèrent sur l'épaule en disant : « Super, ton histoire », ou d'autres mots de ce genre. Le directeur mit un point d'honneur à me dire qu'il m'aurait décerné un prix d'écriture s'il avait eu un tel prix à remettre. Ses encouragements furent un substitut suffisant, que je chéris. Je fus néanmoins dépité lors de mon passage au collège car, au lieu d'y déployer mon imagination pour composer de nouvelles histoires, je dus régurgiter une infinité de connaissances formatées pour les examens. Je compris que je devrais nourrir plus ou moins seul le talent qui pointait sous ma timidité et ma perplexité sociale, fouiller pour trouver quelque subsistance hors de ma scolarité.

C'est parmi les étagères de la bibliothèque municipale que j'ai passé le plus clair de mon adolescence, aussi à l'aise dans le déchiffrage des textes qu'inapte en matière de conversation. Aujourd'hui, je me rends compte que ces années de lecture ont été une manière de me former aux voix de la sagesse, à la multitude d'accents de l'expérience humaine. J'écoutais assidûment chacun d'entre eux à travers les carreaux de mes lunettes. À la puberté, acquérant un peu plus d'empathie à chaque livre lu, je m'écartai progressivement des encyclopédies illustrées et des dictionnaires pour me tourner vers les livres d'histoire, les biographies et les Mémoires. Je m'efforçais d'aller toujours plus loin, intellectuellement et émotionnellement, en privilégiant les romans de plus en plus gros.

J'avais peur de ce genre de fiction pour adultes. Je redoutais de me sentir perdu dans les méandres d'un langage social que je ne maîtrisais pas (et craignais de ne jamais maîtriser). Je redoutais que cette expérience n'ébranlât le peu de confiance que j'avais en moi. La faute incombait en grande partie aux cours d'anglais du collège et à leurs « lectures obligatoires ». Si Shakespeare – ses personnages extravagants et sa diction étrange (que nous lisions en parallèle avec une traduction en anglais contemporain) – me fascinait, je trouvais Dickens interminable, et *Jude l'Obscur*, de Thomas Hardy, me semblait effectivement très obscur.

À la bibliothèque municipale, une infinité de livres s'offraient à moi. Je parcourais les rayonnages à ma guise. J'évitais les histoires thématiques ou didactiques écrites par des narrateurs je-sais-tout que les professeurs utilisaient pour les examens. J'aimais les romans courts des auteurs contemporains. Leurs réflexions intelligentes et concises sur la vie moderne (pourtant réservées à une classe socioéconomique qui n'était pas la mienne). Malgré cela, ils étaient abordables. Je les choisissais en partie pour les notes laissées dans les marges par différents lecteurs – des mots d'assentiment, d'agacement ou d'étonnement griffonnés, qui me donnaient sans le vouloir des indices quant à la signification de telle phrase ou de tel paragraphe. En partie aussi pour les cornes, les traces de doigts et les taches de café qui me rappelaient qu'un livre est aussi un objet social – un portail entre nos mondes intérieur et extérieur. En partie, enfin, pour leurs dialogues, ces allers-retours verbaux clairement mis en relief par la ponctuation, appartenant pleinement à l'histoire. C'est donc ainsi que parlent les gens ? C'est à ça que ressemble une conversation ? pensais-je.

Certaines nuits, dans mes rêves, j'observais ces schémas dialogiques convertis en formes numériques :

« Douze soixante et onze neuf deux cent cinquante-sept.

– Deux cent cinquante-sept ?

– Deux !

– Quatre. Seize.

– Dix-sept. »

À l'approche du bac, Frau Corkhill, ma professeure d'allemand depuis plusieurs années, voulut m'inviter chez elle l'après-midi pour des cours de conversation (plus souvent en anglais qu'en allemand !).

J'avais cruellement besoin de cet entraînement. En dehors de ma famille, où tant de choses pouvaient être exprimées sans qu'on doive prononcer un mot, je ne parvenais pas à dire grand-chose qui ne paraisse maladroit, hors sujet ou carrément bizarre. Je prenais essentiellement pour modèles les dialogues étudiés dans les romans à la bibliothèque ; mais je finis par comprendre que ces schémas avaient leurs limites. À l'aube de l'âge adulte, le besoin de communiquer commençait à acquérir une nouvelle importance. Un jour, en cours d'histoire, la vue d'un nouveau garçon me fit battre le cœur, me serra la gorge, et mon attraction me poussa à tenter une conversation. Je parlai, parlai, heureux d'être anxieux, mais ce qui paraissait si bon et si convaincant sur les pages d'un roman tomba à plat dans ma voix étranglée, rouillée et monotone. Le courage laissa place à la mortification. Pire que la mortification. Sept cent cinquante-sept (sa forme ressemble à la racine de gingembre) : un sentiment aigu, né d'un désir intense de communiquer, contrebalancé par une incapacité proportionnelle à le faire, pour lequel ni l'anglais ni le français n'ont d'équivalent précis.

Frau Corkhill, petite femme corpulente aux cheveux roux d'une soixantaine d'années, faisait l'objet de moqueries de la part des autres élèves à cause de ses nombreuses excentricités. Elle mangeait de l'ail cru par gousses entières. Elle portait des robes à fleurs et des chaussettes fluo. Là où un autre professeur aurait engueulé son élève indiscipliné, elle se contentait de sourire de tout son éclatant rouge à lèvres et fixait le plafond d'un air mélancolique. À mes yeux, un tel comportement n'avait aucune importance. Elle m'adorait. Une vraie grand-mère. Elle sentait les difficultés invisibles contre lesquelles j'avais lutté toute mon enfance. Le jour où elle m'a donné son numéro de téléphone, peu avant que je change de classe, j'ai découvert un joli mélange de quatre et de sept. Les trois premiers chiffres après le préfixe local devinrent son surnom. Peu après, je l'appelai et acceptai son invitation. Chaque semaine au cours de l'année suivante, je pris le bus rouge à deux étages pendant vingt minutes qui me menait à sa porte.

Ces leçons-discussions étaient le temps fort de ma semaine. Ah! Frau Corkhill... Une femme d'une infinie patience, maîtresse dans l'art d'éclairer les erreurs des autres, de corriger par l'exemple plutôt que par la réprimande. Sa maison était un espace où je pouvais parler et échanger sans craindre d'être pris pour un empoté de la conversation. Nous nous tenions dans son salon, à côté d'une baie vitrée donnant sur une roseraie, assis sur des chaises à haut dossier autour d'une table couverte d'une nappe blanche en dentelle, un plateau et un service à thé en porcelaine au centre: une véritable scène de roman.

Nous parlions du lycée, de l'actualité. Parfois, nous passions de l'anglais à l'allemand, et inversement. Frau Corkhill parlait un anglais unique, avec un accent moitié allemand, moitié *geordie* (Corkhill, le nom de son mari, est un patronyme courant du nord de l'Angleterre). Étrange que je n'aie pas remarqué les accents des gens plus tôt. Étrange surprise quand un camarade m'a fait remarquer que je prononçais les «th» d'une manière bizarre (la faute à mon père cockney). Je n'avais jamais pris conscience de cela.

Avec Frau Corkhill, je compris combien d'anglais différents pouvaient exister. Le sien, le mien: deux parmi une multitude.

En écrivant l'histoire de mon enfance avec les mots dont je disposais en 2005 (j'avais alors vingt-six ans), avec passion mais sans confiance ni sophistication, j'ai trouvé ma voix. Le succès international de *Je suis né un jour bleu* a lancé une conversation avec mes lecteurs du monde entier. Là où quelques critiques anglophones ne voyaient qu'un « one-shot » du genre « Mémoires d'un handicapé » ou « l'histoire d'un homme-ordinateur », des lecteurs allemands, espagnols, brésiliens ou japonais ont découvert une voix singulière et m'ont adressé des lettres pour m'encourager à continuer d'écrire. Beaucoup faisaient référence à l'un des derniers chapitres dans lequel je racontais ma récitation publique au musée de l'Histoire des sciences à Oxford, en 2004. Son objet n'était ni un livre, ni les travaux d'un chercheur, mais un nombre. Pi. Au cours des trois mois précédents, j'avais assimilé ses décimales infinies par centaines, jusqu'à connaître les 22 514 premières par cœur, un record européen. Le 14 mars, j'ai récité ce magnifique poème épique, une *Iliade* et une *Odyssée* composées de chiffres, lors d'une performance publique de cinq heures. Pour la première fois de ma vie, je parlai à voix haute dans ma langue numérique (quoique, nécessairement, avec des mots anglais), longuement, passionnément, couramment. Et si, pendant les premières minutes, je craignis que la petite assistance d'auditeurs curieux ne comprenne pas plus que si j'avais parlé chinois et sorte en secouant la tête, mes inquiétudes s'évaporèrent rapidement. À mesure que je prenais de la vitesse, et que j'entrais dans le rythme, je voyais les hommes et les femmes se pencher vers moi, alertes, captivés. À chaque chiffre prononcé, leur concentration redoublait, réduisant au silence les pensées parasites. Des sourires méditatifs éclairaient leurs visages. Certains étaient même émus aux larmes. J'avais trouvé dans ces nombres les mots pour exprimer mes émotions les plus profondes. En cette claire journée de mars, par ma personne, à travers mon souffle et mon corps, les nombres ont parlé à l'assemblée disparate. Ils parlèrent ensuite, à travers des pages imprimées, à mes lecteurs lointains, défilant dans leur tête, indépendamment de la traduction. De sorte que le combat de ma vie pour trouver ma voix et mon obsession pour le langage leur apparurent, comme ils m'apparaissaient, telle une vocation.

J'avais écrit un livre, il avait été publié. Restait à savoir si un jeune homme atteint d'autisme portait d'autres livres en lui. Il n'existait aucune tradition d'écriture autiste – certains considéraient même un «auteur autiste» comme un paradoxe. Je n'avais aucun bagage, aucun modèle (quoique, par la suite, j'eusse découvert que Lewis Carroll – probablement – et Les Murray, le poète australien candidat au prix Nobel, pour n'en nommer que deux, partageaient ma condition). J'étais seul.

Un beau jour, une autre lettre de lecteur me parvint, rédigée en français, une langue que j'avais apprise au collège. C'était mon futur mari qui l'avait écrite, un jeune homme inconnu du nom de Jérôme. Après plusieurs mois de correspondance joueuse et attentionnée, nous sommes tombés amoureux. Pour lui, pour son pays et sa langue, je choisis de quitter l'Angleterre et l'anglais, que je n'avais finalement jamais vraiment adoptés. Nous avons vécu un moment à Avignon, puis nous nous sommes installés à Paris, au milieu des bistrots et des bouquinistes de Saint-Germain-des-Prés.

Depuis longtemps, j'avais tourné le dos à la littérature. Les romans et moi suivions des routes séparées. Mais à présent, dans notre appartement, entourés de nos livres (Jérôme en possédait des tas), assis ensemble à une table en bois de rose, nous lisions tour à tour à voix haute la traduction française de *L'Idiot* de Dostoïevski. Quand je lisais, de la même façon que quand j'avais récité le nombre Pi, ma voix m'apparaissait à la fois intime et distante : une autre voix dans ma voix, qui l'amplifiait et l'enrichissait. Et, comme avec Pi, les mots faisaient sens, et j'en étais bouleversé. Au cours de la lecture de cette œuvre russe, je ne fus pas envahi par le sentiment d'étrangeté qu'avaient éveillé en moi les pages des romans anglais. Au contraire, je me sentais chez moi. Libéré de ma gêne, je pouvais enfin lire pour le plaisir d'apprendre de nouveaux mots et de découvrir de nouveaux mondes. Je pouvais lire pour le plaisir de lire.

La réputation de Dostoïevski, cet intermédiaire puissant entre son œuvre et le lecteur moderne, m'aurait autrefois intimidé, maintenu à distance. Mais sa langue s'avéra d'une précision photographique. Le meilleur exemple se trouve dans la scène du train : le général Ivolguine fume un affreux cigare et indispose une hautaine lady anglaise qui voyage dans le même compartiment avec son petit chien. N'y tenant plus, elle arrache l'atroce cigare des doigts du général et le jette par la fenêtre. Le général, imperturbable mais rapide comme l'éclair, saisit alors le chiot et le balance à la suite du cigare ! Je me souviens du ton de ma voix, tandis que je racontais, interrompue par mon propre rire de surprise, et comment ma joie se communiqua à Jérôme, qui éclata de rire.

Dostoïevski n'était pas le seul à nous toucher. Au cours des mois suivants, les nouvelles d'Isaac Babel nous ont causé rires et frissons. *Le Grondement de la montagne* de Kawabata – l'histoire d'un vieil homme à la mémoire fragile – m'a ému aux larmes. La musique visuelle des *Paroles* de Jacques Prévert a résonné dans ma tête longtemps après que je l'ai refermé.

Puis, un jour, comme s'il avait retiré les petites roues d'un vélo d'enfant, Jérôme cessa de m'accompagner dans mes lectures littéraires. Je n'ai pas vacillé. Après avoir dévoré les deux tomes de *La Guerre et la Paix* de Tolstoï, j'ai tenté *Anna Karénine* en anglais. Les passions de l'héroïne, les manies de Lévine et de Kitty, les contradictions de Vronski m'ont touché si fortement que j'en ai oublié les appréhensions de ma précédente vie de lecteur. Quelque chose s'était produit. Écrire, compris-je subitement, revenait à faire acte de traduction : condenser, passer au crible, réaligner ses pensées sur le monde en mots. Le corollaire rassurant – rassurant aux yeux d'un novice comme moi : on pouvait éviter l'écueil d'une mauvaise prose tout en restant fidèle à ses images mentales.

J'avais plus d'un livre en moi. Chacun de ceux qui ont suivi – une présentation générale des neurosciences, un recueil d'essais inspirés par les idées mathématiques, une traduction/adaptation en français des poèmes de Les Murray – s'avéra différent des autres. Chacun repoussa mes limites un peu plus loin. Je pouvais faire ça. Et ça. Et ça aussi. À côté de l'écriture, je suivais pendant mon temps libre les cours de l'Open University, l'institution britannique d'enseignement supérieur à distance. En 2016, à l'âge de trente-sept ans, j'ai obtenu une licence de sciences humaines avec une mention très bien. J'ai publié mon premier roman ce printemps-là en France.

Je n'ai pas encore écrit ma dernière phrase en anglais, malgré dix ans passés sur le continent et malgré une distillation toujours plus forte de mes mots en français. Ce choix est un hommage à mes parents et à mes professeurs. Une reconnaissance également de ce que je dois à une langue assez commode même pour une voix comme la mienne. L'anglais a fait de moi un étranger, mais aussi un écrivain. Il est devenu un chroniqueur fidèle de ma métamorphose.

2

Le professeur de langues

Tout ce que je sais de l'enseignement des langues étrangères, je l'ai appris en Lituanie.

En 1998, âgé de dix-neuf ans, le passage par l'université ne me convenait pas. Je brûlais de quitter l'Angleterre avec pour seuls bagages mes bonnes intentions. Je postulais donc à un programme gouvernemental de volontariat qui envoyait des jeunes à l'étranger. À la carte : la Pologne pour garder des petits Mateusz ou des petites Weronika ; une clinique russe en manque d'archivistes ; la plonge dans un hôtel Dieu sait où en République tchèque ; ou encore l'accueil de l'ambassade britannique en Slovénie.

Au lieu de cela, le hasard m'expédia en Lituanie, dans la ville de Kaunas. Je ne parlais pas un mot de lituanien. Pour le recruteur, cela ne posait aucun problème : un jeune Anglais qui parlait un français et un allemand de base (le lituanien n'a pourtant aucun rapport avec ces deux langues) semblait suffisant pour enseigner à des chômeurs locaux désireux de se former en anglais.

Je me rappelle du vol depuis Londres jusqu'à la capitale, Vilnius. Le frisson du décollage. Se sentir aéroporté ! Dans ma famille, personne n'avait jamais pris l'avion. « Tête en l'air », me disait parfois mon père. Ses mots, autrefois une simple expression, étaient devenus réalité.

Les bulletins d'informations occidentaux nous montraient les pays de l'ancienne Union soviétique comme uniformément gris, délabrés, russifiés. Mais la Lituanie, qui venait de voir partir les chars russes et qui aujourd'hui m'ouvrait sa porte, avait toutes les raisons de se montrer optimiste. Sa population était jeune, des immeubles neufs et brillants poussaient un peu partout. Et, malgré cinquante ans d'occupation soviétique, ses traditions avaient survécu.

Il m'a fallu du temps pour m'adapter. J'ai dû absorber de petits chocs d'étrangeté. Kaunas au mois d'octobre c'est l'hiver britannique. Ça sentait déjà la neige. Bizarre aussi cette monnaie, le litas, dans laquelle je percevais ma bourse. Mais le plus étrange, durant ces premiers jours, fut la langue, avec ses sons et ses rythmes si différents de toutes les langues que j'avais entendues jusqu'alors. Un vieil homme de mon immeuble m'arrête dans l'escalier pour m'adresser des mots vifs et mélodieux – que dit-il ? Dans la rue, des enfants chantent une chanson – de quoi parle-t-elle ? Les titres des journaux ne me disent rien. Un code secret que je rageais de ne pouvoir déchiffrer !

Briser le code ! Le kit d'apprentissage fourni aux volontaires du programme était pourtant bien maigre. Entre des mains moins expérimentées, ce kit – un simple dictionnaire de poche et un guide de conversation – aurait pu paraître futile ; rien à quoi l'imagination puisse se raccrocher. Mais pas pour moi. Je pris place à mon bureau, ouvris le dictionnaire grand comme un jeu de cartes, et feuilletai ses pages fines, presque transparentes, jusqu'au mot *kalba*, « langue ». Un beau mot. Beau et approprié. Soudain, d'autres mots dans d'autres langues se mirent à nager dans ma tête : l'anglais *gulp* (gorgée), le finnois *kello* (cloche). Moins les mots que les différentes significations derrière eux : *gulp*, une bouffée d'air, « cloche », une langue de fer. Ainsi, je compris intuitivement *kalba* comme une sorte de bouche, de langue. (Comme « langage », dont la racine latine, *lingua*, désigne l'organe.)

En tournant à nouveau les pages, en les écoutant crisser, je tombai au hasard sur *puodelis*, « tasse ». Si *kalba* pouvait se savourer, *puodelis* avait plutôt sa place entre les paumes. Je fermai les yeux et me frottai les mains comme si je palpais les syllabes : *puo-de-lis*, *puo-de-lis*.

Je parcourus cinq, dix pages, autant que je pus en absorber en une session. Mes yeux sautaient d'une entrée à l'autre. Je cherchais le genre de juxtapositions merveilleuses que l'on ne trouve que dans les contes de fées ou les poèmes surréalistes, et dont les lexicographes sont les maîtres involontaires. « Cathéter » et « cathédrale ». « Champignon » et « champion ». « Ombrelle » et « cordon ombilical ». Dans ce domaine, le lituanien peut battre Grimm ou Dada, je vous le garantis. À la lettre *d*, je suis tombé sur les mots lituaniens *dagys* pour « chardon » et *dagus* « combustible », deux idées ordinairement distinctes séparées ici par une simple voyelle. Ils me rappelaient l'Exode, donnaient un air baltique à l'histoire de Moïse et du Buisson ardent. Tout en songeant à cela, je me demandais quel sermon aurait prononcé un chardon du désert.

Que de surprises contenait ce pugnace petit dictionnaire ! Que de plaisirs ! Plus je tournais les pages, plus mon bonheur grandissait. Dans l'excitation et l'angoisse de ces premiers jours à Kaunas, nous sommes devenus inséparables.

Une semaine après mon arrivée, je partais déjà au travail. Du lundi au vendredi, j'enseignais deux heures par jour dans une association de femmes du centre-ville, à quelques arrêts de trolleybus de chez moi. La douzaine de femmes qui composaient ma classe ne ressemblaient en rien aux babouchkas à fichu que je côtoyais chaque matin dans les transports. Pour la plupart, elles arboraient des jupes chics, du maquillage et des coiffures travaillées. Lors de notre première leçon, je me présentai avec quelques mots de lituanien et elles gloussèrent gentiment en entendant mon accent – elles n'avaient jamais entendu leur langue à la sauce britannique. Je leur demandai pourquoi elles venaient. Une élève, Birutė (un prénom courant, comme je l'appris), se fit en quelque sorte la porte-parole de la classe. Elle se leva et dit dans un anglais parfait: «Nous voulons améliorer notre anglais. Car ici c'est devenu indispensable pour un emploi qualifié. Si on parle lituanien, russe et polonais mais pas anglais, on est pire qu'illettré. Regardez les annonces dans les journaux! *Anglų kalba reikalinga*, "anglais exigé".»

Birutė était de loin la meilleure élève. La quarantaine, mince et élégante, elle teignait en noir ses cheveux coupés à la garçonne. «J'ai étudié l'anglais à l'université. Mais c'était il y a longtemps.» Sa confiance dans cette langue vacillait parfois.

Plus jeune et plus timide, Aida, l'amie de Birutė, voulait elle aussi dire quelque chose. Sa voix douce hésitait. Normal, elle ne possédait pour tout anglais que quelques phrases dépareillées. Birutė intervint. «Elle dit qu'elle espère que vous ferez mieux que notre dernier professeur. Un Américain. Elle ne comprenait pas un mot de ce qu'il disait.»

Après ce commentaire, toutes les autres femmes de la classe se mirent aussi à vociférer, apparemment empressées de nourrir les critiques contre mon prédécesseur. Leurs cris exprimaient des mois de frustration, d'agacement et de désespoir accumulés. À bas les manuels ennuyeux! À bas le jargon pédagogique! Nous voulons apprendre l'anglais, pas un tas de règles inutiles!

Surpris, je m'attendais au calme d'une salle de classe, pas à un tel brouhaha. Pour tout dire, je commençais à avoir un peu peur. J'étais embarrassé. Je me disais: j'ai dix-neuf ans, je ne sais pas quoi leur dire, je viens juste de débarquer. J'envisageais même de repartir.

Birutė agita alors les bras et hurla quelque chose à la classe. Un silence gêné s'abattit sur les femmes.

«*Atsiprašau*, excusez-moi, dit-elle. Je n'aurais pas dû laisser Aida dire ce qu'elle a dit. Elle se monte la tête et excite les autres. Nous sommes très contentes et nous vous remercions de nous enseigner votre langue.»

Nous avons passé le reste de notre première rencontre à examiner les manuels fournis par le centre sans en tirer le moindre sujet de conversation intéressant. Mes élèves avaient raison. Ces pages assommaient, et cela quels que soient le savoir-faire ou l'enthousiasme du professeur. M'en servir, comme l'avait fait le volontaire avant moi, c'était anéantir à jamais le peu d'espoir qu'avaient ces femmes de parler un anglais utile. Je résolus donc de laisser tomber le livre. D'enseigner différemment. Comment? Je l'ignorais. Malgré cela, je décidai de trouver une autre approche d'ici la leçon suivante.

Je me creusai la tête pour trouver une méthode plus naturelle, plus agréable.

La solution me vint tard ce soir-là, alors que je feuilletais mon petit dictionnaire anglais-lituanien, comme c'était devenu mon habitude. À la lettre *o*, l'entrée *obuolys* (pomme) m'arrêta. Je posai le livre. Fermai les yeux. Soudain, je me revoyai, dix ans plus tôt, en train de découvrir l'existence de mots non anglais, des mots venus d'ailleurs.

Dans l'est de Londres, excessivement timide, pratiquement reclus chez moi, j'avais rencontré une amie de ma petite sœur qui habitait près de chez nous. La mère blonde de cette fille blonde était finlandaise (j'ignorais ce que signifiait « finlandaise ») et, pour encourager sa fille à apprendre sa langue, elle lui avait offert un imagier en finnois. La petite n'ouvrit jamais le cadeau : elle n'avait aucun intérêt pour des mots que ni ma sœur ni ses autres amies ne comprendraient jamais. Elle laissa donc l'imagier chez nous.

De l'extérieur, il ressemblait à n'importe quel imagier flambant neuf, mais l'intérieur me stupéfia. Sur chaque page, au bas de l'image colorée d'un objet du quotidien, se trouvait un mot qui ne ressemblait pas vraiment à un mot. Un mot destiné à d'autres enfants. Du finnois !

Ce livre me fit une forte impression, mais la plus profonde fut celle laissée par le mot qui accompagnait une pomme rouge, *omena*. Quelque chose me fascinait dans la distribution des voyelles, la rondeur des consonnes. Je croyais voir double, car l'image reflétait le mot et inversement. Le mot et l'image représentaient une pomme par leurs lignes.

Le lendemain, en me rendant au centre, je m'arrêtai chez un primeur pour acheter un sac de pommes. Quand les femmes entrèrent dans la classe et virent la pyramide de pommes vertes et rouges sur mon bureau, je leur expliquai :

« Hier, vous m'avez dit que vous ne saviez rien en anglais. C'est faux. Vous connaissez beaucoup de mots. Vous connaissez *bar.*

– *Baras,* traduisit Aida.

– Oui. Et *restaurant.* »

Au fond, l'une des femmes cria :

« *Restoranas.*

– Oui. Et *history, istorija,* et *philosophy, filosofija.* »

Birutė, assise au premier rang, ajouta :

« *Telephone.*

– *Telefonas.* Vous voyez ? Plein de mots. »

Je me tournai vers les pommes.

« *Taksi,* lança quelqu'un.

– Oui, bon, la liste est longue. Et ça, sur mon bureau ?

– *Obuoliai* ! » s'écrièrent les femmes en chœur.

Des pommes.

Je racontai à mes élèves l'histoire de l'imagier et de la pomme rouge. Birutė traduisit.

« Si vous pouvez dessiner une pomme, vous pouvez apprendre le mot *apple.* »

Je leur demandai de sortir une feuille et un crayon, puis je leur distribuai les fruits. Mais par maladresse je fis un faux mouvement, et les pauvres pommes s'éparpillèrent au sol.

Rires de femmes.

Je me penchai pour les ramasser et en posai une sur la table de chaque élève. Je riais aussi, mais la légèreté laissa bientôt place à la concentration. Les têtes se baissèrent, des sourcils se froncèrent, les crayons s'activèrent. Un quart d'heure plus tard, je dis aux élèves d'arrêter. Leurs dessins allaient d'un cercle colorié à la silhouette délicate et ombragée tracée par Birutė.

« Quand vous portez le crayon à la feuille, vous ne dessinez pas la pomme comme elle est, vous reproduisez sa forme, sa texture, sa couleur, traduisit Birutė pour moi. Chaque aspect est proportionnel à l'expérience de celui qui dessine. Ainsi, une pomme peut être ronde comme une balle de tennis ; une autre, lisse comme du plastique ; une troisième, rouge comme une joue de bébé. »

Je leur expliquai que le mot *apple* était une autre forme de dessin.

« Vous dessinez *a-p-p-l-e.* » Tout en parlant, je traçai les lettres en rouge sur le tableau blanc. « Un *a* initial, deux *p*, un *l*, un *e* final. Votre imagination peut jouer avec ces lettres comme elle joue avec la forme et la couleur. Mélangez-les. Retirez une lettre, ajoutez-en une. Changez le son *p* en *b*. De même qu'une pomme peut évoquer une balle de tennis, du plastique ou une joue de bébé au dessinateur, le mot *apple* peut évoquer à un Anglais *stable* (étable), *cobbler* (tourte aux fruits) ou *pulp* », leur expliquai-je.

Puis je demandai aux femmes de sortir leur dictionnaire et de chercher d'autres mots comme *apple.*

Le visage de Birutė s'illumina. Elle comprenait. Son stylo, chargé de mots, courait sur sa feuille. Les autres écrivaient plus timidement. Une page blanche fixait les femmes qui connaissaient le moins de mots en anglais.

« Ouvrez votre dictionnaire à la lettre *p*, les encourageai-je. Cherchez des mots avec une combinaison *P-mh-L*, ou *P-mh-mh-L*, etc. Ou bien partez du début et cherchez des mots anglais qui commencent par *b-l.* Ou pensez à des mots anglais dans lesquels deux *p* ou deux *b* se suivent, qui les poussent vers le milieu – comme *apple* ou *cobble* (pavé) – ou vers les extrêmes – *pulp*. Birutė, tu peux traduire, s'il te plaît ? »

Birutė répéta mes mots en lituanien.

Quand les élèves eurent fini de noter leurs trouvailles, elles les lurent à voix haute à la classe. Une femme cita *bulb*, une autre, *appetite* ; une troisième, *palpable*. Dans un coin, une quatrième attira l'attention de la salle en criant : « *Plop!* » Ce simple son évoquait des pommes mûres tombant de l'arbre.

« *Apple pie* », suggéra soudain Aida. Tarte aux pommes.

J'acquiesçai. *Apple pie* apparut sur le tableau blanc.

Piochant dans son stock de mots consciencieusement notés, Birutė renchérit :

« *Pips. Peel. Plate. Ate. Eat.* »

(Comme si en français, à partir de *pomme*, on écrivait *miam, poire, boire, boule*).

J'étais ravi. Elle avait laissé la langue penser à sa place.

Nous passâmes le reste du cours sur cet exercice. Nous trouvâmes *car* dans *chair*, *wet* dans *towel* et *window* nous mena, mot après mot, vers *interview*. À mesure que le vocabulaire s'étoffait, leur confiance se renforçait. L'ambiance de la classe s'allégea ; les femmes s'amélioraient à chaque cours. Même celles qui parlaient le moins bien anglais se surprirent à écrire et à intervenir de plus en plus. Les élèves enthousiastes font de mauvais cancres.

Mes étudiantes et moi avons décidé de regarder certains mots anglais comme des schémas. Nous avons regardé *look* – avec des *o* à la place des yeux ; la manière dont les lettres de *dog* – le *d* pareil à une tête de chien de profil, le *g* pareil à une queue – singeaient l'animal. Nous avons admiré la symétrie si juste de *level* (niveau). D'autres mots sont des illusions d'optique : quand on cache la première patte du *m* de *moon*, la lune laisse place au soleil de midi, *noon*. *Desserts* met l'eau à la bouche ou l'assèche selon qu'on le lit de droite à gauche ou de gauche à droite. D'autres mots ressemblent à des images qui se succèdent dans un flip-book. Voyez comme le *t* avance dans :

Stain
Satin
Saint

Je passai une leçon entière à expliquer une catégorie de mots que je pourrais qualifier d'impressionnistes. Ce sont des mots qui brouillent l'œil, titillent l'oreille, intriguent la langue. Rien qu'à les voir, les entendre, les répéter, ils émettent une certaine aura. Prenez *slant* (inclinaison). J'écrivis le mot au tableau. Birutė le connaissait-elle ? Non. Aucune élève ne l'avait jamais lu ni entendu auparavant. Cela aurait pu les irriter, mais ce ne fut pas le cas. Avec ma nouvelle aisance, et grâce à la traduction de Birutė, je savais que je ne risquais pas de perdre la classe. Je tenais parfaitement les rênes.

« Attardons-nous un peu sur *slant*, dis-je. Quel genre de mot-image est *slant* ? Ses lettres, leurs sons vous donnent-ils l'impression que le mot désigne quelque chose de lourd ou de léger ? Quelque chose d'opaque ? De brillant ? De lisse ? » (Une partie de l'enseignement consiste à éduquer les suppositions des élèves, à les apprivoiser.) Dans la classe, les avis étaient partagés. Une bonne partie des femmes disaient que l'aspect et le son du mot évoquaient plutôt quelque chose de négatif, de plutôt lourd. Je retournai au tableau et écrivis à côté de *slant* : *sleep* (dormir), *slide* (glisser), *slope* (pente) et *slump* (effondrement). Qu'avaient-ils en commun ? À l'œil et à l'oreille, beaucoup. Ces mots avaient la même longueur, ils commençaient de la même façon – *sl* –, se terminaient par *p*, *t* ou *d*. Leur sens ? Je levai ma main gauche à la hauteur de l'œil puis l'abaissai. *Sleep* : debout ou assis, on s'allonge. *Slide* et *slope* : une descente. *Slump* : les actions d'une entreprise s'effondrent. Ces mots formaient un polyptyque, une série d'images connectées. Et *slant*, alors ? Les femmes levèrent la main et la baissèrent.

« Comme ça », dis-je, levant à nouveau ma main gauche puis la baissant en diagonale.

Ma main traduisait *slant*.

Avec mon index gauche, je dessinai un cercle autour de mon nez et de ma bouche. « *Smell* », dis-je. « *Smile.* » Je souris. « *Smirk.* » Je fis la grimace. « *Smoke.* » Je portai une cigarette imaginaire à mes lèvres. « *Smother.* » Je plaquai une main sur ma bouche. « *Sneeze.* » Je fis semblant d'éternuer. « *Snore.* » J'imitai un ronflement. « *Sniff* », dis-je en reniflant. « *Sneer* », dis-je en ricanant. Un autre polyptyque de mots.

« *Snail*, lança Birutė. "Escargot" ?

– Comme une langue, répondis-je. Une langue avec une coquille. »

Quand les rires se furent calmés, j'ajoutai :

« Évidemment, tous les mots ne rentrent pas dans un cadre donné. »

Mais beaucoup fonctionnaient. Pendant le reste de la leçon, notre imagination peignit *thump*, *stomp*, *bump* et *whomp* aux couleurs des hématomes. Ensuite, la ligne brisée, cinétique de *z* – pareille à des points mouvants qui auraient perdu leur chemin – produisit en nous une grande perplexité : les oreilles *buzzed* (bourdonnaient) comme sous l'effet du *jazz*, les yeux étaient *dazzled* (éblouis), la tête tournait, à la fois *fuzzy* et *dizzy*. À la fin du cours, après la bruine de *drizzle* et le *blizzard*, les femmes repartirent imbibées de sensations.

Je plaçais toujours les mots qu'apprenaient les élèves dans des phrases. Chacune de ces phrases constituait une expérience de composition ; je ne m'intéressais pas aux descriptions réalistes. Je voulais que ces femmes voient les mots sous différents angles, étudient l'effet de leur position sur leur sens, comprennent la grammaire comme l'art d'arranger et de disposer les sons et les lettres.

« *Wind down the window!* »
« *The second-hand watch's second hand has stopped.* »
« *Her teacher's smooth ink taught thought.* »

L'hiver arriva, à la lituanienne. Il neigea, neigea, neigea. (*Snow*. Quel rapport avec la bouche ou le nez ? Dans mes souvenirs d'enfance hivernaux, je fais fondre des flocons de neige sur le bout de ma langue.) Ici les appartements du rez-de-chaussée avaient de la neige jusque sous les fenêtres. Un étage plus haut, je frissonnais dans mon deux-pièces plein de courants d'air, construit avant l'avènement du double vitrage, dans une rue que les guides touristiques omettent à juste titre. Blotti sous une couverture avec mon dictionnaire de poche, je regardais la météo à la télévision. Comparée à la Grande-Bretagne et aux lignes soignées de ses présentatrices, la Lituanie paraissait plate et volumineuse. Toutes les températures du pays étaient négatives. Je n'avais jamais vu des chiffres aussi bas.

Pour penser à autre chose, j'ouvris mon dictionnaire vers la fin. Mon lituanien s'améliorait. Je comprenais enfin les bavardages amicaux de mon vieux voisin quand il m'arrêtait lorsque je montais mes courses. Les titres qui s'étalaient sur les kiosques m'aguichaient aussi familièrement qu'à Londres. Je ressentais toujours plus la langue ; je remarquais que je remarquais toujours plus de détails, établissais toujours plus de liens – comme ces entrées à la lettre V. Les mots qui commençaient par *var-* étaient bruyants. Les sons qu'ils représentaient étaient prévisibles, répétitifs. En examinant les mots de ce polyptyque, j'entendis le criaillement de *varna*, un corbeau ; le coassement de *varlė*, une grenouille ; le ding-dong de *varpas*, une cloche ; le ronronnement de *variklis*, un moteur ; le sifflement de *vargonai*, un orgue ; le grincement de *vartai*, un portail. J'entendis quelqu'un crier mon *vardas*, mon nom, encore et encore. J'écoutai le battement familier du verbe *varvėti*, goutter.

Jo vardas Valdas. (Son nom est Valdas.)

Iš variklio varva benzinas. (De l'essence goutte du moteur.)

Bientôt, mon lituanien dépassa le dictionnaire de poche. J'avais faim d'autres livres. Mais sur les étagères de mon salon ne se trouvaient que des photos en noir et blanc : un homme mince vêtu d'un costume sombre, une femme encore plus mince dans une robe pâle. La famille du propriétaire, supposais-je. Aucun roman. Pas la moindre histoire. Des années de communisme avaient laissé leur marque sur la langue. Les manuels scolaires chantant les louanges des camarades Lénine et Staline avaient donné mauvaise réputation aux mots imprimés. Je fouillai tout l'appartement. J'ouvris les tiroirs : des boutons, des timbres périmés, quelques pièces rouillées. Dans le placard contigu à la chambre : une bouteille de vodka, trois quarts de bouteille, un quart de vodka. Dans l'armoire, sous une couverture, je ne trouvai qu'un annuaire téléphonique jaunissant. Si je veux lire, je ferais mieux de m'inscrire à la bibliothèque, songeai-je.

À la bibliothèque, je dus remplir un formulaire. « *Vardas* », me demandait-on. Je remplis mon nom et, en dessous, mon adresse. Je mis le centre pour femmes comme employeur. L'homme mutique de l'accueil me donna une carte en échange de mes réponses et regarda le nouvel adhérent parcourir les rayons. Je fouillai les étagères, m'arrêtant ici ou là pour tourner quelques pages. Cependant, mon excitation initiale se flétrit rapidement. Comme ils étaient arides et ennuyeux, les livres de l'ère soviétique. Tellement pleins des mots « travail » et « bonheur ». Travail, travail, travail. Bonheur, bonheur, bonheur. Comme disent les Lituaniens : « Merci pour les coquelicots, mais je voudrais du pain. » Je faillis abandonner.

Mais le hasard frappa. J'avais atteint l'extrémité poussiéreuse de la bibliothèque. Je tombai sur un mince volume – très vieux, à en juger par la couverture usée, pelée – d'un poète nommé Kazys Binkis. Soudain, mon imagination s'abreuva. Des nuages qui gambadaient tels des veaux dans des champs de ciel ; des forêts aux couleurs de mai ; des recettes où les pensées se mesuraient en grammes – je décidai aussitôt de ne pas rendre ma carte. « Existe-t-il une édition bilingue ? » demandai-je. J'envisageais de l'utiliser pour mon cours. Le bibliothécaire, cheveux gris et teint cireux (il n'avait pas l'air d'avoir jamais goûté un flocon de neige), secoua la tête. Il m'indiqua une étagère éloignée : littérature étrangère – ici, *étrangère* signifiait surtout anglaise –, où je trouvai une anthologie de poèmes anglais et américains, que j'empruntai avec Binkis. À compter de ce jour, la section poésie de la bibliothèque nous fournit en textes, mes élèves et moi.

Un après-midi, je sortais de cours quand j'entendis la porte de la directrice s'ouvrir. Mon nom retentit dans le couloir, et ses bijoux tintèrent tandis qu'elle rentrait dans son bureau. Ce n'était pas la première fois que la directrice convoquait ainsi un membre du personnel, mais, jusqu'à présent, quand sa voix avait résonné dans le centre, elle n'avait jamais accentué aussi curieusement la première syllabe de « DAN-i-el ». Quand je frappai à sa porte, je la trouvai à sa table, en train de consulter un manuel d'anglais. Son impressionnante permanente lui faisait une tête énorme.

« J'entends des choses étranges sur votre cours, dit-elle. Je ne comprends pas. Qu'est-ce qu'une secrétaire d'abeilles ? Qu'est-ce que ça veut dire ? »

Mes élèves travaillaient assidûment sur l'anthologie de la bibliothèque, et, au cours des dernières leçons, nous avions étudié les poèmes de Sylvia Plath.

« "*Here is the secretary of bees*" est une citation de *La Réunion des abeilles*, expliquai-je.

– Mais il n'existe rien de tel qu'une secrétaire des abeilles. » L'incompréhension la vieillissait. Soudain, elle était toute rides et froncements. « Ce n'est pas anglais correct. Le centre a des manuels pour enseigner l'anglais correct. Voyez ? » Son doigt orné de bagues tapota une phrase sur la page devant elle. « Comme ça : "La secrétaire de John prépare du café le matin." » Elle lut la phrase aussi sèchement qu'un procureur prononçant son réquisitoire. « Pourquoi ne pas plutôt utiliser cette phrase ? »

« La secrétaire de John prépare du café le matin. » C'était une phrase grammaticalement correcte. Mais « Voici la secrétaire des abeilles » aussi. Sauf qu'elle n'avait pas la fadeur de celle du manuel. Elle attirait l'attention de l'élève. Je répondis prudemment :

« La phrase du manuel est, disons, factuelle. Elle contient des faits. Quelqu'un s'appelle John ; John a une secrétaire ; la secrétaire prépare du café ; on prépare le café le matin. Un fait après l'autre. Ils n'évoquent aucune image. Tout est pris pour acquis. Le monde est tel qu'il est. Dans le monde tel qu'il est, les John ont des secrétaires, les secrétaires préparent le café, on boit le café le matin.

– Quel problème avec ça ? » demanda la directrice. Elle avait un accent russe.

« La mémoire, pour commencer. On oublie beaucoup de faits. Pas de fait, pas de mot. La langue des élèves est pleine de lacunes. Cet autre type de phrase est différent ; il ne prend rien pour acquis. Ce n'est pas un fait ; c'est une image. Les élèves peuvent imaginer à quoi ressemble une secrétaire des abeilles. En imaginant, ils comprennent et se souviennent mieux. »

À mesure que je parlais, je sentais que la directrice et moi avions des visions radicalement irréconciliables de l'enseignement d'une langue. Elle m'écouta tout de même jusqu'au bout. Je lui dis que chaque mot d'un manuel étant un fait, il ne pouvait signifier plus ou moins qu'une seule chose. Dans un poème, en revanche, un mot pouvait avoir dix sens différents. Quand Plath écrit qu'elle entend des mots « *thick as foreign coffee* » (« épais comme du café étranger »), ici, « café » veut dire infiniment plus qu'entre les mains de la docile secrétaire de John. Ce vers stimule l'intérêt du lecteur. « Épais » et « étranger » ont une aura d'inconnu. Les questions se multiplient. Comment un mot peut-il être épais (ou fin) ? Pourquoi décrire le café comme étranger ? Les mots qu'entendait Plath ressemblaient-ils à du café pour leur amertume ? Lui donnaient-ils des idées noires ? Ainsi, au lieu de répéter un mot – « café », « épais » ou

« étranger » – dix fois dans dix phrases différentes (« Puis-je avoir une tasse de café, s'il vous plaît ? » ; « Le café est ma boisson préférée » ; « Sa femme est étrangère » ; « Ce cinéma projette des films étrangers toutes les deux semaines »), de le marteler, le même mot peut être compris de dix manières différentes en une seule fois, et absorbé instantanément.

Pour la directrice, la poésie n'était qu'un effet secondaire, périphérique de la langue ; pour moi, elle était essentielle. À mon avis, un élève apprendrait à « arranger ses cheveux » ou à « arranger une rencontre » bien plus facilement après avoir lu « *arranging my morning* » de Sylvia Plath. Pas le contraire. La grammaire et la mémoire découlent du jeu avec les mots, quand on les frotte entre nos doigts, qu'on les roule sous notre langue, qu'on éprouve les diverses significations qu'ils dégagent. Les manuels ne sont pas à la hauteur.

La directrice s'adoucit. Ce n'était pas comme si elle pouvait me virer : on ne trouve pas moins cher que gratuit. Mais avant de me laisser partir, elle avait besoin d'un conseil. L'argent de l'Union européenne dont dépendait le budget annuel du centre filait rapidement. Afin de trouver de nouveaux fonds, la directrice avait rédigé sur son vieil Amstrad une « proposition de projet » en anglais qu'elle voulait que j'examine. Je lus la feuille. Les vieilles tournures soviétiques ! La langue bureaucratique. La syntaxe sans le sens – un mot sur deux interchangeable, un sur trois ou quatre dispensable. Un chef-d'œuvre d'Amstrad. Que pouvais-je lui dire ? Je pensai à mes élèves. Je me mordis les lèvres et répondis que c'était bien.

Le mercredi soir, nous nous retrouvions à cinq ou six chez moi : Birutė, Aida, plus deux ou trois autres élèves, et moi. Séances de conversation. Ces sessions détendues autour d'une tasse de thé étaient une manière pour moi de payer de retour les cadeaux, les friandises, les conseils et l'hospitalité que m'offraient ces femmes ainsi que le respect qu'elles me témoignaient, à moi, un jeune homme – assez jeune pour être le fils de certaines d'entre elles – qui vivait seul dans les profondeurs enneigées d'un pays postsoviétique, à mille kilomètres de sa famille. Pour les Lituaniens, me confia Birutė un soir de grésil, ce genre de rassemblement était encore assez nouveau. Cela ne faisait que quelques années qu'ils avaient cessé de fermer leurs rideaux, de parler en craignant que les murs aient des oreilles, ou de sursauter quand un voisin ivre frappait à la mauvaise porte. Je compris alors pourquoi mon appartement, longtemps inoccupé, ne contenait aucun livre.

Sous le régime soviétique, des armées de censeurs surveillaient la langue lituanienne, à l'affût de la moindre étincelle de protestation, de satire, d'ambiguïté. À l'époque, chaque mot était un suspect potentiel, chaque coquille un crime en puissance. Dans tout le pays, des millions de livres furent arrachés aux foyers et détruits. Les inspecteurs du livre pouvaient se présenter chez vous à toute heure. Pourquoi ce volume en cyrillique cale-t-il une table ? Que fait *Le Matérialisme dialectique et le Matérialisme historique* du camarade Staline dans vos toilettes ? Qui a renversé du thé sur ce roman d'un auteur national ? Dans ce climat incertain, de nombreux lecteurs choisirent de prendre leurs précautions. Livres d'enfants, best-sellers en russe, contes et nouvelles populaires, même les œuvres de Vladimir Lénine furent mises au feu. Il fallait des jours, parfois des semaines, pour que l'odeur des mots disparus s'efface.

Quelle différence pour ces cinq ou six femmes qui fraternisaient avec moi chaque mercredi soir en anglais (et un peu en lituanien) jusqu'à plus soif ! L'anthologie de poésie anglaise sur ses genoux, telle une lectrice inexpérimentée, une élève tournait les pages d'un doigt hésitant et lisait quelques vers à voix haute. Puis les autres racontaient un souvenir que leur évoquait l'image créée par les mots. Parfois, les femmes se souvenaient de comptines que leur mère ou leur grand-mère leur chantait quand elles étaient petites. En lituanien, bien sûr, mais les rimes et les rythmes étaient les mêmes. Le battement iambique du cœur.

Musė maišė, musė maišė (La mouche battait, la mouche battait),
uodas vandens nešė (le moustique portait de l'eau)
saulė virė, saulė virė (le soleil bouillait, le soleil bouillait),
mėnesėlis kepė (la petite lune cuisait).

Si je me rappelle bien, c'était Aida qui chantait. Comme une mère, fredonnant une berceuse à ses enfants. Sa voix était chaude et douce.

Il n'était pas inhabituel d'entendre des chansons et des proverbes du pays résonner dans mon appartement, car les femmes accompagnaient souvent leur anglais de jeux de mots, d'apartés ou d'exclamations en lituanien. Ces rengaines ressemblaient aux compositions que je leur enseignais en classe. Dans un petit carnet, je notais mes préférées, parfois accompagnées de commentaires :

« *Sagtis* (ceinture) rime avec *naktis* (nuit). Penser à *black buckle*. »

« *Rankų darbo sidabro* (argent fait main) – se dit d'une alliance de mariage. Effet similaire dans *handmade diamond*. »

« La croûte du pain se dit *pluta* – la mousse de la bière se dit *puta* – *alus be putos, duona be plutos* (bière sans mousse, pain sans croûte) = “bon à rien”. »

«Les orties sont comparées à des loups : elles mordent. "Loup" = *vilkas*, qui rime avec *šilkas* (soie). Feuilles soyeuses. *Nettles – nets – threads* (orties – filet – fils). »

Ces pépites de l'esprit local me ravissaient ; les mots d'une devinette ou d'un proverbe pouvaient faire mon mercredi. Je revivais la naissance du lituanien, celui des ancêtres autour du feu, le visage ambré par les flammes – des mots si musicaux et pittoresques que mes yeux clignaient de plaisir en les écoutant. Je me demandais qui était réellement professeur – ces femmes ou moi ? Je voyais en elles une mine de savoir. Inestimable.

En avril, ce qui restait de neige se transforma en gadoue, puis en eau, puis en un souvenir toujours plus lointain. *Snow*, et son équivalent lituanien, *sniegas*, retournèrent estiver dans le dictionnaire. Les soirées du mercredi étaient plus longues ; les femmes arrivaient chez moi l'air moins fatigué, elles restaient plus tard. Elles lisaient les poèmes à voix haute, parlaient anglais avec plus d'aisance. L'assurance les rajeunissait, faisait luire leur peau. Jamais je ne les avais vues si belles.

Deux mois plus tard arriva l'été. Mon cours s'arrêta. Après mes adieux à toute l'équipe, il me resta encore un peu de temps avant de retourner en Angleterre. Birutė, toujours aussi attentionnée, m'emmena au théâtre. Le hasard voulut qu'on jouât une version lituanienne de *My Fair Lady* (*Mano Puikioji Ledi*). Je n'avais pas lu la pièce originale, ni vu le film. Tout – les chansons, le décor, les costumes bizarres – était nouveau pour moi. Ou presque. Au milieu du spectacle, alors que ma patience commençait à s'épuiser face aux acteurs qui mangeaient les répliques, ou du moins l'imaginais-je, je crus soudain comprendre :

« *Daug lietaus Ispanijoje !* »

« *The rain in Spain stays mainly in the plain*[1]. »

La jeune actrice exultait. Elle répéta la réplique, savourant chaque mot.

« *Daug lietaus Ispanijoje !* »

Je pus à peine contenir ma joie.

1. L'une des plus célèbres répliques de cette comédie musicale où Henry Higgins, professeur de phonétique, fait le pari de faire perdre son accent à une petite marchande de fleurs de Covent Garden, à Londres. (N.D.T.)

3

Nous sommes ce que nous disons

La première fois que j'ai rencontré des scientifiques qui voulaient bien examiner ce qui se passait dans mon esprit, ils m'ont fait passer un test de vocabulaire. Quinze ans plus tard, je me rappelle encore ma déception. Je m'étais porté volontaire pour ce programme de recherche en espérant parler, expliquer, raconter – condenser mes pensées multicolores, mes processus créatifs inhabituels (du moins me l'avait-on dit), à travers des mots. Je n'avais jamais eu cette discussion auparavant et j'avais hâte qu'elle ait lieu (mais je dus attendre trois années supplémentaires pour cela). Avant de me mettre en route pour le département de psychologie au centre de Londres, sans rien savoir des tests qui m'y attendaient, j'avais établi un inventaire mental de ce que j'espérais y trouver : des médecins beaux comme à la télé, des oreilles et des esprits ouverts, les réponses à mes milliards de questions. J'étais prodigieusement naïf. Ma désillusion fut quasi instantanée. À peine arrivé, j'envisageai déjà de tourner les talons et de prendre le premier métro pour rentrer chez moi. Les blouses blanches ne me demandèrent que mon âge, quelles notes j'avais eues à l'école, si j'étais gaucher ou droitier. Puis on m'adressa à une femme mince, impassible, qui m'emmena dans un couloir étroit. Elle m'expliqua où nous allions et débita machinalement une liste d'instructions à suivre. Elle me demanda de parler clairement car son stylo rouge consignerait la moindre de mes erreurs. Un cobaye, voilà tout ce que ces gens voyaient en moi. Mais j'étais trop intimidé pour reculer. Ainsi, j'entrai dans une pièce au plafond bas, une véritable cage à lapins aux murs blancs, et le test de vocabulaire commença.

Cinquante mots, imprimés sur une feuille format cloche, que je devais lire à voix haute, un par un. Le temps d'un raclement de gorge, je découvris des récurrences surprenantes dans la liste : de nombreux mots – *aisle* (nef), *psalm* (psaume), *debt* (« offense », comme dans « pardonne-nous nos offenses, comme nous pardonnons aussi à ceux qui nous ont offensés »), *catacomb*, *zealot*, *leviathan*, *beatify*, *prelate*, *campanile* – faisaient partie du champ lexical de l'Église. D'autres mots donnaient des indices quant à l'identité de l'auteur de la liste. Des termes médicaux – *ache* (douleur), *nausea*, *placebo*, *puerperal* – suggéraient un médecin. D'autres encore – *bouquet*, *cellist* (violoncelliste), *topiary* (topiaire) – dénotaient une vie très éloignée des usines et des magasins discount de l'East End de mon enfance.

« *Chord* », marmonnai-je à la surveillante. Accord. C'était le premier mot de la liste.

« Continuez, s'il vous plaît », dit-elle. Sa voix était vitreuse.

Je voulais lui dire : « C'est un mot doré. Or, blanc et rouge. Comme les couleurs du drapeau du Nunavut. Si l'on écrivait le mot en petits caractères, qu'on réordonnait les lettres pour former *dcorh*, puis qu'on coupait le haut des "grandes" lettres, le *d* et le *h*, on obtiendrait son anagramme : *acorn*, "gland". » Mais je ne dis rien de tout cela.

« Continuez, s'il vous plaît », répéta-t-elle. Je poursuivis à contrecœur.

Plusieurs mots plus tard, j'atteignis *equivocal*. Je m'arrêtai et laissai échapper un hoquet, une sorte de rire. Équivoque ! Un mot vert, brillant. Un mot qui contient chacune des cinq voyelles. Magnifique. Je ne tenais plus en place d'enthousiasme. Mais la dame à la voix vitreuse ne semblait pas le remarquer. *Equivocal* ! Un mot frais au toucher. Sa verdeur. Sa brillance. Sa fraîcheur. Elles m'arrivèrent toutes simultanément. Ce mot rayonnait comme la mer par une fin d'après-midi d'été en Angleterre – avec son odeur saumâtre, parfois un peu aillée – et éveilla en moi une nostalgie passagère de la côte. *Equivocal* me remonta le moral, m'offrit un moment de couleur et de beauté dans la morosité ambiante, il donna soudain un sens au fait d'être venu ici. Même si je devais le réduire à un jeu de prononciation, à quatre syllabes (avec l'accent sur la deuxième).

J'avais fait une grande partie de mon apprentissage dans les livres de la bibliothèque. Si je comprenais « prélat » et « béatifier » (bien que mes parents soient athées et que, enfant, je n'aie jamais mis les pieds à l'église), si je savais que *gaoled* était un mot de vieil anglois signifiant « emprisonné », si je reconnaissais la racine latine de *quadruped*, c'était grâce à toutes les années que j'avais passées en compagnie des dictionnaires et encyclopédies. Mais cette instruction unilatérale avait ses limites, ce que le test s'apprêtait à démontrer. *Aeon*. Éon. Je marquai une pause. À partir de ce mot, j'appréhendai le faux pas. Bien que je comprenne son sens à l'écrit, je ne savais que vaguement comment prononcer *aeon*. *A-on*? *Air-on*? *E-on*? C'était comme un shibboleth[1], comme prononcer *Madame de Staël* « stal » ou *Magdalen College*, à Oxford, « Maudline ». Il fallait savoir.

Nous sommes ce que nous disons. Mais cette notion d'« intelligence verbale » si chère aux psychologues amateurs de cases à cocher, qui veut que le langage soit quelque chose que l'on peut mesurer, quantifier avec précision, me paraissait fausse. De quoi parlait-on ? Quelle action, quelle tâche sociale pouvait exiger que je dise quelque chose comme « *drachm* » (et que je le prononce « *dram* ») ? J'avais du mal à dissiper mes doutes. Ma méfiance refaisait surface. L'école m'avait appris que les mots rares et obscurs, les « mots du dictionnaire », handicapaient souvent le dialogue et poussaient leurs utilisateurs vers la solitude. Une expérience douloureuse.

Je gardai ces pensées pour moi, même si, par la suite, je m'en suis voulu. Mais que pouvais-je dire, en supposant qu'on m'ait écouté ? Que le simple fait de connaître un mot comme *drachm* et sa prononciation ne faisait pas de vous un locuteur meilleur, plus intelligent ? Qu'écouter des mots isolés, privés de contexte et de sens, était appauvrissant ? Que le langage, que sentir, penser, créer avec le langage n'avaient rien à voir avec cet exercice inutile et inepte ? Mais ces hommes et ces femmes portaient la blouse des

1. Signe de reconnaissance spécifique à un groupe, imprononçable pour ceux qui n'en font pas partie. L'allusion est tirée de la Bible (livre des Juges, 12, 6). (N.D.T.)

psychologues, avec leurs manières brusques de bureaucrates et leurs diplômes. Qui étais-je pour dire quoi que ce soit ? Moi, un jeune homme de vingt-deux ans, travailleur précaire, fils d'un ancien ouvrier de tôlerie et d'une mère au foyer. Aucune éducation supérieure (à l'époque). Je baissai docilement la tête et continuai à lire la liste jusqu'au bout.

Je me souviens qu'il y eut un moment de confusion quand j'arrivai au dernier mot de la liste. *Campanile*. Je le prononçai *à la française*[2]. J'avais étudié le français au collège, j'avais eu des correspondants français pendant mon adolescence, j'avais passé mes vacances d'été dans une famille à Nantes. J'avais donc un bon accent. Mais la surveillante hésita ; elle porta une main à ses cheveux noirs coupés au bol. Puis la laissa retomber.

« Non », lâcha-t-elle enfin. C'était l'heure des résultats. « *Campanile* vient d'Italie. *Cam-pa-ni-li* », ajouta-t-elle, insistant sur ce qu'elle considérait comme la prononciation correcte.

Elle lisait ses notes. J'allais objecter, mais me retins. Une concession de plus. Selon la version en ligne de l'*Oxford English Dictionary*, les deux prononciations sont correctes en anglais.

Après une batterie d'autres tests (tout aussi abrutissants, comme celui où l'on me lisait une histoire avant de me demander de m'en souvenir), je quittai le département pour ne jamais y revenir. Je n'ai plus jamais eu de nouvelles de l'équipe. Pendant les années qui suivirent, chaque fois que je tombais sur l'une de ces publicités dans les journaux ou les magazines pour « booster son vocabulaire » – « Les mots vous manquent-ils au moment-clé de votre vie ? Donnez-vous les moyens de réussir dans les affaires... de mener

2. En français dans le texte.

une vie sociale riche… de parler avec aisance et de gagner l'estime de votre entourage… » –, je repensais à cette journée perdue dans le centre de Londres et à cette psychologue à la voix vitreuse. L'homme-pantin de l'annonce, l'image même du type qui s'exprime bien avec ses épaisses lunettes et son costume trois pièces, cotoyait dans le journal les spécialistes du cuir chevelu ou les adeptes de la pensée positive. « Devenez un tribun en vingt-quatre heures. » Je n'y crois pas. Pourtant, le message séduit encore aujourd'hui. Les marchands de mots connaissent leur cible, les complexes qu'entretient la classe ouvrière par rapport au vocabulaire, son désir de s'améliorer. Ils vous font payer quelques centimes le mot à dix dollars et vous donnent l'impression que vous avez fait une bonne affaire.

Je ne divulgue pas un grand secret en disant que ces « packs de vocabulaire » ne fonctionnent pas. Les associations mnémotechniques qu'ils enseignent, à l'instar du test que j'ai passé, sont complètement artificielles. Prenons par exemple le cousin de « timide » : « timoré ». « Timoré, adj. Craintif. » Au lieu de se représenter un film de Tim Burton, ou le joueur de tennis britannique aux nerfs fragiles Tim Henman, mieux vaut lire le poème *To a Mouse* de Robert Burns :

Wee, sleekit, cowran, tim'rous beastie,
O, what a panic's in thy breastie!

Petite bête soyeuse, peureuse, timorée,
Oh, comme ton cœur s'est emballé !

Adolescent, c'est ainsi que j'ai appris cet adjectif : j'ai laissé l'image du poète l'animer pour moi. Je n'ai pas payé un centime pour cela, et, si tel avait été le cas, j'en aurais beaucoup voulu au vendeur, car je n'ai jamais ni entendu ni prononcé ce mot depuis. La plupart des anglophones semblent se contenter de *afraid*, *frightened* ou *fearful*, voire, au nord du Royaume-Uni, de *frit*. *Timorous* n'a jamais manqué à aucun d'entre eux.

Même très jeune, j'avais l'intuition que la langue ne pouvait se réduire à des morceaux de vocabulaire. Pendant longtemps, il ne s'est agi que d'une intuition. J'avais besoin de m'éclaircir les idées. Je ne pouvais pas les précipiter. Après avoir été diagnostiqué à l'âge de vingt-cinq ans – autisme de haut niveau avec syndrome du savant et synesthésie, de grands mots eux aussi –, j'ai voyagé, j'ai lu, j'ai écrit. Je suis devenu écrivain. Le temps et l'expérience ont fait leur œuvre : la clarté m'est venue graduellement. Deux choses en particulier m'ont aidé dans ma réflexion. La première, la plus importante, près de dix ans après avoir lu à voix haute *aeon*, *drachm* et *campanile*, fut ma décision, à plus de trente ans, d'entreprendre des études universitaires. Le souvenir de cette liste, de n'avoir pas exprimé mon avis par gêne, par manque de savoir-faire social ou de confiance en moi, m'a titillé et m'a convaincu d'utiliser une partie de mes droits d'auteur pour ma licence. Parmi d'autres cours en sciences humaines, j'ai choisi la sociolinguistique, où j'ai découvert les travaux de Shirley Brice Heath.

Sociolinguiste et ethnologue trop peu connue dans son pays d'origine, les États-Unis, Shirley Brice Heath a montré, depuis les années 1970, que la discrimination à l'école des élèves de classe sociale et de culture différentes ne se fait pas en raison de leur QI ou de la richesse de leur vocabulaire, mais de leur « manière de parler ». Heath, qui a atteint la stratosphère universitaire à Stanford, est la fille adoptive d'un livreur de lait et d'une ouvrière. Elle étudie avec passion le développement du langage et l'alphabétisation des enfants. Elle a passé près de dix ans à réaliser de minutieuses recherches dans la région du Piedmont, en Caroline du Nord et du Sud. Tel un caméléon, cette anthropologue-née a vécu, parlé et joué avec des enfants, leurs familles et leurs entourages dans deux quartiers proches d'une usine textile : l'un blanc (« Roadville ») et l'autre noir (« Trackton »). Elle a comparé les comportements de ces populations avec ceux de familles blanches, de classe moyenne, provenant de villes comme la sienne, « Maintown », et dont les parents sont pour la plupart médecins ou professeurs. Heath a démontré que les enfants des trois groupes parlaient un anglais riche et suffisamment complet ; les seules différences étaient la manière dont ils atteignaient cette aisance et l'usage qu'ils faisaient de leur anglais.

Heath remarqua que les parents de Maintown traitaient leurs enfants, même les plus petits, comme des égaux dans la conversation. Très axés sur l'enseignement, ils se comportaient comme des professeurs à domicile : le soir, quand ils lisaient une histoire, ils accompagnaient le récit, son thème et ses personnages d'explications animées, le tout assorti de petites interrogations improvisées pour assister (et évaluer) la compréhension de leur progéniture. Ainsi, quand l'enfant entrait à l'école, le décorum scolaire lui venait plus ou moins naturellement. L'élève répondait du tac au tac aux questions de Mr Brown ou de Mrs Cooper.

À Roadville, garçons et filles apprenaient à lire dans les albums illustrés que leurs parents pouvaient se payer ; contrairement à leurs pairs de Maintown, lorsqu'on leur lisait une histoire au moment d'aller se coucher, ils s'agitaient. Les livres des supermarchés ne retenaient souvent pas bien longtemps leur attention, transformant l'exercice en corvée. Les explications parentales avaient tendance à être sommaires. Pas de variations, pas de petites interrogations. À la place, les enfants écoutaient surtout les histoires que les adultes racontaient sur eux-mêmes pour rire avec la famille, les amis, les voisins. Une histoire de Roadville retraçait fidèlement un événement passé et contenait une sorte de morale : un récit au sens littéraire était considéré comme un mensonge. Si leur professeur leur demandait d'écrire une histoire où il était question d'aller dans l'espace ou de léviter, les élèves originaires de Roadville ne savaient pas par où commencer.

À Trackton, les adultes ne s'adressaient presque jamais directement aux enfants en bas âge. Comme l'explique une grand-mère : « Ça sert à rien que je lui dise : "Apprends ci, apprends ça, qu'est-ce que c'est, ci ou ça ?" Il doit apprendre, il doit savoir. Il voit un truc une fois à un endroit, il sait comment ça marche, il revoit un truc pareil, peut-être que ce sera le même, peut-être pas. » Pourtant, ces enfants n'avaient aucun retard langagier. Ils apprenaient comme par osmose. Beaucoup possédaient des dons troublants d'imitateurs, capables de reproduire la voix et la démarche des membres de la famille, des amis et des visiteurs fréquents, y compris les employés qui venaient relever le compteur d'électricité. À Trackton, la manière de parler était plus allusive que dans d'autres communautés : l'auditeur devait combler mentalement les blancs. Les histoires impromptues ne commençaient pas par « Il était une fois » et ne se terminaient pas par des formules consacrées – les récits se déroulaient de manière analogique, sautant d'une pensée ou d'un incident à l'autre, et duraient aussi longtemps qu'ils amusaient l'auditoire. Les enseignants trouvaient souvent les élèves de Trackton turbulents (ou renfermés), moins ordonnés dans leurs compositions, où ils établissaient des parallèles incongrus entre les cours.

Heath publia ses résultats en 1983. Elle appelait les enseignants à prendre conscience du milieu d'origine de chaque élève, et à remettre en cause leurs préjugés. Trop souvent, les stylos rouges sanctionnaient la manière dont les étudiants de Roadville ou de Trackton utilisaient les mots, y voyant à tort des lacunes. La barre de l'ambition académique a été abaissée en conséquence. Abandonnés à leur frustration, à leur incompréhension, les derniers de la classe se trouvaient relégués au régime des cours de rattrapage, dont leur jeune confiance ne se remettait souvent jamais.

Quel gâchis ! Pourtant, plus de trente ans après la publication de Heath, ce cruel cercle vicieux reste intact. Le raccourci idéologique qui associe pauvreté matérielle et pauvreté d'esprit perdure. Éducateurs et législateurs s'inquiètent que les plus démunis manquent de mots. Pourtant, rien ne pourrait être plus éloigné de la vérité. Comme l'écrit Curt Dudley-Marling, professeur émérite à la Lynch School of Education du Boston College : « Tous les enfants arrivent à l'école avec des ressources linguistiques, culturelles et intellectuelles extraordinaires, ce ne sont simplement pas les mêmes ressources. [...] Respecter le savoir des élèves, leur identité, leurs origines [...], voilà la clé d'un enseignement réussi. » En effet, dans les écoles où les différences des enfants ont été pleinement accueillies, leurs capacités particulières soutenues (et leurs faiblesses suppléées avec tact), les élèves les plus pauvres font preuve d'une attention tout aussi souple et d'un appétit tout aussi dévorant pour les mots, les histoires et les énigmes que tous les autres.

L'anthropologie linguistique de Shirley Brice Heath a nourri ma compréhension du langage, de même que ma rencontre avec les travaux d'une jeune lexicographe américaine, Erin McKean. Lors de ses nombreuses apparitions dans les médias, largement relayées sur Internet, sa formule «Si un mot fonctionne, utilisez-le» m'a frappé. J'aimais ce qu'elle disait sur les dictionnaires modernes, à savoir qu'ils cartographient une langue, explorent ses recoins les plus et les moins fréquentés; qu'ils évitent le snobisme de leurs homologues anciens, qui s'érigeaient en gardiens de la haute culture, excluant tous les mots qu'ils jugeaient mauvais, grossiers ou incorrects. J'aime le fait que, conformément au charmant guide qu'elle a publié sur les robes (son autre passion), le seul critère éditorial de McKean est de savoir si tel ou tel mot est «bien ajusté», si sa forme correspond suffisamment à l'intention du locuteur (ou de l'écrivain).

McKean raconte qu'elle a toujours voulu être lexicographe: enfant, elle a lu un article sur ce métier. Elle a commencé par des annotations manuscrites («un mot compliqué pour dire "souligner avec des crayons de couleur"») pour le Chicago Assyrian Dictionary, avant de contribuer aux dictionnaires pour enfants Thorndike-Barnhart puis au département des dictionnaires américains de l'Oxford University Press. En 2004, à seulement trente-trois ans, elle est devenue rédactrice en chef du *New Oxford American Dictionary*. Mais la lexicographie a évolué si rapidement qu'elle travaille désormais exclusivement en ligne, étant arrivée à la conclusion que «les livres sont de mauvais contenants pour les dictionnaires». Le projet participatif

Wordnik, lancé par McKean en 2009, se présente comme le plus grand dictionnaire en ligne du monde. Il recherche des mots sur Internet (à l'intérieur de phrases complètes et sensées) et dans des millions de livres numérisés remontant à plusieurs siècles : des mots qui, faute de place ou parce qu'on en ignore l'existence, n'apparaissent dans aucun dictionnaire papier, aucune liste de vocabulaire, aucun test d'université. Des mots jamais recensés tels que *slenthem* (un instrument de musique javanais) ou *deletable* (supprimable). La carte de la langue anglaise qui en résulte, dont les frontières s'étendent de jour en jour, est incomparable ; elle modifie la définition même du mot « anglais », puisque – selon les estimations conservatrices des analystes de données – le lexique est plus de deux fois plus étendu que ce qu'on imaginait jusqu'à présent.

« Ma plus grande frustration, c'est de ne pas avoir assez d'heures par jour pour accomplir tout le travail que je voudrais, m'écrit McKean dans un courriel. Même si (selon les statistiques) je suis tout juste à la moitié de mon espérance de vie, je risque de mourir avant que Wordnik ne soit "terminé" – la nature de la discipline veut que la plupart des lexicographes ne voient pas leurs projets se réaliser de leur vivant, car l'anglais ne s'arrête jamais, et les projets n'ont pas vraiment de fin. »

« L'anglais ne s'arrête jamais. » Cela pourrait être la devise de McKean. Chaque minute de chaque heure de chaque jour, quelqu'un dans le monde anglophone produit une nouvelle combinaison de sons, de lettres et de sens à l'intention d'un auditeur (ou d'un lecteur), qui la comprend. De l'anglais ! Juste un peu distordu, étiré, renouvelé. Les mots – mais aussi ce que nous entendons par les mots – changent sans cesse. Quand j'ai cliqué sur l'option «recherche aléatoire» de Wordnik, je suis tombé sur *to-dos*, le pluriel éminemment logique de *to-do* (à faire). Intrigué, j'ai effectué une recherche rapide sur internet et suis tombé sur un article du *New York Times* de 2001 où figurait *not-to-dos* (choses à ne pas faire). De retour sur Wordnik, j'ai encore cliqué :

«*Nonfraud*, adj. Qui ne relève pas de la fraude : "La Securities and Exchange Commission allègue que l'assureur a enfreint plusieurs sections liées à la *nonfraud* de la loi Securities Exchange Act de 1934 à travers la comptabilité de ce contrat de contre-assurance." (Extrait d'un article de 2010 de l'*Insurance Journal*.)»

Et encore :

«*Goaltend*, v. Action de protéger un but : "Samedi après-midi, nous étions certains que (...) le commissaire de la NBA David Stern bondirait sur le panier d'Orlando pour bloquer *(goaltend)* toutes les tentatives de trois points de Rashard Lewis." (Extrait d'un article de 2009 du *Wall Street Journal*.)»

De manière assez prévisible, certains correspondants de McKean, les chercheurs de petites bêtes, se plaignent parce qu'une entrée de Wordnik «n'est pas un mot puisque ce n'est pas un mot qu'ils aiment». Les récriminations de ces pédants ne représentent pour elle qu'une frustration minime, car elle sait qu'il ne sert à rien d'argumenter avec ses détracteurs. Mieux vaut concentrer son attention sur le courrier, comme sur ce message enthousiaste qu'elle a reçu à Noël d'une classe australienne, dont les élèves proposaient leurs propres mots (qui sait, peut-être figureront-ils bientôt au dictionnaire), par exemple : *insaniparty*, *kerbobble* ou *melopink*.

L'anglais de McKean, sa propre manière d'utiliser les mots, ne ressemble pas du tout à ce que l'on attend d'un lexicographe (quoique, apparemment, son fils s'exprime comme un enfant de lexicographe : à six ans, il a écrit – sans se tromper d'une lettre – *discombobulated*, « décontenancé », dans une rédaction pour l'école). Elle peut tweeter : « Pour info, si je pète un câble, ça sera à cause de quelqu'un qui éclate sa bulle de chewing-gum dans le métro. » Elle n'hésite pas à écrire les abréviations *gonna* ou *gotta* ; *lookupable* (« cherchable », comme dans « tous les mots devraient être cherchables »), *madeupical* (inventique) ou *undictionaried* (indictionnarisé). Tous des mots de son invention, que l'on comprend parfaitement dans les phrases qu'elle écrit. (« Les mots n'ont de sens qu'en contexte, remarque-t-elle. Si on dit juste "toast", on ne sait pas s'il s'agit de confiture de fraises ou de champagne. »)

Chord. Drachm. Aeon. Campanile. Que croyait comprendre la psychologue qui m'avait écouté ? Je me le demande encore. Nous sommes ce que nous disons – peut-être, jusqu'à un certain point. Chaque voix communique des traits de personnalité – la timidité de certains, les voyelles exagérées d'autres. Chaque voix, quand elle préfère « souper » à « dîner », ou quand elle prononce *pingue* pour « pain », trahit son passé. Mais le vocabulaire n'est pas le destin. Quel que soit leur pedigree, les mots n'ont pas plus de sens que ceux que nous leur donnons. Nous sommes les professeurs, pas eux. Posséder la langue, une « intelligence verbale », signifie animer les mots avec notre imagination.

Chaque mot est un oiseau à qui l'on apprend à chanter.

4

Un poète savant

Le poète australien Les Murray ne facilite pas la vie de ceux qui veulent le décrire. Il ne s'agit pas seulement de son œuvre, qui se déploie depuis cinquante ans dans une trentaine de livres et qui, après lui avoir valu de prestigieux prix littéraires, fait de lui un éternel favori pour le prix Nobel. Il s'agit de l'homme. En termes de relations publiques, Murray est aux antipodes de la fringance d'un Updike, de la froideur et de l'intensité d'un Coetzee ou du glamour d'une Zadie Smith. Les photos de l'auteur peuvent au mieux être qualifiées d'ordinaires. Son crâne chauve couvert d'un chapeau, son double menton, son tee-shirt uni. Une photo récente qui illustre ses *New Selected Poems* le montre à une table de cuisine, avec ses lunettes, tel un grand-père. Son naturel est celui d'un autodidacte. Murray a toujours écrit en solitaire. Il fait sereinement fi des modes, des écoles, voire même des définitions du dictionnaire. Le lire, c'est le connaître.

A high hill of photographed sun-shadow
coming up from reverie, the big head
has its eyes on a mid-line, the mouth
slightly open, to breathe or interrupt.

The face's gentle skew to the left
is abetted, or caused, beneath the nose
by a Heidelberg scar, got in an accident.
The hair no longer meets across the head

and the back and sides are clipped ancestrally
Puritan-short. The chins are firm and deep
respectively. In point of freckling
and bare and shaven skin is just over

halfway between childhood ginger
and the nutmeg and plastic death-mottle
of great age. The large ears suggest more
of the soul than the other features

Une colline de lumière et d'ombre
fantastique, la grosse tête
dirige ses yeux vers l'horizon, la bouche
légèrement entrouverte, pour inspirer ou interrompre.

La préférence apparente pour son profil gauche
résulte, au-dessous du nez,
d'une cicatrice, suite à un accident.
Les cheveux se sont retirés du front.

et coupés court derrière et sur les côtés
Comme chez ses ancêtres puritains. Ses mentons

sont solides. Concernant les taches de rousseur
la peau rasée de près se situe à un peu plus

de mi-chemin entre le poil de carotte de l'enfance
et la couleur champignon de la vieillesse.
les grandes oreilles évoquent
l'âme bien plus que les autres traits[1]

Murray utilise les mots de manière singulière ; il reconnaît dans ses interviews être un peu un « geek des mots ». Sa curiosité linguistique est immense, obsessionnelle. *Gnamma* (un terme aborigène pour désigner les trous rocheux du désert mouillés par l'eau de pluie), l'anglo-hindi *kubberdaur* (de l'hindi *khabardaar*, qui signifie « attention ! »), *toradh* (du gaélique irlandais pour « fruit » ou « produit »), *neb* (« nez » en écossais), *sadaka* (« aumône » en turc), l'allemand *Leutseligkeit* (affabilité), *rzeczpospolita* (la manière dont la Pologne se désigne dans les documents administratifs), *halevai* (une exclamation en yiddish) : voilà quelques-uns des mots exotiques dont Murray a saupoudré sa poésie. « Son génie tient à sa capacité à manier les 1 025 000 mots que contient son cerveau et à sélectionner précisément celui qui convient », écrit *The Australian*. Cette estimation est celle du journaliste – une bêtise malheureuse dans un article autrement sérieux. Ce chiffre – qui n'invite pas à réfléchir, seulement à admirer un phénomène de foire – est le fruit d'attitudes anciennes qui se manifestaient encore par écrit en 2014, envers les « monstres » comme Murray.

Comme le fait remarquer le même article, Murray vit avec un autisme de haut niveau.

1. Ces vers sont tirés de son « Autoportrait à partir d'une photographie » ; traduction française de l'auteur.

J'ai découvert Les Murray au début des années 2000 (peu avant que mon propre autisme de haut niveau ne soit diagnostiqué). Cela s'est passé dans une librairie anglaise du Kent, où j'habitais à l'époque. Une grande librairie, éclatante de jolies couvertures colorées et vives, tenue par une équipe discrète. Accueillante pour les fouineurs. De temps à autre, j'entrais, feuilletais les volumes comme si j'avais de l'argent. Faire semblant me faisait du bien. J'apprenais le plaisir du futur acheteur de livres. Un jour, au rayon poésie, tandis que j'examinais de courts ouvrages rédigés par de longs noms comme Annette von Droste-Hülshoff, Guillaume de Salluste du Bartas, Keorapetse Kgositsile ou Wisława Szymborska, une couverture portant le nom étonnamment modeste de Les Murray attira mon regard. La familiarité de ce « Les », son absence de distinction si déplacée dans la section poésie, m'interpellèrent. Le titre m'intriguait tout autant que le nom de l'auteur me semblait sympathique : *Poems the Size of Photographs*[2]. Je le pris, le lus. Et le relus. Ce fut la première fois que je dévorais un livre de A à Z, debout dans le magasin. Bien sûr, je fus aidé par sa taille de guêpe : la plupart des poèmes parmi la centaine qui le composait excédaient rarement une page. Au point parfois de ressembler à un haïku énigmatique :

This is the big arrival.
The zipper of your luggage
Growls valise *round three sides*
And you lift out the tin clothes.

2. Littéralement, « Poèmes de la taille d'une photographie », non traduit en français.

C'est la grande arrivée.
La fermeture de ton bagage
Grogne *valise* sur trois côtés
Et tu sors tes habits en étain.[3]

Court ou long, chacun de ses poèmes piquait mon intérêt. Les images verbales étaient vives et justes : les pies portaient des « costumes » qui, au moindre bruit, se « transform[aient] en ailes » ; les pierres tombales surmontées de croix étaient « l'échiquier de marbre des morts » ; dans une maison, « l'air [avait] des côtés ». Le goût évident et la fascination de Murray pour le langage égalaient les miens. Il écrivait comme un homme pour qui la langue est quelque chose d'étrange, d'étrangement beau. « Globe globe globe globe globe » : Murray imite une méduse. Il informe son lecteur avec une précision onomatopéique du bruit que fait une bouteille de soda vide qu'une petite fille tape contre sa tête. « Bocc », fait la même bouteille en heurtant une camionnette. Une femme parle simultanément en anglais australien (avec des mots) et en italien (avec des gestes), pour décrire un fromage. Dans notre environnement moderne, où la signalétique est omniprésente – panneaux d'aéroport, panneaux routiers, panneaux sur les portes, icônes d'ordinateurs –, le poète voyait un « langage mondial » fait de pictogrammes, que l'on pouvait « lire, écrire ou même peindre, mais pas parler ». Il imaginait son vocabulaire :

Bien est un pouce levé, un pouce et un index fermant
des lèvres

3. Traduction française de l'auteur.

signifient *confidentiel. Mal* est un œil de serpent
    à trois coins.
...
Deux animaux dans un livre se lisent *nature*, deux livres
Dans un animal, *instinct*. Du riz dans un bol
    avec des baguettes
indique *nourriture*. Chiffre 1 allongé égal *autre*.

*

Chaque pictogramme serait trouvable, définissable dans un « livre carré-égal-losange », un *dictionnaire*.

J'avais très envie d'acheter le livre de ce poète. Mais je n'avais pas d'argent. Je devais attendre. Pour mon anniversaire, je touchai une petite somme, mon âge en livres sterling, que je dépensai pour ces poèmes.

Sans la poésie de Murray, je ne serais peut-être jamais devenu écrivain. À cette époque, jeune adulte, leur étrangeté me rassurait. Je m'y reconnaissais. À Londres, mon anglais n'avait jamais été celui de mes parents, de mes frères et sœurs ni de mes camarades de classe ; mes phrases – obliques, verbeuses, allusives – m'avaient valu des moqueries, et ces moqueries avaient ratatiné ma voix. Celle de Murray, elle, s'étalait ; elle exhibait l'aisance chèrement acquise avec laquelle ses mots se comportaient. Si j'avais su alors ce que j'ai appris des années plus tard, que la voix de ce poète, si belle et si habile, était celle d'un autiste savant, j'aurais pu me considérer différemment. J'aurais pu écrire mes essais, mon premier roman et mes propres poèmes des années plus tôt. Mais personne ne m'a rien dit ; et l'impression que Murray me ressemblait resta à l'état d'intuition. Heureusement, cette intuition suffit pour restaurer la confiance en ma propre voix, pour la nourrir et la faire grandir. Ma voix finit par atteindre la taille d'un livre : des Mémoires sur mon enfance si particulière.

Ce n'est qu'en écrivant mon deuxième livre – une étude des idées scientifiques sur le cerveau – que j'ai appris pourquoi aucun médecin ni aucun chercheur ne m'avait dit que ce célèbre poète (plus qu'un poète, l'un des grands hommes de lettres de la langue anglaise) était autiste. Rien à voir avec un manque d'honnêteté ou une méconnaissance de son état de la part de l'intéressé. Dès les années 1970, Murray écrivait, dans un poème intitulé « Portrait of the Autist as a New World Driver », qu'il appartenait aux « solitaires, aux fous de graphiques, aux encyclopédistes du bush… Nous nous réunissons gravement tels des princes raides, échangeons des faits » (dommage qu'il n'ait été publié dans un recueil que trente ans plus tard, et que je n'en aie eu connaissance que tout récemment) ; dans plusieurs portraits publiés dans les journaux, il se décrivait comme un « Asperger de haut niveau » (dommage que je ne les aie pas lus non plus à l'époque). La raison, comme je le découvris, en était que la plupart des scientifiques pensaient l'autisme incompatible avec la créativité, en particulier littéraire. Leur attitude était influencée par le fait qu'ils avaient étudié un type particulier d'autistes savants : ceux dotés d'un QI relativement bas, non verbaux, incapables de parler. J'insistai auprès des chercheurs avec qui je correspondais, de vive voix ou par messages. N'avaient-ils vraiment jamais entendu parler d'un autiste doué pour les mots ? Si, me répondit-on. Il s'appelait Christopher. Sur les photos, Christopher paraissait timide, empâté, moustachu, d'âge moyen. Ce Britannique atteint de dommages cérébraux avait passé sa vie à tourner les pages de livres d'autoéducation. De cette lecture incessante, il avait appris, à des degrés divers, une vingtaine de langues. Pourtant, Christopher ne savait pas écrire.

Finalement, c'est la publication suivante de Murray, *The Biplane Houses*, qui a fait de mon intuition une certitude. À ce moment-là, j'avais quitté le Kent et sa librairie et je vivais dans le Sud de la France. J'en commandai un exemplaire d'un clic sur Internet : il arriva dans une enveloppe portant de nombreux timbres – un mince petit livre rouge et blanc qui n'avait pas souffert du voyage à travers la Manche. Alors que je parcourais les poèmes, je lus, sous forme de sonnet, non une déclaration d'amour, mais la contemplation de l'esprit de l'auteur :

Asperges me hyssopo
disait le plain-chant,
Asperge-moi d'hysope
voilà le véritable sens,
pas *Asperge avec le hoquet*
et certainement pas *autiste savant.*

Asperger, mais. Asperg c'est moi.
Le verdict a mis des années à tomber :

Des conférences, non des conversations. Le manque
de savoir-faire avec les gens. Le besoin de règles.
Ne jamais se conformer à la ligne lancée de *la Nef des fous.*
Les yeux évités. Une grande mémoire.
Impassible devant même la guerre –
L'hysope peut être une herbe amère.

J'avais lu dans je ne sais combien d'articles scientifiques que les personnes autistes n'apprenaient le langage que pour le recracher par mimétisme. J'étais donc ravi de voir les vers de Murray, pleins d'esprit, de sentiment et de savoir-faire, démentir les experts. Ses poèmes me donnaient envie de tout savoir sur l'homme. Je m'assis à mon ordinateur, entrai son nom suivi d'« autisme » ; de nombreuses pages s'affichèrent, fournies, éclairantes. L'information était là depuis tout ce temps. Mais les journalistes l'avaient poussée à la marge. Tous n'avaient parlé que brièvement, partiellement de l'autisme de Murray, comme si ça ne collait pas avec son statut. Aucun n'avait pensé à creuser plus loin, à considérer l'œuvre ou la vie du poète sous un autre jour. Pour découvrir cet aspect de son histoire, j'ai dû assembler moi-même le puzzle, clic après clic, lien après lien, suivant chaque octet de chaque source vérifiable. Lentement, des faits épars prirent les couleurs vives de l'anecdote ; ses digressions pendant les interviews sortirent du flou. L'image qui se dessinait des débuts de la vie de l'auteur – son esprit a mis de nombreuses années à s'adapter au langage – était aussi révélatrice que fascinante.

Leslie Allan Murray est né en 1938 à Nabiac, une petite bourgade du bush, un port fluvial en pleine campagne d'élevage, à 280 kilomètres au nord-est de Sydney. Ses ancêtres, des ouvriers agricoles, avaient émigré des Southern Uplands, en Écosse, vers la moitié du XIXe siècle, emmenant avec eux leur foi presbytérienne et leur dialecte écossais : *fraid* pour *ghost* (fantôme), *elder* pour *udder* (les « pis » d'une vache).

Les est fils unique. Dès son premier cri, le bébé accusait un trop-plein de sensations : la maison en planches de ses parents indigents tremblait souvent sous l'effet de ses colères. Seuls les bains chauds – de l'eau chauffée sur le poêle à bois puis versée, bouillante, dans une baignoire galvanisée – pouvaient le calmer.

La maison était sombre et exiguë. Il n'y avait pas moyen d'y paresser. On vivait à l'extérieur – autour de la bicoque, le blanc des moutons, le noir des poules, le vert des paddocks. Le petit garçon imitait le chant du hochequeue, jouait avec les vaches et les corbeaux. Il se promenait seul sur les hectares de collines qui entouraient le village, rentrant au crépuscule trempé comme par une averse de transpiration.

Très jeune, il apprit l'alphabet sur les étiquettes des boîtes de conserve. Il lut rapidement les quelques livres que contenait la maison : le guide d'élevage *Aberdeen-Angus Studbook*, le catalogue de graines *Yates Seed Catalogue*, le manuel du séparateur de crème Alfa Laval, et les huit volumes de l'encyclopédie *Cassell's Book of Knowledge* (édition de 1924). Les livres devinrent ses meilleurs amis. Il dormait avec eux chaque soir sur la véranda.

Il n'y avait pas d'école à des kilomètres à la ronde, aussi, quand Les atteignit l'âge de sept ans, l'école vint à lui. Le facteur en était l'intermédiaire. Les cours par correspondance – écriture, grammaire et arithmétique – arrivaient chaque semaine depuis Sydney, et le garçon se régalait à tracer des boucles, à construire des phrases et à résoudre des opérations sur la table de la cuisine, entouré de seaux et de bûches.

Deux ans plus tard et cinq kilomètres plus loin, une école de quinze élèves sortit de terre. Les décida qu'il ne pouvait pas s'y rendre les mains vides ; il demanda à sa mère plusieurs feuilles de papier kraft blanc, et, avec un crayon qu'il taillait régulièrement, écrivit une longue rédaction sur les Vikings (il tirait ses informations du huitième volume de son encyclopédie). Les berserkers casqués, les haches, les drakkars : il n'omit pas le moindre détail. Il se perdit dans l'écriture. Parti à l'aube, il arriva quelques heures plus tard et lut son travail à la classe : intarissable et à bout de souffle en même temps. Les eut de la chance avec son professeur. Frais émoulu de l'université, celui-ci n'avait pas assez d'expérience pour trouver l'enfant bizarre. Il écouta patiemment la rédaction et remercia son auteur précoce. Puis Les et les autres élèves durent ouvrir leur manuel à la première page.

On l'abandonna plus ou moins à son sort, et bientôt il délaissa la classe pour s'enfermer dans la salle de lecture de l'école. À l'exception de quelques cousins amicaux de son âge, il préférait nettement la compagnie des livres à celle des autres enfants. Mais même avec ses cousins, Les ne se montrait pas bavard. Si on ne lui adressait pas la parole, il n'entamait pas la conversation. Quand les garçons parvenaient à le convaincre de jouer avec eux, ce n'était qu'à la condition qu'on suive ses obsessions. La plus grande d'entre elles était la guerre : c'était un enfant de la guerre, et, quoique la chose lui fût incompréhensible, il savait que la guerre était quelque chose d'excitant, de grand et de lointain, qui faisait taire les grands et dont la TSF parlait sans cesse d'une voix haletante. Ses cousins acceptaient de jouer les Allemands. Sur les berges du ruisseau criblées de terriers de lapins, ils couraient, bondissaient, se cachaient. Les leur donnait des ordres. Il essayait de paraître allemand ; il lui paraissait normal d'essayer. Comparé aux autres enfants, il s'était toujours senti un peu étranger.

Sa mère mourut quand il avait douze ans. Les pleurs du veuf étaient intarissables. Le fils les entendait, allongé sous plusieurs édredons sur la véranda. Les ignorait que son père pouvait produire de tels sons. Il interrompit ses études pour tenter de porter le deuil, lui aussi. Mais ce qui était si naturel pour son père le laissait perplexe : il n'arrivait pas à pleurer. Il pleura donc avec ses pieds, qu'il rougit à force de traverser la vallée jusqu'à ce que chaque poteau, chaque étendue de gravier, chaque recoin, chaque brin d'herbe, fasse partie de lui. Dès que la détresse lui serrait l'estomac et que les larmes menaçaient, il fermait les yeux, évoquait ici la texture d'un caillou, ici la couleur de la terre, et voyageait des kilomètres dans sa tête jusqu'à reprendre son calme.

Un an plus tard, il retourna à l'école. C'était une école plus grande, plus éloignée (le camion du laitier l'y emmenait), avec une plus grande bibliothèque. Les livres l'apaisaient. Une chance que peu d'enfants la fréquentent. Son désir d'isolement était aussi fort qu'au primaire. Quand la bibliothèque fermait pour le déjeuner, il attendait tant bien que mal la fin de la récréation. Le dos plaqué contre le mur de la cour par la timidité et l'angoisse, il observait les ombres qui passaient en sautillant.

Le lycée Taree High, où Les était pensionnaire pendant la semaine, se révélait plus difficile. Costaud pour ses seize ans, il constituait une cible facile pour les moqueries. Ce garçon de la campagne ignorait tout des modes et des normes de l'apparence : à côté des vêtements bien repassés et des coiffures dans le vent des autres élèves, il passait à chaque fois pour un péquenaud. Les caïds de la classe se retournaient régulièrement contre lui, le tourmentaient, le bombardaient d'insultes. À peine ouvrait-il la bouche qu'on se moquait de lui ; il parlait comme une encyclopédie sur pattes. Il utilisait – parfois à contresens – de longs mots obscurs, et menaça un jour de « transsubstantier » un harceleur à travers un mur.

La plupart des professeurs ne levaient pas le petit doigt. Mais ils étaient impressionnés par l'étendue et la précision du savoir de Les, par la nonchalance avec laquelle, si l'on évoquait par exemple les civilisations précolombiennes, il pouvait disserter sur les Aztèques, les Zapotèques, les Toltèques, les Totonaques. Mr McLaughlin, son professeur d'anglais, un enseignant doux, à la patience sans bornes, se montrait compréhensif. Enseigner à Les, c'était s'assurer un auditoire avide. Il apprenait vite. Ce fut Mr McLaughlin qui lui fit découvrir la poésie. Eliot. Hopkins. Les fut enchanté par les mots de Gerard Manley Hopkins, qu'il essaya d'articuler. *For skies of couple-colour as a brinded cow.* Il lut encore. Répéta. *With swift, slow; sweet, sour; adazzle, dim.* Il apprit par cœur ce poème et, bientôt, tous les autres que lui présenta son professeur. *Praise Him.* Il rêvait de composer un jour ses propres vers.

Les passa le reste des années 1950 vêtu d'un pantalon « pattes d'ef » bleu d'étudiant, et non de la salopette verte Dacron dans laquelle il espérait piloter des avions (le médecin de l'armée le recala au premier regard). Sa déception fut de courte durée, car il découvrit que l'université de Sydney possédait une bibliothèque remarquable – un bâtiment gothique en grès, orné de gargouilles, qui abritait près d'un million de livres. Un million ! Après tout, il se sentirait à sa place à l'université. Puis il se demanda : où vais-je trouver le temps de tout lire ? Il était sérieux. Tout son temps libre, et un peu de temps volé, il les passait à lire. Il séchait les cours, évitait ses profs pour bouquiner, survoler, feuilleter, parcourir. Encyclopédies, poèmes, romans (cela pour tromper l'ennui car il ne parvenait pas à entrer dans les scènes domestiques ni à croire aux intrigues), nouvelles, prières, pièces de théâtre. Mais il revenait sans cesse à l'*Encyclopædia Britannica* ; il étudia Cicéron, Kenneth Slessor, la Bible de King James. Puis un jour, alors qu'il parcourait les rayonnages, une rangée jaune de manuels de langues attira son attention. Les lettres, les mots, les phrases exotiques le séduisirent. Le danois par Hans Anton Koefoed. Le russe par Maximilian Fourman. Le norvégien par Alf Sommerfelt. Le français par John Adams. L'italien par Kathleen Speight. Les les lut l'un après l'autre, du début à la fin. Il les trouva faciles. Il avait le don de se rappeler les mots, les expressions. Et de jouer avec, de saisir le rythme et autres schémas, d'inventer de nouvelles phrases, plus libres et plus imaginatives que les exemples secs et froids des auteurs. Afin de prolonger son plaisir, il s'inscrivit à des cours d'allemand et de chinois. En quelques semestres, Les savait lire et écrire dans plus de dix langues.

Tant qu'il lisait et apprenait des langues, il s'épanouissait, mais de retour en classe, les exercices, les examens, les exigences des professeurs lui coupaient l'imagination et lui sapaient le moral. À l'âge de vingt et un ans, il abandonna ses études pour voir du pays. Il fit du stop. Il dormit sur des chantiers, sur des pelouses, partout où il trouvait une place au sec. Ce fut pendant ces mois de vagabondage, dans des carnets beiges à spirale, qu'il écrivit ses premiers véritables poèmes.

Il revint à Sydney en stop, reprit ses études sans succès, les abandonna à nouveau (il n'obtiendrait son diplôme que dix ans plus tard, en 1969), non sans avoir d'abord rencontré, lors d'une pièce organisée par le département d'allemand, celle qui deviendrait sa femme et la mère de leurs cinq enfants. En général, il ne parvenait pas à converser avec des inconnus ; les mots lui manquaient. Mais avec Valerie, à sa grande surprise, il n'eut aucune difficulté. Née à Budapest et arrivée en Australie après la guerre *via* la Suisse, Valerie parlait anglais avec un léger accent d'Europe centrale. Une jeune femme aux mots hongrois, suisses-allemands et anglais. Murray se sentit instantanément à l'aise avec elle, et l'attraction fut réciproque. (Ils ont célébré en 2012 leurs noces d'or.)

La chance de Les ne tarit pas. Il trouva un poste de traducteur pour l'Australian National University à Canberra. Il travailla pour plusieurs départements, un jour récrivant en anglais un article italien sur « les maladies cutanées nodulaires chez les lièvres de la vallée du Pô », le lendemain une étude néerlandaise sur l'histoire commerciale de Makassar. Selon les termes d'un article de 1964 consacré au jeune traducteur, « les langues » étaient devenues « son gagne-pain ». Pendant quatre ans, il nourrit sa famille toujours plus nombreuse grâce à l'italien, au néerlandais, à l'allemand, à l'afrikaans, au français, à l'espagnol et au portugais. Mais ce fut en anglais que les poèmes de Murray commencèrent à circuler dans les magazines. Ils furent rassemblés en 1965 dans *The Ilex Tree*. Son premier prix littéraire suivit bientôt. Sa réputation et sa confiance en lui prirent rapidement leur envol. Grâce à son livre et à son prix, il fut invité pour des lectures jusqu'en Europe. Il perdit vite le goût de la traduction et quitta ce qu'il appellerait plus tard sa « couverture respectable » pour écrire à plein temps. Ce fut le début de l'une des carrières de poète les plus extraordinaires.

D'aussi loin que je me souvienne, les mots ont toujours été pour moi des nœuds de beauté et de mystère. Mais c'est l'œuvre de Murray qui servit de levain à mes propres ambitions littéraires. Ainsi, quand mon premier recueil d'essais fut publié, il y a quelques années, j'en dédicaçai un exemplaire au poète en gage de gratitude et d'admiration. Pourtant, j'hésitai avant de l'expédier dans le bush de Nouvelle-Galles du Sud. Et si le livre ne lui arrivait jamais, ou s'il ne lui plaisait pas ? Pendant un temps, je ne parvins pas à me décider. Finalement, je fis taire ma timidité. J'écrivis à l'adresse que j'avais trouvée dans une revue littéraire et, quelques semaines plus tard – des semaines épuisantes, dont chacune me parut durer un mois –, je reçus une lettre de sa part.

Murray avait consacré du temps et de l'attention à sa réponse. Sa calligraphie était ferme et fluide (j'appréciai particulièrement ses *a* – de jolies petites queues de cochon) ; la lettre était assez longue. Bien plus que de simples remerciements ou compliments : le ton était expansif, voire de confidence. Je fus touché, en particulier par le fait que Murray me demandait de lui répondre pour lui donner de mes nouvelles et de celles de mon travail. Une invitation à correspondre.

Je le pris au mot. Je lui répondis. Il répondit à son tour. Ainsi, plusieurs lettres plus tard, au fil de notre correspondance désormais régulière, je lui proposai de traduire une sélection de ses poèmes dans ma deuxième langue, le français.

J'avais remarqué un vide dans le marché littéraire international : des traductions de Murray étaient disponibles, dans les librairies de Berlin, de Moscou, dans les bazars de Delhi. Mais pas, pour une obscure raison, dans ma ville, Paris, capitale culturelle !

L'agent du poète donna son accord ; mon éditeur parisien donna le sien. Et Murray, avec sa décontraction très australienne, me laissa carte blanche. Je relus les poèmes, recueil après recueil. Pendant des jours, des semaines, je m'immergeai dedans. Je finis par choisir mes quarante préférés pour les traduire.

Julian Barnes, un autre Anglais francophile, écrit très bien sur le défi de traduire un texte littéraire. Il existe autant de manières de traduire une phrase d'un classique qu'il existe de traducteurs, soupire-t-il. Dans *Translating Madame Bovary*, il donne l'exemple d'une phrase assez simple de Flaubert : « Aussi poussa-t-il comme un chêne. Il acquit de fortes mains, de belles couleurs », suivie d'une demi-douzaine de tentatives pour rendre ces mots dans un anglais convaincant.

Meanwhile he grew like an oak; he was strong of hand, fresh of color.
And so he grew like an oak-tree, and acquired a strong pair of hands and fresh color.
He grew like a young oak-tree. He acquired strong hands and a good color.
He throve like an oak. His hands grew strong and his complexion ruddy.
And so he grew up like an oak. He had strong hands, a good color.
And so he grew like an oak. He acquired strong hands, good color.

Malgré toutes ces images, Flaubert reste de la prose, quoique de premier choix. Par sa nature, on considère généralement la poésie comme plus ou moins intraduisible (prenons l'aphorisme de Robert Frost : « La poésie, c'est ce qui se perd à la traduction »).

Je savais donc que traduire Murray n'était pas à prendre à la légère. Mais je ne partageais pas la conception de Frost de la traduction (ni de la poésie). Je n'aurais jamais pu me réjouir de l'ode au nombre Pi de Szymborska, ni m'ébahir devant « L'aventure extraordinaire arrivée à Vladimir Maïakovski un été, à la campagne » sans le génie de leurs traducteurs respectifs. Tous ces accents polonais m'auraient irrité les yeux ; le portail de fer noir du cyrillique m'aurait barré la route. Sans traduction, certaines de mes œuvres préférées, les haïkus de Basho, le Cantique des Cantiques de la Bible, seraient restées hors de ma portée, réservées aux lecteurs du japonais ou de l'hébreu.

L'anglais de Murray est vif, inventif, enjoué. Il a un faible pour les choix de mots marquants. (Récemment, le poète a fait double emploi en contribuant occasionnellement au *Macquarie Dictionary* australien. *Pobblebonk* – le nom vernaculaire d'une espèce de grenouille australienne –, *doctoring* – rechercher régulièrement une assistance médicale – et *Archie* – un canon antiaérien de la Première Guerre mondiale – sont quelques-unes de ses propositions.) En lisant « Le rêve de porter un short à jamais », l'éloge de Murray aux pantalons qui arrivent presque aux genoux, on rencontre plusieurs strophes amusantes sur l'histoire et la culture du vêtement en question, puis on trouve les vers suivants :

to moderate grim vigour
with the knobble of bare knees

Knobble ! J'adore ce poème. Il fait partie de la quarantaine que j'ai choisi de traduire en français ; en faisant tout mon possible pour rester fidèle au texte. *Knobble* est une référence à l'expression britannique (mais peu connue) *knobbly knees* (genoux cagneux), et j'eus du mal à trouver un équivalent français. *Knobble. Knobble.* Je me grattai la tête. Une bosse ? Un nœud ? Ni l'un ni l'autre ne collaient. Trop abstraits. Trop neutres. Les genoux *knobbly* sont des genoux qui ont une drôle de tête ; *knobble* est un mot drôle. Après m'être encore beaucoup gratté la tête, je trouvai une idée. Au lieu de « bosse », de « nœud » ou autre, je pouvais mettre « tronche ». Pour les yeux et les oreilles français, « tronche » est aussi comique que *knobble* pour un Anglais. « Tronche » peut signifier la tête (comme dans « faire une drôle de tête »), l'expression, l'air ou l'aspect (douteux, bizarre ou amusant) d'une personne ou d'un objet. « La tronche ! » est une exclamation typiquement française. C'était le mot le plus proche que je pouvais trouver en français. Les lecteurs de ma traduction imagineront la sévère chemise-cravate adoucie,

Par la tronche des genoux nus.

Ensuite viennent assonances et allitérations, les rouages de la poésie. Murray est un maître de la mécanique des vers. « L'apprenti, 1914 », qui fait également partie de ma sélection, parle d'un Australien attiré hors de son taudis pour combattre dans une guerre étrangère. Murray écrit :

Till the bump of your drum, the fit of your turned-up hat
Drew me to eat your stew, salute your flag

Bump, *drum* ; *drew*, *stew* ; et la rime finale : *hat*, *flag*. Le poème fonctionne sur l'assonance (et une similarité de sons entre *fit* et *hat*). Toute la poésie de ces vers réside dans ces schémas. J'ai donc veillé à les conserver dans ma traduction, avec quelques ajustements. *Bump* est devenu « tempo » (pour créer une allitération avec « tambour ») ; *fit* est devenu « chic » (pour créer une allitération avec « chapeau »). *Stew* était plus difficile. Quels verbes français riment avec « ragoût » ? J'ai donc fait manger de la soupe au personnage du poème à la place du ragoût et modifié le temps pour la rime :

Jusqu'à ce que le tempo de votre tambour, le chic de votre chapeau

Me poussent à manger votre soupe, à saluer votre drapeau

Le plus difficile, bien sûr, fut de garder la « structure Murray », mais à la française. Le poème le plus ambitieux sélectionné est peut-être « La pluie tiède », du pur Murray – des vers contrôlés, des mots visuels, des rimes surprenantes. Prenons le début :

Against the darker trees or an open car shed
is where we first see rain, on a cumulous day,
a subtle slant locating the light in air
in front of a Forties still of tubs and bike-frames.

Next sign, the dust that was white pepper bared
starts pitting and re-knotting into peppercorns.
It stops being a raceway of rocket smoke behind cars

Pris individuellement, ces sept vers regorgent de complexités. Si les deux premiers glissent assez bien en français :

Sur un fond d'arbres sombres ou un carport ouvert
La pluie nous apparaît, un jour nuageux,

Les autres résistent. Il faut visualiser la succession d'images verbales comme un film. Au troisième vers, le jeu des gouttes dans l'air ; au quatrième, l'intérieur de la cabane exposé *(tubs and bike-frames)* prend le grain d'une photo des années 1940 *(a Forties still)* sous l'effet de la pluie.

> Des fils subtils qui rayent et floutent l'air
> Comme un retour sur les années quarante en images.

Le début de la deuxième strophe pose aussi des difficultés, avec son changement de focalisation. Les images sont rapides, complexes. Des particules de poussière, *white pepper bared* (du poivre blanc nu), se gorgent de pluie pour devenir des *peppercorns* (des grains de poivre). Les nuages de poussière que soulèvent les conducteurs *behind cars* (derrière leur voiture) ne ressemblent donc plus à de la fumée. La tâche du traducteur qui consiste à préserver les allitérations – *pepper bared*, *peppercorns*, *behind cars* – est impressionnante. Pour que ma traduction tienne la route, il fallait se débarrasser de quelque chose. C'était le poivre blanc. J'utilisai le sel à la place.

> Puis la terre jusqu'alors fine comme le sel fin
> Se mouille et ses particules grossissent en fleur de sel.
> Les voitures qui passent n'engendrent plus leur fumée
> de fusil

La traduction retire, mais elle donne aussi. Disparus, en français, la cabane avec ses baignoires et ses cadres de vélos (*tubs and bike-frames*) ; disparue aussi la fumée de fusée (*rocket smoke*), remplacée par celle d'un fusil pour reproduire le schéma de sons : « sel fin », « fleur de sel », « leur fumée de fusil ». Deux pertes modestes compensées par un gain de valeur : le français nous offre « fleur de sel », créant l'image surprenante de la pluie faisant fleurir la terre salée.

Mon recueil de poèmes traduits, *C'est une chose sérieuse que d'être parmi les hommes*, fut publié à l'automne 2014. Le 12 octobre, pendant une demi-heure, ma voix s'échappa des postes de radio réglés sur France Culture. Aux auditeurs elle parlait de Murray, de sa vie, de son œuvre et de la dette d'un jeune écrivain envers son mentor. L'émission fit le tour du monde francophone.

Quelques mois plus tard, Murray m'écrivit fièrement qu'une voisine polynésienne, francophone de naissance, admirait ma traduction et l'utilisait pour ses cours de français. Bien que son propre français fût un peu rouillé, ajoutait-il, il comprenait mon travail et l'appréciait lui aussi. Dans d'autres lettres et cartes postales – dont la fraîcheur des nouvelles excédait quinze jours car elles étaient expédiées classiquement (Murray n'utilise pas Internet) –, il se rappelait avec nostalgie de lointains voyages en Europe : Grande-Bretagne, Italie, Allemagne et France. Rien dans ces messages ne laissait entendre qu'il pourrait un jour y retourner ; il ne l'avait pas fait depuis des années. À plus de soixante-dix ans, sa santé était instable et sa ferme de Bunyah se trouvait à plus de quinze mille kilomètres.

La nouvelle qu'il viendrait à Paris en septembre 2015 me prit de court. Il avait accepté l'invitation d'un festival pour parler à la Maison de la poésie. J'étais ravi. Honoré, aussi, quand l'organisateur me demanda de partager la scène avec le poète. Ma traduction serait vendue à l'issue de la présentation, suivie d'une dédicace de Murray.

Vêtu d'un pull en laine multicolore – son fidèle « attrape-soupe » –, Murray brava plus de vingt heures d'avion pour me retrouver dans un bistrot. Quelle joie de pouvoir mettre une voix, si riche et nasillarde, sur ses poèmes après tout ce temps ! Le lendemain soir, à la Maison de la poésie, notre conversation se poursuivit devant un public, sous des spots, ponctuée de lectures dans les deux langues.

Après l'événement, séance de dédicaces. La longueur de la file était flatteuse. J'étais dans ma loge quand un organisateur du festival vint me chercher : Murray voulait que je dédicace le livre avec lui.

« Après tout, nous sommes coauteurs », disait-il.

5

Cuecueiuca

Mexique. Certains disent que cela signifie « le centre du monde ». C'est là, à Puebla, au centre du centre du monde, que j'ai rencontré un indigène qui parlait la foudre.

Notre rendez-vous a eu lieu peu après le Día de los Muertos. Ce n'était pas mon idée. La veille, en plein décalage horaire, j'avais le nez dans mes notes quand l'une des organisatrices de la conférence qui m'accompagnait remarqua le livre que j'avais emporté dans l'avion : *The Nahuas after the Conquest. A Social and Cultural History of the Indians of Central Mexico, Sixteenth through Eighteenth Centuries*[1], de James Lockhart.

« Les *Nawas* », dit-elle, m'indiquant la prononciation correcte du nom du plus grand groupe indigène du Mexique, les descendants des Aztèques. « Vous vous intéressez aux *Nawas* ? »

1. « Les Nahuas après la Conquête. Une histoire sociale et culturelle des Indiens du Mexique central du XVIe au XVIIIe siècle », non traduit en français.

Qui ne s'y intéresserait pas ? pensai-je. Je m'intéressais particulièrement à la langue nahuatl (« clair comme une cloche »), qui a donné au lexique occidental « avocat » *(ahuacatl)*, « guacamole » (*ahuacamulli*, littéralement « sauce d'avocat »), « chocolat » *(xocolatl)*, cacao *(cacahuatl)*, « tomate » *(tomatl)*, « chili », « chia », « peyotl », « ocelot » *(ocelotl)*, « axolotl » (un type de salamandre).

« Aucune culture ne tirait autant de joie des mots », écrit Lockhart. Aucune culture n'a autant vénéré le pouvoir et la magie des sons. La ville de Mexico (qui s'appelait alors Tenochtitlán) résonnait, retentissait sans cesse à l'époque de la gloire de Montezuma. Le vent sifflait, les Aztèques aussi, avec des flûtes et des ocarinas ; ils répondaient au tintement de la pluie par celui des bracelets à leurs poignets, à leurs chevilles, de leurs pendentifs et de leurs perles ; après une nuit de tonnerre, cornes et conques résonnaient au matin, gongs de cuivre et tambours de carapaces de tortue. Des chanteurs couverts de plumes iridescentes rugissaient tels des jaguars, criaient tels des aigles, roucoulaient tels des quetzals. Des oraisons mélodieuses, le « chant des fleurs », offraient à leurs auditeurs couleur et beauté, inspiration et paix.

« Je connais un Nahua, dit mon accompagnatrice. Un sacré bavard. Il est en ville. Je peux organiser un rendez-vous demain matin, je lui dirai que vous êtes seulement de passage. Il y a un café pas loin. Je vais vous écrire l'adresse. Vous pourrez le retrouver là.

– Il parle anglais ?

– Espagnol. Je vais lui téléphoner. *Primero Dios*, il sera libre. »

Il l'était.

Il s'appelait Francisco (comme son père, m'apprit-il). Il arriva à l'heure au café. Il portait une chemise blanche immaculée, bien repassée, son visage marron était vif et rasé de frais. Je lui offris un café et me présentai de mon mieux : par manque de pratique, mon espagnol était un peu raide. Je lui dis que je voulais en apprendre davantage sur la langue nahuatl.

Le nahuatl, m'expliqua-t-il (il prononça « nawat », le *l* dans « -tl » n'est que pour les yeux), est le nom que lui donnent les érudits, un mot bon pour leurs livres. Lui appelait sa langue le mexicano, qu'il prononçait « mechicano ».

Quelques petits crânes en sucre, des *calaveras* qui restaient des festivités de la veille, me souriaient depuis la vitrine.

« Ma mère parlait un très bon mexicano. »

Son visage s'adoucit. J'avais du mal à suivre ses expressions. Plus je lui parlais, plus j'avais l'impression que cet homme possédait de nombreux masques, qu'il avait vécu de nombreuses vies. Souriant, ses yeux marron brillants, il paraissait avoir cinquante ans ; quand il fronçait les sourcils, son front s'assombrissait, comme dissimulé par un sombrero imaginaire, et il en paraissait soixante-dix.

« Je ne suis pas ma mère, se rembrunit-il. Je mélange les mots. »

Il voulait dire qu'il utilisait beaucoup de mots espagnols dans ses phrases en mexicano. Conséquence naturelle du fait de vivre dans un pays où l'espagnol prédominait.

Francisco m'expliqua que certains Nahuas exècrent cette pratique.

« Ils sont peu nombreux, mais ils sont très susceptibles en ce qui concerne la langue. Parfois, si je dis quelque chose comme "*hasta moztla*", tu sais, comme "*hasta mañana*", certains me diront : “Pourquoi tu nous parles en espagnol ?” Mais c’est comme ça, maintenant. Si je demande à quelqu’un quel jour on est et que la personne me répond : “Dis-le en mexicano !”, je lui dis “*Igual*, on est le même jour en espagnol et en mexicano”. Je vais te dire un truc, les plus extrémistes, ils sont drôles. D’après eux, on ne devrait pas conduire un *coche*. On devrait conduire une *tepozyolli*. Mais personne ne dit ça. Ça veut dire “créature de métal”. Imagine ! “Je suis venu en créature de métal.” »

Il laissa échapper un rire bref.

Dans son livre, Lockhart explique que certains Aztèques empruntaient des détours similaires pour exprimer dans leurs propres mots ce que les Espagnols leur disaient par le geste et la parole. Par exemple, ils essayèrent d’appeler une « dague » *tepozteixilihuaniton* (littéralement, « petit instrument de métal pour poignarder les gens ») ; *nequacehualhuiloni* (« objet pour s’ombrager la tête ») devint leur néologisme pour désigner un « chapeau ». Ils inventèrent *tlamelahuacachihualiztli* (faire les choses bien) pour traduire le concept de « loi » et de « justice ». Aucune de ces circonlocutions ne trouva beaucoup d’utilisateurs – ce qui est assez compréhensible. Comme Francisco, la plupart préféraient adopter les termes espagnols, avec de petites modifications.

Ce qui compte pour la grande majorité des Nahuas, ce n’est pas l’origine mais le son d’un mot. Un vocable peut venir de n’importe quelle langue, espagnol, anglais américain, portugais, peu importe, tant qu’il a un joli son.

« Quand notre bouche tombe amoureuse d’un son, nous le prenons et nous l’utilisons », me dit Francisco.

La grammaire du nahuatl n’était selon lui pas un obstacle. La notion qu’ont les Nahuas d’un « mot » semble bien plus subtile et inclusive que la définition occidentale.

La réduplication, la répétition d'une syllabe au sein d'un mot pour modifier ou renforcer son sens, est la caractéristique principale du mexicano. (La réduplication est rare en anglais. Il se passe quelque chose de similaire avec *reread*, «faire une relecture» – une action plus astreignante, plus emphatique que simplement «lire» –, ou avec le très décrié *pre-prepared.*) *Kochi* signifie «dormir». Si l'on répète la première syllabe, on obtient *koh-kochi*, «dormir profondément». *Xotla* signifie «brûler», *xoxotla*, «brûler intensément». Ce ne sont là que deux exemples parmi des dizaines, peut-être des centaines qu'offre la langue.

Comme l'affirme Francisco, cela crée une langue très accueillante pour les nombreuses variétés de voix et de sons non humains. Un nahuatlophone peut dire *cocotl*, *cacalotl*, *papalotl* et évoquer instantanément le blanc d'une colombe, le noir d'un corbeau, le battement d'ailes d'un papillon rien qu'en nommant la créature en question. Dites *huitzitzilin*, et un colibri file en zézayant dans l'imagination de votre interlocuteur. C'est pour cela que le téléphone ne se contente pas de «sonner» en mexicano. Chez les Nahuas, son *tzitzilica* rappelle le gazouillis frénétique du colibri. La pluie aussi est éloquente. Une petite averse, de celles qui vident peu à peu le marché et font goutter les peupliers, fait *chichipica*; la même pluie qui devient blanche et floconneuse en hiver, se transformera en *pipixahui*. À la maison, l'eau qui bout sur le feu se met à *huahualca*; tandis que le maïs cuit à la casserole fera *cuacualaca*. *Tzetzeloa* est un autre son domestique courant: celui d'une chemise, d'une jupe ou d'une robe que l'on secoue avec vigueur.

Parfois, aux oreilles mexicano, les objets parlent.

«Ma mère me disait: "Tu entends l'horloge? Écoute ce qu'elle te dit." Toujours travaille, travaille. C'est ce qu'elle disait. Travaille. Il faut travailler. *Tequiti* signifie “travailler”.»

Sa mère lui recommandait pourtant de ne pas prêter attention à certaines choses. Aux bourrasques. Aux puits. À certains types d'oiseaux. Ils avaient un mauvais langage.

Francisco se souvenait qu'elle lui avait parlé un jour des mots de la foudre. Avait-il déjà remarqué ce que disait la foudre?

Je l'interrompis.

«*Relámpago*? répétai-je, dubitatif.

– Oui, *relámpago*. Éclair.»

J'attendis qu'il poursuive. D'abord, il but une gorgée de café.

«La foudre dit “*cuecueiuca*”.»

Oui, songeai-je, c'est le genre de choses que dit un éclair. Quelque chose de zébré, de lumineux. D'après ce que je comprenais, c'était comme si la foudre racontait son propre effet sur le ciel nocturne. Le mot signifie «elle flamboie» ou «elle luit».

La voix de la foudre: *cuecueiuca*!

Je me rendis compte que c'était une parfaite illustration de la synesthésie. La foudre laisse une profonde impression sur le nerf optique. L'esprit mexicano synthétise et produit une signification instantanée. En un éclair d'intuition, le son et le sens deviennent complémentaires. L'électricité atmosphérique s'adresse aux Nahuas par des labiovélaires ([k^w]), et ça sonne tout simplement juste. Francisco me confia qu'il ne pouvait m'expliquer mieux que cela pourquoi, quand il imitait la foudre, il devait arrondir ses lèvres.

Cette culture vieille de plusieurs siècles, dotée d'une ouïe inouïe, est aujourd'hui en déclin. En 2003, une réforme de la Constitution mexicaine accordait bien tard aux Nahuas l'accès à l'éducation et aux services gouvernementaux dans leur propre langue. Mais Francisco s'inquiétait. Tout autour de lui, ses oreilles lui montraient un délitement permanent. Il reste plus d'un million de personnes parlant le mexicano dans le pays, mais beaucoup sont comme Francisco : des hommes et des femmes d'un certain âge. Les jeunes rejettent de plus en plus cette langue par crainte que leurs compatriotes hispanophones ne les considèrent comme des *Indios*, et, peu convaincus par les arguments en faveur du bilinguisme, ils déshéritent les générations à venir.

Remonté par le café, Francisco siffla un air entraînant. Il vivait seul, me dit-il. Parler lui manquait. Il ne parlait pas assez. Parler lui faisait toujours beaucoup de bien.

Le lendemain de ma conférence – encore une belle journée ensoleillée –, je parcourus les rues de Puebla, l'oreille aux aguets. Les klaxons. La douce percussion de l'eau d'une fontaine. Soudain, non loin de moi, la cloche d'une église rose et trapue sonna. Que dit-elle ? me demandai-je. J'aurais aimé que Francisco soit là pour me le dire.

6

Langue mécanique[1]

Même dans les plus grandes villes d'Europe et d'Amérique du Nord, on peut passer une vie entière sans entendre ni voir un mot de la langue auxiliaire internationale, l'espéranto. Ni *saluton* (bonjour), ni *dankon* (merci). Ni *ni* (nous). La rareté des locuteurs a toujours été un handicap pour les espérantistes. L'ironie de leur situation est frappante. Ils se retrouvent à défendre le principe d'un idiome universel dans des langues que l'espéranto était censé supplanter. Ils vantent donc leur littérature dans la langue de Proust, Rimbaud ou Sartre ; ils ont recours à l'allemand pour faire remarquer comme l'espéranto est précis et efficace ; ils proclament son internationalité et se réjouissent de sa flexibilité – tout cela en anglais. Ils chantent les louanges de son euphonie en italien. *Il faut*

1. L'auteur fait référence au roman d'Anthony Burgess, *L'Orange mécanique*, dans lequel les personnages parlent un argot anglo-russe inventé. (N.D.T.)

lire Baghy! Sehr logische! Speak the World's Language! Una lingua bellissima! Esperanto! Mais leur enthousiasme n'est pas convaincant. Il semble souffrir de la traduction. Difficile alors pour eux de défendre leur cause avec calme. L'incompréhension est le cadet de leurs soucis ; ce qu'ils craignent réellement, c'est l'indifférence. L'indifférence teintée de moquerie. L'espéranto ? Est-ce que ça n'a pas disparu avec le monocle ? On les prend fréquemment pour des fous.

Au cours du printemps, de l'été et de l'automne 2015, j'ai rencontré plusieurs espérantistes. *Denaskaj Esperantistoj* (des espérantistes de langue maternelle) élevés depuis leur naissance dans cette langue inventée. J'avais obtenu le nom et l'adresse e-mail de ces personnes grâce à divers groupes auxquels j'avais adressé une brève requête dans un espéranto assez rudimentaire – vestige de mon adolescence studieuse. Peter, un enseignant sexagénaire né à Århus d'un père allemand et d'une mère danoise, se révéla être un correspondant assidu. J'ai également fait la connaissance de Stela, la vingtaine, dont la seconde langue maternelle était le hongrois. D'autres m'ont écrit sporadiquement, répondant à moitié à quelques-unes de mes questions, racontant quelques détails avant de disparaître derrière leur pseudonyme.

Je rédigeais mes messages en espéranto, mais, au début, Peter et Stela employaient un anglais étrange qui faisait fi de la grammaire, avec des phrases sèches et incomplètes. On aurait dit qu'ils voulaient garder leur langue pour eux. Je compris qu'ils me jaugeaient. Déçus par le traitement dont ils avaient fait l'objet dans les médias, ils se méfiaient de ceux qui n'étaient pas affiliés à leur cause. Je devais faire mes preuves. Qui étais-je, exactement ? Que voulais-je ?

Mon espéranto, si modeste fût-il, les rassura beaucoup. Bientôt, leurs réticences firent place à l'enthousiasme ; ils étaient soudain ravis de s'adresser à moi, qui les considérais autrement que comme de la chair à article. Stela s'est souvenue que son petit ami, un Français, avait lu mon premier livre, *Je suis né un jour bleu. La blua libro*, le Livre Bleu, comme elle l'appelait.

Peter et Stela m'accordèrent leur confiance. Ils passèrent à leur langue maternelle. Je considérais leurs phrases en espéranto avec étonnement. J'étais fasciné par la facilité et l'aisance avec lesquelles ils conversaient, comme si leurs mots avaient évolué, s'étaient accumulés d'une tête à l'autre, d'une bouche à l'autre, pendant des millénaires.

« Décrire ma vie d'espérantiste n'est pas facile. Tellement d'expériences, de souvenirs. Lesquels choisir ? Mon esprit résiste. Toute ma vie, cette langue a été un compagnon fidèle », m'écrivit Peter (la traduction est de moi – mon espéranto s'est rapidement amélioré au fil de notre correspondance).

Des passages similaires apparaissaient dans les e-mails de Stela. Ils me rappelaient un sentiment que j'avais éprouvé vingt ans plus tôt – une pensée que je n'avais pas exprimée jusqu'alors –, suscité par le livre de la bibliothèque où j'avais lu pour la première fois « *Iam estis eta knabo* » (Il était une fois un petit garçon) : il ne s'agit pas d'un sabir inventé, mais d'un langage humain sous l'une de ses formes les plus récentes et les plus intrigantes.

Ludwik Lejzer Zamenhof, le créateur de la langue de Peter et Stela, est né en 1859 dans la ville polonaise de Białystok, qui faisait alors partie de l'empire russe. Fils d'un précepteur pour jeunes filles juives, dont les œuvres comprenaient un *Manuel de langue allemande à l'intention des élèves russes*, le jeune Ludwik grandit entouré de livres, dans une atmosphère multilingue. Chez lui, il parle le russe et le yiddish lituanien. À l'école, il étudie le français et l'allemand, conjugue des verbes latins et déchiffre des textes grecs. Il s'initie avec ses voisins au polonais, pourtant mal vu par les autorités tsaristes. Et, puisque Dieu parlait hébreu, le jeune garçon apprend également à lire de droite à gauche et à prononcer ses prières avec un bon accent. Malgré son application, il ne comprend pas toujours ce qui se dit, ce dont on rit ou se moque au coin de la rue, et ne peut pas acheter le pain de la famille à n'importe quel étal au marché ; dans une ville divisée par des frontières linguistiques, il suffit au jeune Ludwik de se tromper de rue ou de prendre un visage pour un autre pour paraître étranger aux yeux d'un marchand biélorusse, d'un ivrogne lituanien ou d'un passant ukrainien.

Zamenhof savait par expérience qu'à Białystok, l'étranger suscitait souvent la méfiance, voire la colère. Un jour, ses yeux myopes furent attirés par un groupe d'hommes à longue barbe traînant les pieds dans la rue enneigée devant la maison de ses parents. Soudain, des boules de neige plurent de toutes les directions sur les hommes abasourdis, les couvrant de poussière blanche. Les impacts résonnèrent dans la tête du garçon comme des coups de fusil. À travers la vitre, il observa le déluge de projectiles. Il entendit crier « Porcs juifs ! », et sa poitrine se serra. Il grimaça en se figurant les pierres que dissimulaient les boules de neige. Quand les agresseurs s'enfuirent, à court de munitions, le petit Ludwik les entendit singer la langue yiddish par des exclamations méprisantes : « Hra-hre-hri-hro-hru. »

« Hra-hre-hri-hro-hru. » Ces sons enflammèrent l'imagination de Zamenhof. Élève brillant, il se sentait marginalisé, mis à l'écart. Dès lors, il fut obsédé par le rêve d'une langue unifiée qui ferait disparaître de telles moqueries et les préjugés qu'elles trahissaient. Ce fut le début du travail de toute une vie.

L'essentiel de ce que l'on sait sur les débuts de l'espéranto vient de l'un des premiers espérantistes, Edmond Privat, dont la biographie de Zamenhof, rédigée en 1920 en espéranto – et que Peter m'avait recommandée –, ne verse que rarement dans l'hagiographie.

« Zamenhof avait des idées farfelues, reconnaît Peter. L'humanité fraternelle, tous ces trucs mystiques. La paix dans le monde par la parole. Absurde ! Évidemment, une langue commune ne garantit pas la compréhension mutuelle. Ce n'est pas la panacée. Prenez l'Allemagne de l'Est et de l'Ouest. La Corée du Nord et du Sud. Même nous, les espérantistes, nous nous querellons. Mais il avait flairé quelque chose : une langue internationale permettait au moins d'exporter des idées à travers les mers, de réduire les préjugés, d'élargir nos horizons. Il a réussi à créer un langage qui soit à la fois aussi simple que possible et suffisamment complexe pour traduire en mots toutes les pensées humaines. »

Zamenhof atteignit ce compromis de manière empirique. Il commença par expérimenter une méthode proposée par le prêtre anglican John Wilkins au XVIIe siècle, sur laquelle Borges a écrit plus tard un court essai : attribuer aléatoirement du sens à des syllabes. Chaque mot naissait de l'enchaînement de syllabes et de lettres : plus le mot était long, plus le sens était précis. Dans *La Langue analytique de John Wilkins*, Borges nous apprend que *de* faisait référence à la notion d'élément au sens général ; *deb*, c'est le feu ; *deba*, la flamme. *Zana*, saumon, était un qualificatif de *zan*, poisson de rivière, qui qualifiait lui-même *za*, n'importe quel poisson.

«Dans une langue similaire inventée par Letellier (1850), *a* signifie animal; *ab*, mammifère; *abo*, carnivore; *aboj*, félin; *aboje*, chat.»

La reprise de ce principe par Zamenhof se cantonna aux cahiers d'écolier qu'il noircissait de mots impossibles à retenir et pratiquement indissociables.

Ayant échoué à concocter un vocabulaire original, il s'employa à ressusciter le latin de son professeur. Il imagina des populations pérorant à nouveau comme à l'époque de la Rome antique. Mais la langue et ces agaçantes déclinaisons lui valaient de mauvaises notes; il devrait d'abord simplifier les terminaisons, raccourcir les noms comme par exemple *domus* (maison) et sa cohorte de variantes – *domuum*, *domōrum*, *domibus* – en un succinct *domo*. Restaient les cigares, les morceaux de sucre, les trains à vapeur et les machines à coudre, les bureaucrates et les brocanteurs pour lesquels il n'existait aucun mot latin. Le monde avait dépassé les Romains depuis longtemps. Ainsi, peu à peu, Zamenhof se retrouva dans une impasse. Et ce ne fut qu'une question de temps avant qu'il ne s'en aperçoive.

Finalement, il décida de glaner et de mélanger des mots de toutes les langues qu'il avait entendues chez lui, apprises à l'école ou lues dans des livres. Chaque élément fut ensuite coulé dans le moule lexical créé par l'adolescent – les noms reçurent une terminaison en -o, les adjectifs une terminaison en -a, les infinitifs une terminaison en -i –, de sorte que les créations qui en résultèrent possèdent leur propre logique: *kolbaso* (du russe *колбаса* qui signifie «saucisse»), *frua* (de l'allemand *früh*, «tôt»), *legi* (du latin *legere*, «lire»). Mais en empruntant à des sources trop disparates, on risquait d'obtenir une sorte de bouillie linguistique. De plus, il manquait à Zamenhof un moyen de générer de nouveaux mots à partir de ses inventions. La révélation lui vint alors qu'il rentrait du collège, quand un panneau en cyrillique suspendu devant un magasin de bonbons attira son attention. *Konditorskaya*, littéralement «l'endroit du confiseur». Cela ressemblait au panneau aperçu un jour devant la loge d'un concierge, *svejcarskaya* – littéralement «l'endroit du gardien». La similitude des panneaux et les activités analogues qu'ils indiquaient lui parurent fort utiles. Il comprit que les affixes productifs, comme le *-skaya* du russe pour marquer un endroit, pouvaient offrir une structure plus cohérente à sa langue naissante.

Des mots créés à partir d'affixes semblables parsemaient les messages de Peter et Stela. L'espéranto en contient beaucoup. Dans un e-mail, Peter m'écrivit qu'il avait aidé sa *bofilino* (belle-fille) à déménager. Un préfixe, *bo-* (du français «beau» pour désigner les relations par mariage), et un suffixe féminin, *-ino* (*filo* signifie «fils», *filino*, «fille»), composent ce nom. Dans un autre, il s'excusa de m'envoyer un message *mallonga*. *Mal-* signifie «le contraire de». *Cerbumadi* («penser constamment à»), une activité à laquelle s'adonne Stela – un verbe que je n'avais jamais rencontré auparavant –, se compose de *cerb-* (cerveau), *-um* (un suffixe désignant une action vague), et *-adi* (faire constamment). De tels mots composites fleurissaient par dizaines, voir par centaines dans ma correspondance avec Peter et Stela.

Des mots consciemment assemblés, un par un, dans un autre pays, un autre siècle, à partir de rien. Pour beaucoup, une telle tâche serait impossible, décourageante. Mais une fois qu'il eut commencé, Zamenhof comprit qu'il ne pourrait plus s'arrêter. De temps à autre, il est probable qu'il ait marqué une pause et se soit demandé s'il s'en lasserait un jour, si cette lubie lui passerait, mais cela n'arriva jamais. Passe-temps de collégien poussé à l'extrême, ce projet occupait chaque minute de son temps libre. Il y consacra des jours, des mois. Bien qu'il fût seul, le jeune homme avait de la ressource. On pouvait le trouver à la bibliothèque, plongé dans les dictionnaires les plus épais ; attablé à son bureau, affairé à compiler des pages et des pages de notes ; ou encore occupé à poser à ses professeurs des questions sans réponse dans le but de découvrir un concept capable de s'ancrer aussi bien dans la mémoire d'un Malais que d'un Français. Chaque progrès dans son bricolage, si petit, si instable fût-il, chaque nouvelle règle, chaque nouveau mot lui procurait du plaisir. *Anno*, son premier choix pour « année », fut finalement écarté au profit de *jaro* – un glissement d'une influence latine vers une influence allemande (ou peut-être yiddish). Pour dire « et », il tenta d'abord *e* avant de se tourner vers *kaj*, un rare emprunt au grec, qu'il trouvait délicieux. Il fut ravi de découvrir par ses propres moyens que le fait de conserver l'accent tonique sur l'avant-dernière syllabe des mots facilitait le discours.

Mordecai Zamenhof ne partageait pas l'enthousiasme de son fils. Il détestait le charabia qu'inventait le garçon ; il détestait toutes ces heures perdues qui le détournaient de ses études – il avait destiné son fils à devenir médecin. Toujours prêt à se mettre en colère, il soupirait, fronçait les sourcils et eut plusieurs conversations sérieuses avec Ludwik. Mais le jeune homme refusait d'entendre raison. Cette obstination paniquait le père. Son fils aîné risquerait-il sa respectabilité pour une sottise pareille ?

Mordecai prit rendez-vous avec le proviseur. Dans sa longue carrière d'éducateur, celui-ci devait avoir rencontré de nombreuses excentricités et des élèves aux passe-temps farfelus. L'homme confirma les craintes du père. Le garçon n'avait pas un neurone vaillant. Seuls les fous se conduisaient ainsi, gâchaient leur vie dans des quêtes futiles. Un érudit sérieux ne se hasarderait pas à mélanger les langues. Bientôt, la rumeur circula dans la classe que le fils Zamenhof était définitivement fêlé.

Ludwik ne voulut pas s'arrêter pour autant, mais il y fut contraint pendant deux ans. On l'envoya à Moscou étudier la médecine. En son absence, des boisseaux de notes – des années de labeur solitaire – furent réduits en cendres dans la cheminée de son père. Mordecai était déterminé à ce que sa famille ne soit pas tournée en dérision. Pourtant à son retour, Ludwik reproduisit mot pour mot et de mémoire tout ce qui avait été détruit. Il plia dossiers et bagages pour Varsovie, où il ouvrit un modeste cabinet d'ophtalmologie, et se fiança à la fille d'un savonnier. Enfin libre, il partageait son temps entre lunettes, galipettes et son «*universala lingvo*».

En dix ans, son invention était passée de quelques lignes rudimentaires à une langue avec noms, pronoms, verbes, proverbes, adjectifs, synonymes, rimes. La seule chose qu'il lui manquait, c'étaient des gens pour la parler. Zamenhof rédigea donc un livret de quarante pages – à l'instar du guide que son père avait écrit pour les jeunes filles juives qui souhaitaient parler comme des *Fraülein* – qu'il publia en 1887, en cyrillique, sous le titre *La Langue internationale. Avant-propos et manuel complet (pour russophones)*. Il n'avait que vingt-huit ans. Son nom de plume était Doktoro Esperanto («Docteur-qui-espère»).

À ma surprise, Peter et Stela n'avaient jamais feuilleté le livret de Zamenhof, le premier manuel d'espéranto.

Non qu'ils ne lisent pas en espéranto – Peter m'indiqua qu'il possédait ou avait possédé une traduction du *Comte de Monte-Cristo* de Dumas *(La Grafo de Monte-Kristo)* ; un recueil de nouvelles de Lena Karpunina, *La Bato (Le Bateau)* ; les premiers romans *Mr. Tot aĉetas mil okulojn* («M. Tot achète mille yeux») de Jean Forge et *Sur Sanga Tero* («Sur une terre sanglante») de Julio Baghy; et l'épopée du poète William Auld *La Infana Raso* («La Race enfantine»), entre autres. Enfant, Stela avait mille fois déchiffré la version espéranto de *Winnie l'ourson*. Pourtant, comme la plupart des espérantistes contemporains, ils ignoraient tout de ce premier manuel, et son histoire ne les touchait pas. Quand je lus une version numérisée du texte, je compris qu'il n'avait pas bien vieilli. Sa phrase d'introduction – la première publiée dans cette langue – est aussi rigide que surprenante: «*Mi ne scias kie mi lasis la bastonon; ĉu vi ĝin ne vidis?*» («Je ne sais pas où j'ai laissé le bâton; tu ne l'as pas vu?») Partout, le ton est étrange: sérieux, pointilleux, verbeux. Pris par ses échecs et ses frustrations, Zamenhof en avait imprégné ses listes de vocabulaire: des mots de combat comme *bati* (flageller), *batali* (combattre), *bruli* (brûler), *ĉagreni* (chagriner), *detri* (détruire), *disputi* (se disputer), *honto* (honte), *insulti* (insulter), *militi* (lutter), *ofendi* (offenser), *puni* (punir), *ŝanceli* (chanceler), *trompi* (tromper), *turmenti* (tourmenter), *venki* (vaincre), abondaient. Quelques années avaient suffi pour en rendre certains obsolètes: *ekbruligu la kandelon* (allumer la bougie), *haladzo* (smog), *kaleŝo* (calèche), *ŝtrumpo* (bas), *telegrafe* (par télégraphe), *lavistino* (lavandière).

Cependant, à sa publication, beaucoup s'y intéressèrent car on n'avait jamais rien vu de tel. Dans les années 1880, des voix s'élevaient dans le monde entier pour être entendues et comprises. La distance géographique les étouffait. L'incompréhension entre les nations brouillait leur message. Aussi, quand la bourgeoisie internationale tomba sur ce nouveau projet, elle hissa rapidement le Docteur au niveau des pionniers comme Bell ou Edison. C'était l'avènement d'une utopie. L'espéranto fit rapidement florès dans les maisons aisées. En l'espace d'un an ou deux, des milliers de personnes apprirent à dire leur nom *(mia nomo estas...)*, à poser des questions *(Ĉu vi... ?)*, à compter jusqu'à dix : *unu, du, tri, kvar, kvin*, d'une tout autre façon...

Bientôt, des lettres adressées au Doktoro arrivèrent à Varsovie. L'un des correspondants se plaignait «*en mia urbo ĝis nun neniu ankoraŭ ion scias pri la lingvo Esperanto*» («à ce jour, personne dans ma ville ne sait quoi que ce soit de la langue espéranto»). Un autre lui écrivait pour lui demander s'il était correct de dire «*la malfeliĉo faris lin prudenta*» («le malheur l'a rendu prudent») ou «*la malfeliĉo faris lin prudentan*» (Zamenhof répondit : les deux), puis se lamentait : «*La signetoj superleteraj estas maloportunaj en la skribado*» («les caractères au-dessus des lettres sont malcommodes pour écrire»). Malgré cela, la majorité des courriers faisait son éloge. Un gentleman de Birkenhead, en Angleterre, demanda à recevoir davantage de publications espérantistes, une requête également formulée depuis Philadelphie ou Paris. Un novice de Kiev lui adressa une seule ligne pour qualifier son projet de «*tre interesa*» («très intéressant»). Un dentiste de Saratov lui proposa une traduction de Gogol. Zamenhof devait être ravi de voir sa créature dans d'autres mains et, peu après avoir réceptionné ses premières lettres, il l'entendit parler. L'espérantophone s'appelait Antoni Grabowski, un ingénieur chimiste d'une trentaine d'années, qui portait la même moustache et la même barbiche que Zamenhof et qui partageait sa passion pour les langues. Il avait étudié le livret avec la même attention soutenue qu'il portait à ses plans. Conquis, il se convertit immédiatement à l'espéranto. Il prit un train pour Varsovie et vint frapper à la porte de l'auteur. Un homme frêle, prématurément dégarni lui ouvrit. Zamenhof écouta avec plaisir et surprise les phrases vacillantes mais familières de l'étranger et l'invita à entrer. Malheureusement pour l'histoire, leur conversation n'a pas été documentée – aucun des deux hommes n'a songé à la coucher sur papier; pour la reconstitution qui suit, je me suis appuyé sur un manuel quasi contemporain rédigé par Grabowski sur les bonnes manières dans la conversation.

«*Ĉu vi estus Sinjoro Zamenhof?* («Êtes-vous M. Zamenhof?)

– *Jes!* (Oui!)

– *Sinjoro, mi havas la honoron deziri al vi bonan tagon.* (Monsieur, j'ai l'honneur de vous souhaiter le bonjour.)

– *Envenu, mi petas. Sidiĝu. Kiel vi fartas?* (Entrez, je vous en prie. Asseyez-vous. Comment allez-vous?)

– *Tre bone, sinjoro, mi dankas. Kaj vi?* (Très bien, monsieur, merci. Et vous?)

– *Mi fartas tre bone.* (Je vais très bien.)

– *Mi ĝojas vin renkonti.* (Je suis ravi de vous rencontrer.)

– *Vi estas tre ĝentila.* (Vous êtes bien aimable.)

– *Volu preni mian karton de vizito.* (Je vous en prie, prenez ma carte de visite.)

– *Ĉu mi povas proponi al vi kafon aŭ teon?*» (Puis-je vous offrir du thé ou du café?»)

J'imagine Zamenhof dire quelque chose de la sorte par habitude, sans réfléchir, car, en dehors des livres, le thé était encore une rareté dans cette région du monde.

«*Kafon.* («Du café.)

– *Ĉu vi deziras kremon?* (Voulez-vous de la crème?)

– *Ne, mi trinkas nur kafon nigran.*» (Non, je ne bois que du café noir.»)

Passé les amabilités, les deux hommes en vinrent sans doute aux choses sérieuses. Ils parlèrent certainement du livret, discutèrent de la manière de faire avancer leur cause ou passèrent en revue les subtilités de la grammaire de l'espéranto. Ils s'abstinrent sûrement de s'égarer sur des sujets politiques, encore moins sentimentaux. Et il est probable que la conversation se soit tarie d'elle-même au bout d'une demi-heure environ.

Toutes ces lettres! Une conversation autour d'un café! Zamenhof croyait dur comme fer que l'heure de son idée était venue. Il imaginait des milliers, des millions de bouches prononcer ses mots, il envisageait l'irrésistible triomphe de son utopie. Il y voyait une révolution, mais ce ne fut qu'une mode. Les éditeurs britanniques à la recherche de publicité facile imprimèrent de petits tirages de manuels d'espéranto. Sur le continent, les hôtes qui voulaient impressionner leurs invités prononçaient quelques phrases autour d'un verre de vin et de petits fours. Les adeptes américains du spiritisme et de la simplification de l'orthographe changèrent de marotte. Aucun effort ne parvint à transformer ces espérantophones du dimanche en des membres réguliers. La plupart ne voulaient pas s'investir. Ils oublièrent bien vite le peu qu'ils avaient appris avec tant d'enthousiasme. Les mois et les années passèrent, mais toujours pas d'utopie en vue. Zamenhof se retrouva sans un kopeck en poche; l'espéranto avait englouti les cinq mille roubles de dot de sa femme.

La santé aussi lui faisait défaut. Il devait surveiller son cœur. Les gens étaient surpris quand il annonçait son âge.

Trop de tabac. Trop peu de sommeil. Il n'avait pratiquement aucun appétit. Il passait son temps à corriger des lettres truffées d'erreurs, à rédiger des sermons d'encouragement, à inventer de nouveaux mots. Sa vie n'était qu'un long cours de langue.

Pourtant, Zamenhof a dû avoir l'impression que cet enseignement lui échappait de plus en plus. Dix ans après la publication de son livret, le centre du monde espérantiste s'était déplacé vers l'ouest, en France. L'Hexagone devint une véritable planche de salut économique : des aristocrates versèrent beaucoup d'argent pour la publication des périodiques, mais ils proposèrent aussi de les éditer comme ils l'entendaient. Ils trouvaient les signes diacritiques particulièrement laids, ces *h* et ces *s* coiffés d'accents circonflexes, tous ces caractères qui aujourd'hui encore donnent le hoquet aux claviers ; ils voulaient s'en débarrasser. Zamenhof accepta d'envisager cette possibilité. Ses mécènes voulaient changer d'autres choses. Ils voulaient que la langue ressemble davantage à l'italien : ne pas dire *du libroj* (deux livres), mais *du libri*. Encore une fois, Zamenhof parut s'en accommoder. Les adjectifs, dirent-ils encore, ne devraient plus s'accorder avec les noms qu'ils qualifient : on ne dit plus *grandaj libroj* (de grands livres), mais *granda libri*. De même, le complément d'objet ne devrait plus porter de *n* : on ne dirait plus *mi legas grandan libron* (je lis un grand livre), mais *mi legas granda libro*. Zamenhof rechigna. Il pouvait accepter le principe de se passer des diacritiques et de changer les mots, mais pas celui de modifier le fonctionnement des phrases.

Les chamailleries se poursuivirent pendant des années. Finalement, le mouvement se divisa entre un courant conservateur majoritaire, mené par Zamenhof, et une minorité de réformateurs – des bidouilleurs, selon les conservateurs –, bien décidés à éradiquer ce qu'ils considéraient comme les erreurs du créateur. Au lieu de cela, ce furent les conservateurs qui les éradiquèrent. L'espéranto survécut, mais l'optimisme de Zamenhof était en berne. En 1914, la Première Guerre mondiale éclata. Il mourut trois ans plus tard.

Peter : « Un jour, peu après la Première Guerre mondiale, le ramoneur du village a parlé à mon père d'une "langue internationale facile à apprendre". Mon père n'était pas beaucoup allé à l'école, mais il savait lire. Il trouva donc un cours d'espéranto dans les pages de l'encyclopédie populaire *Die Neue Volkshochschule*. » Cet ouvrage en quatre volumes enseignait également à ses lecteurs la sténographie, la graphologie, l'hygiène, le sport et l'art, entre autres sujets. « Plus tard, il déménagea à Hambourg, où il devint policier. Il resta actif dans le milieu espérantiste de la ville. »

Dans les années 1920, l'Allemagne de Weimar était en proie aux grèves et aux soulèvements, à la faim et à la colère. L'antisémitisme explosait. Pour les Allemands qui parlaient l'espéranto, la langue d'un juif russo-polonais, les temps étaient durs. Ils devaient ignorer les insultes racistes quand ils échangeaient des salutations au milieu d'une foule, qu'ils partageaient nouvelles et angoisses ou se rassemblaient pour commémorer l'anniversaire de Zamenhof. Dès 1926, le père de Peter pouvait lire dans l'hebdomadaire national *Reichswart* que l'espéranto était « une langue monstrueuse, sans racine dans la vie d'un peuple [...], un plan sioniste pour dominer le monde et aider les esclaves de Sion à détruire la Mère patrie ». En 1928, lors d'un débat à l'assemblée de Bavière sur l'éventualité d'introduire des cours d'espéranto dans les écoles allemandes, le député national-socialiste Rudolf Buttman affirma devant ses pairs que l'espéranto était « une langue juive rapiécée, une épine dans le pied de la culture allemande ». Le journal national-socialiste, le *Völkischer Beobachter*, se plaignait en 1930 que des Allemands « baragouinent » la langue des « internationalistes suceurs de sang ».

Tendances internationalistes : voilà le motif pour lequel le père de Peter fut chassé de la police en 1932. Et il ne trouva aucun réconfort auprès de ses camarades espérantistes. Pour s'accommoder du nouveau régime, beaucoup singeaient sa bigoterie, excluant de leurs clubs « juifs, pacifistes et profiteurs ». Ces clubs ne durèrent d'ailleurs pas longtemps : en 1935, le ministre national-socialiste Bernhard Rust les fit tous fermer. À la même époque, on interdit également d'écrire des lettres en espéranto ou en hébreu. Le père de Peter s'était alors enfui vers la Hollande, puis la Norvège et le Danemark, où il enseignait l'espéranto pour gagner sa vie. « Ma mère était l'une de ses élèves. Ils se sont mariés en 1937. Après l'Occupation allemande, mon père est devenu conducteur pour l'armée. Il servait de chauffeur aux gradés et faisait le dos rond. Quand la guerre a mal tourné pour les nazis, il a été mobilisé, mais il a réussi à échapper au front. Le fait de parler danois l'a sauvé : un interprète avait bien plus de valeur qu'un simple soldat. »

Peter est né dans la ville d'origine de sa mère en 1947. L'année suivante, la famille retourna à Hambourg. Le père y retrouva son uniforme vert de policier, ses rondes quotidiennes et son club d'espéranto, où il donnait des cours du soir. Chez lui, il poursuivait l'enseignement avec sa famille : Peter et Eliza, sa petite sœur, ne mangeaient pas du *Brot*, de la *Liverwurst* ou de la *Marmelade*, mais du *pano*, du *hepatokolbaso* et du *marmelado*. Le frère et la sœur apprirent à parler espéranto avec l'accent *plattdeutsch* terreux de leur père.

« Son espéranto n'était pas raffiné. Ce qui n'est pas surprenant puisqu'il venait d'un petit village où l'éducation n'avait guère de place. Il ne possédait pas les nuances d'un homme éduqué. »

Très jeunes, Peter et sa sœur fréquentaient souvent le club. Il se rappelle avoir souri intérieurement des erreurs des adultes. « En de rares occasions, je surprenais même mon père – un instructeur très actif – en train d'enseigner de travers certains points de grammaire (mais je n'osais rien dire). »

Dans l'un de ses messages, Peter joignit une photo de lui enfant, un petit garçon blond aux joues roses, portant une cravate et un short beige, ses chaussettes blanches remontées jusqu'aux genoux. À sa gauche, au milieu, se tenait son père, même bonne mine et costume sombre, tenant fièrement un dessin d'enfant du personnage de conte de fées Struwwelpeter. Derrière eux, un sapin de Noël scintillant. Tout à gauche, leur public : des femmes et des filles rayonnantes.

« J'avais cinq ans. J'ai dû apprendre par cœur l'histoire de Struwwelpeter en espéranto. » Au club de ses parents, il récitait des poèmes, chantait des chansons, jouait des saynètes. Parfois, des espérantistes étrangers venaient leur rendre visite. « Si je me rappelle bien, je parlais couramment avec eux – aussi couramment qu'un enfant de cinq ans en est capable. »

En dehors de chez lui et du club, il se montrait plus timide. « Un jour, dans le tram, mes parents et moi parlions en danois (ma mère s'adressait toujours à moi dans sa langue maternelle) quand un passager danois se joignit à la conversation. Je ne l'appréciai pas. J'ai tourné le dos à l'importun et j'ai continué en espéranto.»

Il commença à participer à des rassemblements espérantistes internationaux dès l'âge de neuf ans. «En 1956, j'ai participé au premier congrès des Enfants, qui se tenait au Danemark.» Peter y rencontra une trentaine d'autres enfants. Un garçon de son âge venait du Texas. Il portait un costume de cow-boy, avec un Stetson rouge sur lequel était brodé un aigle. Ils se mirent à discuter. «Le fait de parler en espéranto était normal, rien d'étonnant à cela.» Les enfants visitèrent le jardin zoologique de Copenhague. «Mais je n'arrêtais pas de penser à son chapeau!» De retour à Hambourg, les parents de Peter reprirent leurs visites hebdomadaires et familiales au club. «Il s'est trouvé que la famille du garçon y était repassée avant de partir pour les États-Unis. Ils m'avaient laissé le chapeau de cow-boy en souvenir. J'étais très fier.»

Avant l'adolescence, il n'avait jamais réfléchi à cette langue. «J'ai alors pris conscience de ses règles. Je me suis mis à parler plus lentement, je me demandais si je devais ajouter un *-n* à tel ou tel mot.» Il se trouvait en proie à des scrupules grammaticaux. Devait-il dire telle ou telle phrase de telle ou telle manière? Comment pouvait-il être sûr que ce qu'il disait avait réellement du sens? Il semble être rapidement sorti de cette phase. «J'ai commencé à voyager seul. Ma confiance est revenue. J'ai passé six semaines de vacances en Finlande. Je ne parlais pas finnois. Le danois et l'allemand ne me servaient à rien. Pourtant, je n'ai jamais eu l'impression d'être un touriste. Contrairement aux campeurs qui n'ont que peu de contacts avec le pays, j'ai mangé et dormi chez des familles espérantistes finlandaises. L'espéranto était pour moi un passeport vers le monde.»

Peter a passé l'essentiel de sa vie à voyager. « J'ai parlé espéranto en Allemagne, au Danemark, en France, en Finlande, en Suède, aux Pays-Bas, en Pologne, en République tchèque, en Slovaquie, en Slovénie, en Croatie, en Serbie, en Bosnie-Herzégovine, en Autriche, en Australie, en Grande-Bretagne, en Espagne, en Chine, au Népal, en Islande et aux États-Unis. » En Croatie, il a rencontré sa première femme. « À un séminaire espérantiste. Elle ne parlait pas allemand, je ne parlais pas croate. » Son espéranto le charma. « Les Serbes et les Croates ont la meilleure prononciation. » Ils échangèrent de douces plaisanteries, discutèrent et se disputèrent dans la langue. Ils n'eurent pas d'enfants. Peter adopta plus tard un garçon et une fille. « Mon fils ne vit que pour le foot. Quant à ma fille, elle était déjà adulte, je n'ai pu lui apprendre que quelques mots. Du point de vue de la communauté, je n'ai pas vraiment réussi en tant que parent espérantiste. »

Sa sœur, elle, a eu davantage de succès. « L'espéranto est la langue maternelle de ma nièce et de mon neveu, m'explique Peter. Mais, d'après ce que j'ai compris, le garçon l'a finalement laissé tomber. Ma nièce s'est mariée avec un espérantophone natif, mais ils ne sont pas très actifs dans le groupe. » Sa sœur et lui ne se parlent plus.

À travers tous nos échanges, Peter m'est apparu comme un homme qui vivait pour la cause. Il écrivait souvent des lettres de rectification polies aux journaux. « J'ai été abonné pendant des années à *Die Zeit*, je leur écrivais de temps à autre à propos de l'espéranto. Un jour, un rédacteur a fini par me répondre que la politique du journal lui interdisait de publier quoi que ce soit de positif sur cette langue. Mais les temps changent, et on lit parfois des articles sur le sujet. » Il se défendait d'être un prosélyte. « Je ne cache pas mes convictions. Je porte souvent un badge avec le drapeau vert du mouvement. Mais je ne prêche pas.»

À cinquante ans, il décida de retourner dans sa ville natale. Il vit à présent à une heure de voiture de la capitale. «Je peux passer plusieurs jours sans parler un mot d'espéranto. Le club le plus proche se trouve à Copenhague, je m'y rends rarement. La langue me sert plus pour le téléphone et pour l'ordinateur.» Il partage sa vie entre ses trois langues de naissance. «Je fais mes comptes en allemand. Mes listes de courses, ça dépend où je me trouve: ici, au Danemark, je les écris en danois. Quand je vais en Allemagne, je les écris en allemand. Une note pour me rappeler d'acheter tel ou tel livre en espéranto, je l'écris dans la langue.» La nuit, il rêve parfois en espéranto. «Ça m'arrive surtout après que j'ai passé plusieurs jours à un rassemblement.»

Croit-il que la langue ait un avenir? «Je l'espère. C'est un héritage transmis de génération en génération.»

Stela, sociologue d'une vingtaine d'années, appartient à la nouvelle génération d'espérantophones natifs. Stela, c'est son nom espérantiste. Les Hongrois l'appellent Eszter. Son père était un instituteur français, sa mère une traductrice commerciale de Budapest. Tous deux espérantistes convaincus. Mais son père avait une autre vie en France. «Il venait seulement nous voir de temps à autre, ma mère et moi. On peut dire que c'était un personnage. Il parlait un bon espéranto, pas parfait: il oubliait toujours les *-n.*» Stela tient son espéranto de sa mère, qui a appris à le parler parfaitement à l'université.

Contrairement à Peter, Stela se rappelle parfaitement son premier mot. «Ma mère poussait mon landau quand j'ai vu passer un tram, j'ai tendu le doigt et j'ai crié "*Vidu!*"

("Regarde !"). » Elle a appris le hongrois à l'école. « Je n'ai jamais compris pourquoi mes camarades trouvaient si étrange que je parle espéranto avec ma mère. D'autres enfants parlaient des langues étrangères à la maison : le russe, l'allemand. » Parfois, elle avait du mal à distinguer ses deux langues. « Je mélangeais toujours les mots. Je disais *pampelegér* pour "pamplemousse" : un mélange de l'espéranto *pampelmuso* et du hongrois *egér*. »

Stela, une petite fille sage, qui lisait, lisait, lisait. Les étagères de sa chambre débordaient de livres colorés en espéranto. L'un de ses préférés, me dit-elle, était *Kumeŭaŭa, la filo de la ĝangalo* (« Kumewawa, fils de la jungle »), de l'auteur espérantiste hongrois Tibor Sekelj. Elle m'en parla avec désinvolture, sans introduction, comme si c'était un classique. En cherchant des informations sur Internet, je m'aperçus avec étonnement qu'elle avait raison. Cette histoire d'aventures pour enfants publiée en 1979 avait été traduite dans de nombreuses langues et avait connu un grand succès dans les librairies du monde entier. À Tokyo, à une certaine époque, elle était apparemment aussi connue que *Le Petit Prince*. Je découvris le résumé original : « Sur le fleuve Argavajo, un affluent de l'Amazone, un groupe de touristes est en danger. Leur bateau a coulé. Heureusement que Kumewawa vole à leur secours. "On mesure les poissons en fonction de leur taille ; les hommes, en fonction de leur savoir." Kumewawa n'a que douze ans, mais il appartient à la tribu Karajxa et sait tout de la vie dans la jungle. »

Comme beaucoup de personnes de sa génération et malgré les aventures de Kumewawa, les naufrages et les sauvetages audacieux, Stela a lentement perdu son goût pour la lecture. « Je ne reconnaîtrais pas un proverbe de Zamenhof. Je n'ai pas cette culture. C'est peut-être le cas de certains apprenants, mais, pour moi, la culture est celle de ma famille et de mes amis.» Curieusement, sa mère cessa de lui parler dans la langue quand elle eut vingt ans. «Elle m'a simplement dit: "Je t'ai appris tout ce que je sais." Avant, les seules fois où elle me parlait en hongrois, c'était quand elle se fâchait.» Ses amis du mouvement sont ceux dont elle se sent le plus proche, une deuxième famille. «En grandissant, je ne comprenais pas pourquoi les autres Hongrois considéraient les vacances d'été comme du temps purement familial. Je passais toujours l'été à l'étranger avec d'autres espérantistes.»

Peter et Stela évoquaient avec tendresse les réunions internationales: dans les clubs, lors de congrès ou d'autres événements. En comparant leurs récits, il était clair que les choses avaient évolué avec le temps. À l'époque de Peter, tout était formel, cravate et bonnes manières exigées. Aujourd'hui, c'est bouteilles de pinard et doigts de pied en éventail. La génération de Peter organisait des bals chics. Celle de Stela bat le carton. Peter m'a confié que la nourriture, préparée par des étudiants, était invariablement mauvaise: rien que de la graisse et des légumes fripés. La mauvaise qualité de la nourriture est sans doute l'une des seules choses qui n'ait pas changé.

L'espéranto aussi a évolué. Cette transformation était le sujet qui faisait le plus réagir Peter et Stela. Cela trahit l'existence d'une langue qui s'adapte naturellement. Certains changements ont été imposés par les avancées technologiques: Peter a cessé depuis longtemps de dire *kasedaparato* (lecteur-cassette); les mêmes sons, avec quelques variantes, ont été recyclés pour parler de *kafaparato* (machine à café). Les mots les plus courants sont abrégés par les textos: Stela écrit *k* pour *kaj* (et), *bv* pour *bonvolu* (s'il vous plaît), *cx* pour *ĉirkaŭ* (environ). D'autres modifications sont culturelles, nées du désir des jeunes de ne pas parler comme leurs grands-parents. Pour Peter, quelque chose d'excellent est simplement *bonega* (littéralement « très bon »), tandis que pour Stela, c'est *mojosa* (cool). « Ce mot a été prononcé pour la première fois à un rassemblement d'adolescents, j'ai assisté à sa naissance », me raconta Stela. La mode a vite pris. « Maintenant, il est dans toutes les bouches, *mojosa* par-ci, *mojosa* par-là. »

Les changements les plus importants et les moins documentés s'étaient produits de façon naturelle. De subtils glissements de sens. Il y a cent ans, sous l'influence du russe, bateaux et navires *naĝis* (nageaient) ; aujourd'hui, ils voguent. Cet exemple vient de Jouko Lindstedt, un linguiste espérantiste. C'est également le cas de *versaĵo* (littéralement « un morceau de vers »), depuis longtemps remplacé par *poemo*, un terme qui ne désignait à l'origine que les épopées. De même, l'enchaînement des mots pour exprimer des idées plus complexes s'est modifié au cours du dernier siècle, les phrases sont devenues plus courtes. Zamenhof aurait dit quelque chose comme « *ĝi estus estinta ebla* » (« cela aurait été possible ») ; pour exprimer la même idée, aujourd'hui Peter dit « *ĝi estus eblinta* » ; Stela dit « *ĝi eblintus* ». Avec cette évolution, l'idée qu'il existe de bonnes phrases – c'est-à-dire des phrases plus proches de l'espéranto que d'autres – est progressivement apparue. Claude Piron – un grand nom du mouvement – décourageait l'emploi d'une phrase calquée du français comme « *en tiu epoko li praktikis sporton kun vigleco* » (« à cette époque, il pratiquait le sport avec vigueur »), en faveur du plus direct « *tiuepoke li vigle sportis* » (littéralement, « cette-époque-ment il vigoureusement sport-ait »).

Plus direct, certes, mais cette phrase de Piron, comme beaucoup d'autres, reste confinée au papier ou à l'écran d'ordinateur. L'espéranto a toujours été une langue essentiellement écrite. « Souvent, il me faut quelques minutes pour prendre un rythme normal quand je parle espéranto, reconnaissait Stela. J'écris tout le temps dans la langue, mais parler, ce n'est pas la même chose. » D'où l'importance des congrès pour Peter et pour elle. Ils leur offrent temporairement un espace où discuter, mais ces conversations ne sont guère satisfaisantes. Ni naturelles. Beaucoup de participants, d'éternels débutants, regardent sans cesse leurs notes comme s'ils prononçaient un discours. Le malentendu guette à la moindre voyelle mal articulée.

C'est une chose de manier la syntaxe, c'en est une autre de comprendre ce qui est dit ou écrit. Ken Miner, un autre linguiste espérantiste, a rédigé plusieurs articles – en espéranto – où il souligne les ambiguïtés de la langue. La phrase en apparence simple « *mi iris en la ĝardenon* » signifie-t-elle « je suis allé dans le jardin » ou bien « j'allais dans le jardin » ? Quand je lui ai posé la question, Peter a opté pour la première solution, mais Miner affirme que de nombreux espérantophones, même les plus expérimentés, ne sont pas d'accord. Dans un autre article, Miner étudie le suffixe *-ad*. Les manuels enseignent qu'il dénote la durée : *kuri* (courir), *kuradi* (courir encore et encore). Mais en se plongeant dans la littérature espérantiste, Miner trouva de nombreuses phrases qui contredisaient la règle : « *Li atendadis dum horoj* » (« Il attendit et attendit pendant deux heures »), mais « *Pacientoj atendas dum monatoj* » (« Les patients attendent pendant des mois »). La première phrase utilise *-ad* pour décrire une attente de plusieurs heures, mais pas la deuxième pour une attente de plusieurs mois.

Ces ambiguïtés et ces incohérences, explique Miner, viennent du fait que, pour les pionniers, l'espéranto n'était pas leur langue maternelle. Sans l'intuition d'un natif, Zamenhof et ses premiers disciples n'avaient d'autre choix que de s'appuyer sur la logique. Cependant, les langues, par leur nature, sont illogiques. Les jugements des différents utilisateurs, chacun influencé par sa grammaire respective (polonaise, russe, anglaise, française...), entraient en conflit. C'est encore le cas aujourd'hui. Même Peter et Stela ne sauraient dire avec certitude si certaines phrases sont correctes ou non. Leur intuition, forgée dans une société non espérantiste, n'est pas fiable. C'est ce que m'a dit Peter à plusieurs reprises. « Ne pensez pas que les espérantophones natifs parlent sans faire de fautes ! Il existe des contre-exemples notoires. » Cela dépend beaucoup du niveau de langue des parents. Certains natifs ne parlent en réalité qu'un espéranto de cuisine.

Les recherches de Miner et les remarques de Peter m'ont laissé sans voix. Elles allaient à l'encontre de l'idée que promeut le mouvement : une langue facile. Ma surprise n'étonnait pas Peter. « Pour ce qui est du niveau moyen des apprenants, je ne peux parler que de mon expérience. La plupart n'ont pas une véritable compréhension de la langue. L'espéranto n'est pas aussi facile que l'affirment certains de nos adeptes. » Comme dans n'importe quelle autre langue, les apprenants rencontrent bizarreries et contradictions. La *Plena Manlibro de Esperanta Gramatiko* (« Manuel complet de grammaire de l'espéranto ») compte environ sept cents pages. En revenant aux affirmations publiées par le mouvement – « Pour un anglophone, l'espéranto est environ cinq fois plus facile à apprendre que le français ou l'espagnol, dix fois plus que le russe, vingt fois plus que l'arabe ou le chinois, et infiniment plus facile que le japonais » –, je sentis qu'il ne s'agissait que de mots et de chiffres de publicitaires, sans fondement.

D'autres chiffres de ce type : il y a cent trente ans, le but de Zamenhof était d'atteindre dix millions d'espérantophones – pour commencer. Il ne peut s'agir d'une coïncidence quand, lorsqu'un reporter de l'Associated Press lui demande en 1983 d'estimer le nombre de locuteurs dans le monde, le président du mouvement, Grégoire Maertens, répond : « Je dis généralement que dix millions de personnes lisent et comprennent l'espéranto. Parler, c'est autre chose. Mais finalement, combien de personnes parlent leur propre langue correctement ? » Les mêmes chiffres apparaissent de temps en temps dans les journaux, ainsi que des affirmations tout aussi fantaisistes : il y aurait plus d'espérantistes que de locuteurs du gallois ou de l'islandais ; autant que de personnes parlant l'hébreu ou le lituanien. Pourtant, aucun défenseur de la langue ne semble avoir pris en compte l'augmentation de la population : dix millions en 1887 représenteraient cinquante millions en 2017. Aucun article n'a jamais publié le chiffre de cinquante millions, pas même dans la presse espérantiste la plus enthousiaste. Dans les cercles de linguistes, on estime que le nombre de locuteurs actifs et compétents de l'espéranto est largement inférieur. Ken Miner et ses collègues le placent autour de cinquante mille. En gros, c'est le même nombre de personnes qui parlent le kalaallisut du Groenland.

Partout, les humains se servent du langage, mais ils choisissent rarement leur langue. Chaque langue est donnée à la naissance. Pour Peter et Stela, ce fut l'espéranto, ce qui est sans doute le cas d'à peine un millier de personnes. Pourquoi plusieurs dizaines de milliers d'autres ont-elles choisi de l'apprendre ? Pas pour des raisons pratiques : l'anglais, langue maternelle de centaines de millions de personnes, est devenu la *lingua franca* mondiale. Ni parce que la langue s'apprend toute seule : ce n'est pas le cas. Elle est aussi complexe et aussi capricieuse que n'importe quelle autre langue. Des besoins plus profonds – se distinguer, se donner bonne conscience, s'intégrer dans une communauté soudée – sous-tendent la décision des apprenants. L'espéranto simplifie le monde, le divise nettement en deux : d'un côté, les hommes et les femmes dans l'obscurité, qui se sont bouché les oreilles, laquais de l'ordre établi ; de l'autre, ceux qui peuvent sincèrement affirmer « *Mi parolas Esperanton* ».

Un manichéisme rassurant, mais Peter a suffisamment vécu pour ne pas se faire d'illusions. Un jour, au cours de nos nombreux échanges, j'abordai le sujet de ses mots préférés. J'avais trouvé un sondage réalisé auprès d'écrivains, de poètes et d'autres personnalités espérantistes, et je le lui avais adressé. Je pensais que ce serait une bonne manière d'évoquer la charge émotionnelle de l'espéranto. Je me trompais. Peter me répondit que les mots seuls, dans quelque langue que ce soit, ne peuvent rendre justice au monde. C'est ce que Stela entendait quand elle m'expliquait que, pour elle, la culture résidait dans sa famille et ses amis. « Ce genre de liste me laisse froid, m'écrivit Peter. Pourquoi *mielo* (miel) devrait-il être considéré comme un plus beau mot que *marmelado* ? Moi, je n'ai jamais entendu chanter un *najtingalo* (rossignol). Mais il y a deux ans, pendant l'hiver, dans la campagne danoise non loin de chez moi, j'ai appris à un faisan sauvage à venir manger dans ma main. Pour moi, *fazano* sonne bien mieux que *najtingalo*. »

7

L'homme qui était vendredi

Ngũgĩ wa Thiong'o, le géant des lettres africaines, me raconte comment il a écrit *Caitaani mũtharaba-inĩ* («Le Diable sur la croix»), le premier roman en langue kikuyu, sur du papier toilette de prison.

«Quand cela a-t-il commencé? À minuit, la veille du nouvel an 1978. J'étais avec ma famille, à Limuru, quand des policiers armés sont venus et m'ont jeté dans une Land Rover. C'était un enlèvement: il n'y avait aucun motif légal à mon arrestation. Le lendemain, le samedi, ils m'ont enchaîné. On m'a emmené à Nairobi, à la prison de haute sécurité Kamiti. J'ai perdu mon nom, Ngũgĩ. Les gardiens de prison ne m'appelaient que par mon numéro de dossier: K677. Les autres détenus et moi étions considérés comme des dissidents politiques par le régime de Kenyatta. Pendant un an, j'ai été retenu sans avoir droit à un procès. Ma fille Wamuingi est née en mon absence. J'ai appris la nouvelle par une lettre accompagnée d'une photographie. Les premières semaines ont été les plus dures. Je me sentais très seul. Mais les autres prisonniers savaient qui j'étais et connaissaient mon travail. Ils m'ont encouragé. Certains m'ont prêté des livres. Dickens. Aristote. D'autres m'ont offert des stylos et des crayons. Et puis j'avais une autre raison pour me remettre à écrire. Un jour, un gardien m'a dit que nous, les Kényans éduqués, nous étions coupables de mépriser nos langues nationales. Je n'en croyais pas mes oreilles ! Ce soir-là, dans ma cellule, je me suis assis à ma table et j'ai laissé se dérouler le début d'une histoire en kikuyu. Pour tout papier, je n'avais que celui que fournissaient les autorités pour subvenir aux besoins physiologiques des prisonniers. Un papier toilette intentionnellement dur et épais, mauvais pour le corps mais bon pour la plume. Mon plus grand problème fut la langue. Mon kikuyu paraissait étrange sur le papier. Je n'avais aucune expérience d'écriture aussi longue en kikuyu. Encore une fois, mes amis de la prison se sont montrés très gentils, très serviables. Ils m'ont aidé à trouver le mot juste pour telle scène ou tel personnage. Ils m'ont appris des chansons et des proverbes que je n'avais jamais entendus auparavant. J'ai rédigé les dernières phrases de l'histoire seulement quelques jours avant d'apprendre que je serais libéré. Le livre a été publié à Nairobi deux ans plus tard, en 1980. »

Après m'avoir raconté ses mois de prison, son traumatisme et son triomphe, il sourit, l'air plus jeune que ses soixante-dix-sept ans, et retourne à son assiette de foie gras poêlé avec tartarc dc lcgumes. Nous discutons autour d'un déjeuner à Nantes. Le mois de mai y est déjà estival. Nous nous trouvons sur la terrasse bondée d'un restaurant non loin de son hôtel. En contrebas, entre deux événements, le public du festival littéraire se promène à pied ou à vélo le long du canal ; plusieurs dressent la tête quand Ngũgĩ se lève brusquement et vient s'accouder à la balustrade, hors de l'ombre du parasol, pour répondre au téléphone. Sur sa chemise noire sont brodés des motifs d'éléphants dorés ; son pantalon baggy beige recouvre une paire de tennis usées. Son kikuyu (la langue maternelle de plus de six millions de Kényans) – rapide, fort, emphatique –, si différent de l'anglais des minutes précédentes, du français des tables voisines, emplit l'air. Comme les statues et les noms de rues le rappellent, Nantes est la ville natale de Jules Verne. Aux yeux des festivaliers à pied ou à vélo qui le regardent à la dérobée, Ngũgĩ représente-t-il « l'Afrique » ? L'Afrique de Verne ?

« D'immenses palissades broussaillées, des haies impénétrables, des jungles épineuses séparaient les clairières où s'étalaient de nombreux villages [...] Des bestiaux à grosses bosses pâturaient dans les prairies grasses et disparaissaient sous les grandes herbes ; les forêts, aux essences magnifiques, s'offraient aux yeux comme de vastes bouquets ; mais dans ces bouquets, lions, léopards, hyènes, tigres, se réfugiaient pour échapper aux dernières chaleurs du jour. Parfois un éléphant faisait ondoyer la cime des taillis, et l'on entendait le craquement des arbres cédant à ses cornes d'ivoire. » (Extrait de *Cinq semaines en ballon*.)

Ngũgĩ se rend au Kenya. (Le festival international de Nantes n'est qu'une brève étape.) Il a vécu exilé en Occident, essentiellement aux États-Unis, où il enseigne actuellement la littérature comparée à l'université de Californie, à Irvine, depuis 1982. Les voyages dans son pays natal sont rares, et celui-ci – le premier depuis dix ans – pourrait bien être le dernier. J'ai donc eu une sacrée chance qu'il débarque ici, à deux heures de train de Paris, et de l'avoir su à temps.

Il s'est montré généreux, ou indulgent, d'accepter de me rencontrer pour parler des langues et des politiques linguistiques alors qu'il devait avoir d'autres choses en tête.

Au Kenya, dont les langues officielles sont l'anglais et le kiswahili, ses idées politiques font polémiques. Ngũgĩ affirme depuis longtemps que les auteurs africains devraient écrire et publier dans leurs langues (« Pourquoi les Danois, qui sont cinq millions, auraient le droit à leur littérature et pas les Yorubas qui sont quarante millions ? »), que les intellectuels africains devraient raisonner et débattre en langues africaines. L'anglais, affirme-t-il, n'est pas une langue africaine. Cet argument l'a opposé à nombre de ses contemporains. Le Yoruba Wole Soyinka a écrit ses pièces de théâtre et ses poèmes en anglais ; tout comme l'Igbo Chinua Achebe pour ses essais et ses romans. En 1965, dans son essai *The African Writer and the English Language*, Achebe faisait remarquer qu'il s'agissait d'un « nouvel anglais, toujours fidèle à l'Angleterre, mais adapté pour convenir à son environnement africain ». Un anglais igbo. Mais pour Ngũgĩ, cet argument ne tient pas. Selon lui, Soyinka et Achebe écrivent comme des Africains coupés de leurs langues par l'héritage du colonialisme européen. Ils écrivent comme des chirurgiens en blouse blanche, dont les personnages africains parlent avec des langues transplantées.

La conscience politique de Ngũgĩ en matière de langage s'est éveillée tôt. En 1952, quand des milliers de Kikuyus dépossédés commencèrent à se soulever contre l'administration coloniale, il n'était encore qu'un collégien de quatorze ans. La violente révolte du principal groupe ethnique du Kenya fit paniquer les Britanniques, qui déclarèrent l'état d'urgence. Tous les directeurs d'écoles nationalistes du pays furent renvoyés et remplacés par d'autres, plus complaisants envers la Couronne. Ce changement soudain priva Ngũgĩ et les autres enfants venant de la campagne – des cueilleurs de feuilles de thé – des enseignements dans leur langue natale. À la place des chansons traditionnelles, les élèves lisaient *Robinson Crusoé*; au lieu d'apprendre des contes autour d'un feu de village, ils étudiaient Shakespeare. Ngũgĩ, dont les compositions en kikuyu faisaient autrefois la fierté de ses professeurs, voyait ses camarades punis quand ils parlaient leur langue. On les battait ou on leur faisait porter des plaques en métal où étaient gravés les mots «Je suis stupide» ou «Je suis un âne». Chanceux et résolu, lui-même ne fut jamais un âne. À sa surprise et à son soulagement, il prit immédiatement goût aux livres anglais. Dans ses mains expertes, l'anglais lui valut divers prix étudiants et, en 1964, une bourse pour partir étudier en Angleterre, à l'université de Leeds.

*

Quand Ngũgĩ raccroche et retourne s'asseoir, je ne lui dis pas mon admiration pour ses premiers romans : *Enfant, ne pleure pas*, *La Rivière de vie* et *Et le blé jaillira*, tous trois originellement publiés à Londres dans les années 1960 dans la collection African Writers de Heinemann. Je ne lui confie pas que l'ouverture évocatrice et faussement simple de *La Rivière de vie* me touche à chaque fois, un plaisir que le nombre de mes relectures ne semble pas diminuer.

«Les deux collines étaient allongées côte à côte. L'une s'appelait Kameno, l'autre Makuyu. Entre elles il y avait une vallée, on l'appelait la vallée de la vie. Derrière Kameno et Makuyu s'étendaient d'innombrables collines et vallées, disposées sans intention perceptible. On aurait dit des lions endormis qui ne s'éveillaient jamais. Ils se contentaient de dormir du grand et profond sommeil de leur Créateur.»

Je ne le lui dis pas, car Ngũgĩ a depuis longtemps renié ses «romans afro-saxons». Des œuvres écrites en anglais et publiées sous le nom de James Ngũgĩ, qu'il considère aujourd'hui comme inauthentiques, en comparaison avec ses écrits plus tardifs en kikuyu. En prison, sa décision d'écrire dans sa langue natale s'est consolidée. Un acte d'autonomie et d'autodétermination. Plus qu'un ensemble de sons et d'histoires qui le liaient à son enfance, le kikuyu devint une arme pour répudier l'élite anglophone du pays. Un geste éloquent et courageux (car il devait sans cesse dissimuler aux gardes son manuscrit en papier toilette). Pourtant, quelque chose dans le mépris de Ngũgĩ pour ses premiers travaux, son argumentation sur la place de l'anglais en Afrique, me reste sur le cœur. J'exprime ma pensée.

«Vous avez écrit le tout premier roman en kikuyu dans les années 1970. La relation entre l'Afrique et la langue anglaise n'a-t-elle pas changé depuis? Que pensez-vous de l'ascension d'Africains postindépendance qui se sentent parfaitement à l'aise avec leur anglais, des auteurs comme Chimamanda Ngozi Adichie et Chris Abani?»

(Je mentionne Abani pour une raison précise. Nous nous sommes rencontrés en 2010 lors d'une conférence d'écrivains aux États-Unis et avons discuté de la «question de la langue». Abani a grandi au Nigeria. Son père est igbo. Sa mère est britannique. Ainsi, l'anglais et l'igbo sont ses deux langues maternelles; mais il a toujours choisi l'anglais pour ses écrits. Alors qu'il était âgé de dix-huit ans, ses textes, considérés comme subversifs par les autorités nigérianes anglophones, lui ont valu la prison, puis le couloir de la mort. Sa libération deux ans plus tard fut une renaissance. Pourtant, il n'a jamais songé à changer sa langue d'écriture au bénéfice de l'igbo ; il n'aurait pas trouvé cela authentique, m'a-t-il confié.)

« Ces auteurs ont un héritage, me répond Ngũgĩ. Ils devraient y contribuer. Ils ont un devoir de le préserver. »

Entre les lignes, je crois comprendre les deux idées d'« héritage » que contiennent les mots de Ngũgĩ. La première, dans la lignée du postcolonialisme, veut que les auteurs africains prennent la plume pour montrer que le tiers-monde n'est pas en reste, que les langues africaines font jeu égal avec leurs sœurs européennes : elles sont tout aussi riches, complexes et imagées. La deuxième idée, ancestrale, considère la langue comme une ressource naturelle de la mémoire collective, une manière unique d'être au monde et de le connaître.

« Aujourd'hui, il existe toute une génération de jeunes gens en Afrique qui, et ce n'est pas leur faute, ne parlent pas leur langue maternelle africaine. On pourrait dire : "L'anglais ou le français sont leurs langues maternelles." Non. L'anglais n'est pas une langue africaine. Le français n'est pas une langue africaine. Ce n'est pas leur faute, mais c'est ainsi. Que dirais-je à un Africain anglophone ? Si tu es né dans une famille anglophone, il n'y a pas de raison pour que tu n'apprennes pas une langue africaine à l'école. Le kiswahili. Le kikuyu. L'igbo. Le yoruba. Peu importe. Ensuite, utilise ton anglais pour traduire des œuvres dans des langues africaines. »

Les références de Ngũgĩ aux « langues maternelles africaines » et aux « langues africaines » font partie d'une rhétorique nativiste. À mon grand malaise, cela me rappelait la décision controversée de plusieurs mairies de

Grande-Bretagne d'installer dans des villes de forte immigration des panneaux routiers en polonais ou en punjabi. Ceux qui s'opposaient aux panneaux affirmaient que ni le polonais ni le punjabi n'appartenaient aux langues britanniques. Cela aussi était censé passer pour un argument. Mais des termes tels que «langues africaines» ou «langues britanniques» ont peu de sens, linguistiquement parlant. Ils masquent des opinions personnelles, et leur sens dépend entièrement de la personne à qui l'on s'adresse. J'imagine que chaque Africain place la limite où il l'entend. Ngũgĩ, lui, trace la ligne au français et à l'anglais. D'accord. Mais, comme je l'ai découvert, sa position est davantage idéologique que personnelle, avec les incohérences que provoque l'idéologie. Par exemple, considère-t-il le kiswahili – une *lingua franca* bantoue très parlée, empreinte de nombreuses influences arabes, perses et portugaises – comme africain?

«Oui.

– L'arabe?»

La langue des premiers colons, commerçants d'ivoire et d'esclaves du continent.

«Oui.

– L'afrikaans?»

Il hésite.

«Oui.»

Je tente de le pousser à dévoiler son raisonnement, mais ce n'est pas facile. Pour toute explication, il affirme que de nombreux enfants noirs pauvres parlent afrikaans en Afrique du Sud. Je n'insiste pas. Sa fourchette et son couteau flottent déjà au-dessus des restes de son foie gras.

La pensée de Ngũgĩ trouve ses origines à la fin des années 1960, l'époque de ses études à Leeds: un mélange entêtant de Marx et de Black Power. *Lumpenproletariat*!

Peau noire, masques blancs! Il n'a plus rien à voir avec le jeune auteur qui écrivait en 1962, dans un éditorial pour le journal kényan *Sunday Nation*: «Je suis fatigué d'entendre parler de la "culture africaine", je suis fatigué d'entendre parler de "socialisme africain"… Loin de moi l'idée de chercher "l'africanité" de toute chose avant de pouvoir l'évaluer.» C'était avant Leeds. À son retour à Nairobi, à l'âge de trente ans, il enseigne dans l'université de la capitale et propose d'abolir le département d'anglais en faveur d'un département de langues et de littérature africaines. Il renonce au protestantisme de son enfance, et avec lui au prénom James de ses premiers livres. Ses écrits se font plus sombres, plus didactiques.

En 1985, dans son essai *On Writing in Kikuyu*[1], Ngũgĩ décrit les événements qui ont précédé son emprisonnement: les six mois qu'il a passés en 1977 à travailler avec les villageois de Kamiriithu pour mettre en scène la pièce *Ngaahika Ndeenda* (Je me marierai quand je voudrai), où des impérialistes avides exploitent de braves paysans kikuyus. Dans la lignée de sa pensée collectiviste, il voulait que ce projet résulte d'un effort de groupe. Les hommes et les femmes du village ne manquèrent pas de corriger ses nombreuses erreurs en kikuyu: «Vous, les gens de l'université, quel genre de formation avez-vous eu?»

«J'ai réappris ma langue», concède Ngũgĩ.

Mais il était fier, à juste titre: son projet de théâtre participatif a fait beaucoup de bien. De nombreux villageois ont appris à lire et à écrire. D'autres, se sentant utiles, ayant quelque chose pour s'occuper l'esprit, buvaient moins: ainsi, l'alcoolisme, fléau des villages kényans, diminua.

1. «Écrire en kikuyu», non traduit en français.

Plusieurs se découvrirent un don pour la comédie ou pour d'autres talents qui seraient sinon restés enfouis à jamais. L'enthousiasme populaire était tel que les répétitions de la pièce attirèrent immédiatement les foules. Des centaines, puis des milliers d'habitants des villages voisins venaient écouter, crier, applaudir, rire, huer, assis en plein air. Cela suffit à inquiéter les autorités. Ngũgĩ se fit des ennemis haut placés.

La pièce fut rapidement interdite, la troupe du village dissoute, ses locaux détruits. Dans la nuit du 30 au 31 décembre 1977, des policiers armés, mandat d'arrêt en main, traversèrent les champs de maïs, dépassant chèvres et poulaillers jusqu'à la seule maison de Limuru équipée d'un câble téléphonique.

Espérant réduire Ngũgĩ au silence en l'incarcérant, le régime fit de lui une cause célèbre. À Londres, des membres de l'Association panafricaine des écrivains se rassemblèrent devant l'ambassade du Kenya, brandissant des pancartes où l'on pouvait lire « Libérez Ngũgĩ ». Dans le numéro de juin 1978 de la *New York Review of Books*, une lettre ouverte appelait les gouvernements à demander la libération de l'auteur. Parmi les signataires, on comptait James Baldwin, Margaret Drabble, Harold Pinter, Philip Roth et C. P. Snow.

Dans ces conditions, il est surprenant que, après sa libération, Ngũgĩ ait été autorisé à publier son roman. Peut-être le régime voulait-il apaiser le scandale international provoqué par son emprisonnement. Plus prosaïquement, peut-être que le kikuyu était trop difficile pour des censeurs habitués à lire uniquement en anglais et en kiswahili. Peut-être, s'appuyant uniquement sur la couverture originale du livre – un dessin représentant un Blanc ventru cloué sur une croix parsemée de dollars –, le régime crut-il qu'il s'agissait d'un simple pamphlet anti-impérialiste. (Le titre, *Caitaani mũtharaba-inĩ*, peut être compris comme «Le Grand Satan sur la croix».)

Quelle que soit la raison, le régime avait sous-estimé l'appétit des Kikuyus pour une publication dans leur propre langue. Cette histoire d'une jeune villageoise aux prises avec la corruption étrangère fit un tabac. Dans son essai, Ngũgĩ raconte que, dans certaines familles, les plus instruits lisaient le livre à voix haute aux voisins, qui n'en perdaient pas une miette. Dans les bars, écrit-il, un homme pouvait raconter les meilleurs passages à ses camarades jusqu'à ce que sa bouche ou son verre soient secs – alors, un auditeur se précipitait pour lui offrir une autre bière en échange de la suite des passages les plus haletants.

Comme la plupart des lecteurs à travers le monde, je ne parle pas le kikuyu, et j'ai dû me contenter de la traduction anglaise de l'auteur. (D'autres traductions ont été publiées en kiswahili, en allemand, en suédois et en telugu, une version établie par le poète militant Varavara Rao lors de son propre passage en prison.) Pourrait-il m'apprendre quelques mots de kikuyu tirés de son livre ? Je sors mon carnet et mon stylo quand rapide comme l'éclair il se les approprie. *Kana*, «bébé», dit-il tandis que mon stylo s'affaire dans ses mains. Cela peut aussi signifier «quatrième», «refuser», «si» ou «ou», selon la manière dont on le prononce. «*Turungi*, dit-il, est un mot très kikuyu. Il signifie "thé".» *Kabiaru*, encore un «mot très kikuyu», veut dire «café». Au Kenya, pays des feuilles de thé et des grains de café, je comprends que ces mots aient une valeur sociale, culturelle, propre à l'imaginaire kikuyu. Mais même si c'est le cas, comme me l'explique Ngũgĩ, il se trouve que ces deux mots sont des emprunts à l'anglais : *turungi* de *true tea* et *strong tea* ; *kabiaru* de *coffee alone*, c'est-à-dire du café noir, sans lait.

Par la suite, avec l'aide d'érudits kikuyus, je découvris tout ce que le vocabulaire dans les œuvres de Ngũgĩ – pièces, romans, histoires pour enfants – devait à l'anglais : *pawa (power)*, *hithituri (history)*, *thayathi (science)*, *baní (funny)*, *ngirini (green)*, *túimanjini (let's imagine)*, *athimairíte (while smiling)*, *riyunioni ya bamiri (family reunion)*, *bathi thibeco (special pass)*, *manĩnja wa bengi (bank manager)*. Il se trouve également que la multiplicité de ses emprunts offense certains critiques kikuyus. Par exemple, pourquoi Ngũgĩ écrit-il *handimbagi (handbag)* pour dire sac à main, quand le kikuyu possède son propre mot, *kamuhuko* ? Pourquoi écrit-il *ngiree* (*grey*, « gris »), quand *kibuu* existe déjà ?

L'anglais a nourri le kikuyu (de même que le français a nourri l'anglais et que l'arabe a nourri le kiswahili). L'histoire est trop complexe, me semble-t-il, pour une lecture binaire : Africains contre Européens, indigènes contre impérialistes, Noirs contre Blancs, pauvres contre riches. Incarnée par les colons victoriens, la langue anglaise a dépossédé de nombreux Kikuyus de leurs terres et de leurs maisons ; incarnée par la police coloniale, elle a crié et a tiré sur les manifestants africains qui réclamaient l'égalité des droits. De nombreux colons ont commis des atrocités. Rien ne peut justifier la vision du monde infiniment stupide du colonisateur. Heureusement, même dans les pires circonstances, des hommes et des femmes de toutes langues peuvent accomplir de petits actes d'humanité. L'anglais était la langue dans laquelle le paléontologue kényan L. S. B. Leakey – qui parlait couramment le kikuyu – a rédigé son œuvre principale, *The Southern Kikuyu before 1903*. Cet opus de 1 400 pages constitue un éloge à la richesse sociale, culturelle et linguistique du peuple kikuyu. Un chapitre énumère le nom traditionnel de plus de 400 essences de plantes, un autre donne le vocabulaire précis des couleurs et du pelage des chèvres, du bétail et des moutons. Incarné par un anglican progressiste, l'anglais a fixé l'orthographe du kikuyu, publié des dictionnaires et des grammaires, construit des écoles. Malgré son paternalisme, cette langue a servi de véhicule aux aspirations africaines. Quand, en 1920, des éducateurs proposèrent d'abandonner l'anglais en faveur du kikuyu, du luhya ou du luo, de nombreux parents refusèrent ; ils comprenaient que l'anglais représentait un passeport pour le monde entier.

Les propres enfants de Ngũgĩ, dont plusieurs sont eux-mêmes écrivains, penchent de ce côté-là. Je l'apprends à la fin de notre conversation, quand la jeune serveuse vient enlever nos assiettes. Je demande à Ngũgĩ ce que ses enfants pensent de ses idées. Pour toute réponse, il reprend mon carnet et mon stylo pour écrire. À côté du nom de ses fils et de ses filles, il note le titre de leurs livres respectifs : *Nairobi Heat*, *The Fall of Saints*, *City Murders*, *Seasons of Love and Despair*. Tous en anglais. Son fils Mũkoma, l'auteur de *Nairobi Heat*, travaille actuellement comme assistant au département d'anglais de Cornell. Son père est-il déçu ?

Non. C'est du moins ce qu'il dit. Il hausse les épaules. Les enfants n'en font qu'à leur tête.

Mais si ses enfants devaient se mettre à écrire en kikuyu – de même que les auteurs francophones Pius Ngandu Nkashama du Congo et Boubacar Boris Diop du Sénégal, qui écrivent aussi respectivement en tshiluba et en wolof –, il reste d'autres obstacles culturels, technologiques et économiques. Aucun auteur ne peut espérer vivre en écrivant dans une langue indigène. Selon un rapport d'une agence de presse kényane du 30 juillet 2014, « dans les pays en développement comme le Kenya, il existe une grave pénurie d'équipements de lecture […] Dans le comté de Kiambu […] il n'y a aucune bibliothèque publique où les gens peuvent assouvir leur soif de livres, ce qui semble avoir provoqué une faible culture de la lecture dans la région […] Aux États-Unis, les enfants rencontrent les bibliothèques dès l'âge de cinq ans, tandis qu'en Afrique, même des étudiants d'université ne les connaissent pas ou y sont "allergiques" ». Un autre article de la même agence, publié quelques semaines avant ma rencontre avec Ngũgĩ, portait le titre lapidaire : « Peu de clients en librairie ».

Pourtant, Ngũgĩ entretient un optimisme prudent pour l'avenir de la littérature en kikuyu et dans d'autres langues africaines. Il a au moins deux raisons d'espérer. La première : le prix annuel Mabati-Cornell Kiswahili pour la littérature africaine, cocréé en 2014 par Mũkoma, son fils, et qui récompense des œuvres originales en kiswahili. L'autre, c'est la traduction. En février 2015, l'éditeur nigérian Cassava Republic a publié pour la saint Valentin une anthologie de nouvelles autour de l'amour écrites par de grands auteurs africains. Chacune de ces histoires avait été traduite de l'anglais vers une langue indigène, le kpelle, le kiswahili, le yoruba, l'igbo ou le haoussa. Cassava Republic n'est pas un cas isolé. Céytu, un label franco-québéco-sénégalais, a récemment traduit en wolof *L'Africain* du Prix Nobel franco-mauricien J.-M. G. Le Clézio.

Des collègues attendent Ngũgĩ à son hôtel. Avant de prendre congé, je lui demande de m'enseigner un dernier mot de kikuyu, un mot que tout le monde devrait connaître. De la même graphie ferme et élégante, il écrit, comme il avait écrit quarante ans plus tôt sur du papier toilette de prison : *thayũ*. Paix.

8

Je m'appelle « Blær »

Jóhannes Bjarni Sigtryggsson doit décider si *Cleopatra* est islandais ou non. C'est une décision que l'on ne prend pas à la légère, il le sait : il en va de l'image qu'aura de soi la fille d'un couple de nouveaux parents. En outre, c'est une décision que Jóhannes ne prend pas seul. Il partage son petit bureau dans le bâtiment à trois étages de l'état civil avec un professeur de droit et un autre universitaire spécialiste de l'islandais. Tous trois se réunissent chaque mois, et constituent le Mannanafnanefnd d'Islande, le Comité des noms de personnes, chargé de préserver les anciennes traditions onomastiques de la nation. Chaque mois, six, huit, voire dix requêtes de parents ou futurs parents parviennent au comité (accompagnées d'un chèque de 3 000 kronur, soit environ 25 euros). En moyenne, entre la moitié et les deux tiers des noms proposés seront approuvés et ajoutés au registre, qui compte actuellement 1 888 prénoms de garçons et 1 991 prénoms de filles. C'est une tâche sans fin : la recherche perpétuelle du prénom idéal, celui qui portera chance, donnera toujours le sentiment que les milliers de noms déjà en circulation ne suffisent pas. Dans un pays où se bousculent les Jón, les Guðrún et les Helga, un Bambi, un Marzibil ou une Sónata émerveille et marque les esprits. Mais, parfois, l'inventivité des parents va trop loin. Jóhannes doit alors refuser la requête et dire aux demandeurs de choisir un autre nom en prêtant davantage attention aux règles que ses collègues et lui sont chargés de faire appliquer. C'est avec un message de cet acabit que le Comité répond, en mai 2016, au couple qui lui a soumis Cleopatra. Le nom est refusé au motif que la lettre C n'a pas sa place dans l'alphabet islandais.

Si, politiquement, l'Islande est depuis longtemps l'un des pays les plus progressistes – ce fut l'un des premiers pays européens à accorder le droit de vote aux femmes, un pionnier en ce qui concerne le mariage gay, le seul à ce jour dont le gouvernement ait été dirigé par une femme par ailleurs lesbienne –, en matière de langue, c'est l'un des plus conservateurs. Les prénoms de personnes – dont beaucoup remontent aux sagas et se composent de noms communs, de verbes ou d'adjectifs qui évoquent les longs mois d'hiver supportés avec bravoure depuis la nuit des temps (Eldjárn, « fer de feu », Glóbjört, « rougeoie avec éclat ») – sont considérés comme une extension de la langue, une partie du patrimoine national. Ainsi, les Islandais protègent leurs noms comme les Français leurs châteaux : à l'image des monuments historiques, ils sont classés par un comité, nommé tous les quatre ans, qui supervise et qui tranche.

Le comité actuel a été nommé en 2014. Jóhannes avait alors quarante et un ans. Mais sa jeunesse était compensée par un curriculum impeccable. Titulaire d'un doctorat en grammaire islandaise, il a publié de nombreux articles savants (dans l'un d'eux, il recense quinze types de traits d'union: celui qui relie les noms composés ou les chiffres écrits en toutes lettres, mais aussi celui qui transcrit l'hésitation, élide la prononciation, etc.). Plus important encore, il possède le meilleur nom possible. Jóhannes Bjarni Sigtryggsson. Un nom dans la lignée de son arbre généalogique. Son grand-père maternelle – et pas n'importe quel grand-père, un poète de renom – s'appelait Jóhannes Bjarni; comme beaucoup de premiers-nés islandais, Jóhannes a reçu les prénoms de son grand-père (qui, à en juger par les photos en noir et blanc, lui ressemble vaguement – une ressemblance que cultive le petit-fils, avec ses cheveux châtains coupés court et ses lunettes rondes). Þóra, la fille du poète, épousa Sigtryggur, le père de Jóhannes. Jóhannes Bjarni Sigtryggsson signifie donc petit-fils de Jóhannes Bjarni et fils de Sigtryggur.

Jóhannes est marié et a trois enfants. Quand ils sont devenus parents, Jóhannes et sa femme s'en sont rigoureusement tenus à la tradition. Ils ont nommé leur fils aîné Guðmundur, en l'honneur de son grand-père maternel, leur deuxième Sigtryggur en souvenir du père de Jóhannes. À court de grands-pères pour nommer leur troisième fils, Jóhannes et sa femme choisirent de l'appeler Eysteinn, en l'honneur d'Eysteinn Ásgrímsson, un moine poète du quatorzième siècle connu pour la pureté de son islandais.

L'islandais, pur? Le touriste qui ne voit dans ce petit pays qu'elfes enchanteurs et volcans aux noms imprononçables trouverait l'idée un peu étonnante. Pour un étranger bienveillant comme moi, qui connaît des Islandais de tout poil, leur langue et leur paysage, cette idée est franchement absurde. Nombre d'Islandais aiment trop jouer avec la langue pour la manier avec révérence. De même que les Français qui raccourcissent leurs mots les plus courants («récré» pour «récréation», un «beauf» pour «beau-frère», «bon app!» pour «bon appétit!»), les Islandais ont tôt fait d'utiliser: *ammó* pour *afmæli* (anniversaire), *fyrró* pour *fyrramálið* (demain matin). Les lecteurs du journal *Morgunblaðið* demandent le *Mogga* à leur kiosquier. Il en va de même pour les noms de famille. En Islande, tout le monde s'appelle par son prénom. Qu'on vienne de la rencontrer ou qu'on la connaisse depuis des années, une Guðrún ne sera jamais Madame Unetelle. Même dans l'annuaire téléphonique, on répertorie en commençant par le prénom. Ainsi «Jóhannes Bjarni Sigtryggsson, spécialiste de l'islandais», suit «Jóhannes Bjarni Eðvarðsson, maçon» et «Jóhannes Bjarni Jóhannesson, ingénieur»). Pour ses amis et sa famille, Guðrún («mystère divin») est trop formel: son frère l'appellera «Gurra», son amie d'enfance «Gunna», sa famille paternelle «Rúna», tandis qu'une tante du côté de sa mère préférera «Dunna». Et si cette Gunna ou Dunna vient d'un village du nord, ou de l'archipel Vestmannaeyjar au large de la côte sud, on pourra aussi l'appeler «Gunna lilla» («petite Gunna») si elle est petite. Ou, si elle est très mince, «Dunna stoppnál» («Dunna l'aiguille à coudre»). Si elle remonte toujours ses manches pour cuisiner, les villageois pourraient la nommer «Gunna ermalausa» («Gunna sans manches»). Notre Jóhannes, en revanche, n'est le «Jói» de personne, et la seule idée de «Hannes» lui fait froncer les sourcils. «Jói orðabók» («Jói le dictionnaire») ou «Hannes nei nei» («Hannes non-non») le feraient sauter au plafond. Tout le monde l'appelle simplement Jóhannes.

Jóhannes est un homme posé, fan de mots croisés, végétarien dans un pays de carnivores. Il ne ferait pas de mal à une mouche. Il se sent donc malheureux quand une décision du comité pousse des parents à riposter par une lettre incendiaire. Il aimerait leur dire: «Je suis désolé. Ce n'est pas moi qui ai instauré ces règles.» Elles l'obligent à sortir son stylo rouge. Jóhannes a raison: elles existaient déjà, plus ou moins comme aujourd'hui, à l'époque de son grand-père. L'histoire du purisme en Islande est longue et complexe. Au fil des siècles, la forme de cette quête a changé. Quand les lecteurs islandais du Moyen Âge louaient la pureté des œuvres d'Eysteinn Ásgrímsson, ils faisaient référence à son austérité, à ses vers dénués de toute affectation. Aujourd'hui, quand des universitaires qualifient le langage ou l'écriture de «pure», ils veulent dire qu'il s'agit d'un islandais inaltéré par des mots, des sons ou des lettres venus de l'étranger (comme le C de Cleopatra). Ce changement de point de vue exige une petite explication. Pour comprendre le purisme islandais sous sa forme moderne, avec ses règles strictes et ses stylos rouges, il faut revenir à des événements qui se sont déroulés voici deux siècles.

Les jeunes auteurs islandais du début du XIXe siècle écrivaient sous l'influence du romantisme: ils idéalisaient le passé de la langue. Dans leur imagination, elle s'incarnait en une jolie femme, à présent malade, contaminée par des emprunts au vil allemand, au latin et au danois. Le danois en particulier, la langue des colons, aurait affaibli l'islandais. Aussi, ils tentèrent à travers leurs œuvres de redresser la barre. Ils se moquaient de certains sons danois, de la manière dont les hommes et les femmes de Copenhague mâchaient leurs mots. Ils louaient les vieux paysans burinés des villages reculés, qui, selon eux, ne comprenaient pas un mot de danois. Bientôt, «danois» devint plus qu'une expression de mécontentement nationaliste: se comporter «comme un Danois» signifiait parler comme un dandy de salon parisien, tourner le dos à son pays natal, prendre de grands airs. À Reykjavik, la capitale, parler islandais en évitant les modes du danois et des sons français, c'était parler comme un homme honnête, sincère et droit.

Il manquait à l'Islande la voix fière d'un poète national moderne, pensaient les auteurs. Les Allemands avaient Goethe, les Français Molière, les Anglais Shakespeare. Ils choisirent dans leurs rangs un jeune naturaliste nommé Jónas Hallgrímsson. Personne avant lui n'avait décrit avec tant d'éloquence la faune et la flore de l'île, conté si adroitement les petites ironies de la vie quotidienne des paysans :

Hví svo þrúðgu þú
Þokuhlassi
súldanorn
um sveitir ekur?
Þér man eg offra
til árbóta
kú og konu
og kristindómi.

Déesse de la bruine
qui mènes tes grands
chariots de brume
à travers mes champs !
Envoie-moi du soleil
et je sacrifierai
ma vache – ma femme –
ma chrétienté !

Par ailleurs, ce poète faisait preuve d'une remarquable aptitude à inventer de nouveaux mots à partir de termes existants sans devoir emprunter de sons ni de concepts aux obligeants Français, Grecs et Danois. *Aðdráttarafl* (force magnétique, littéralement «puissance d'attraction»), *fjaðurmagnaður* (souple, littéralement «étiré fort»), *hitabelti* (les tropiques, littéralement «ceinture de chaleur») et *sjónarhorn* (perspective, littéralement «coin de vue») ne sont que quelques-uns des centaines d'ajouts qu'il fit à la langue. Il mourut en 1845 à l'âge de trente-huit ans, et sa vision naïvement bucolique de ses compatriotes en sages paysans-citoyens resta fixée à jamais.

L'islandais se suffit à lui-même: tel devint le cri de ralliement des nationalistes, qui cherchaient à s'émanciper du Danemark. La poésie réduite à la politique. En 1918, l'indépendance fut proclamée. Mais les effets de la vision naïve de Hallgrímsson persistèrent. L'obsession d'éradiquer toute trace d'influence étrangère se fit plus virulente. À tel point que, de temps à autre, des campagnes gouvernementales expliquaient aux citoyens comment différencier les mots islandais, danois et étrangers. Les journaux conseillaient à leurs lecteurs d'écouter de la *tónlist* (littéralement «art des tons»), pas de la *músík*. De prendre leur douche dans un *steypibað* (littéralement un «bain-versant»), pas dans une *sturta*. *Smart*, la manière danoise de désigner une chose ou une personne de bon goût, fut répudié en faveur de *smekklegt*. À mesure que la technologie se répandait et que le monde rétrécissait, les efforts des puristes s'intensifiaient. La création de nouveaux mots devint une occupation à plein temps. Depuis les années 1960, les universités du pays réunissent régulièrement le gratin de l'intelligentsia pour faire avancer le Schmilblick. (Comme pour celles du Comité des noms de personnes, les procès-verbaux de ces réunions sont actuellement rédigés par Jóhannes.) Ces groupes surveillent également les médias, veillent à ce que les mots étrangers – aujourd'hui essentiellement anglais – ne supplantent pas leurs créations. Le présentateur de télé ou de radio qui omet de dire *jafningjaþrýstingur* pour l'actuel *peer-pressure* (pression sociale) se verra blâmé.

À l'origine, cette lutte romantique, en favorisant la langue des campagnes et en combattant les modes étrangères, devait rendre au peuple islandais sa liberté de parler sans complexe. Paradoxalement, c'est l'inverse qui s'est produit. En créant un locuteur idéal, le poète et sa vision pastorale ont généré un nouveau standard linguistique et divisé la conscience nationale. Quand ceux qui vivent dans la capitale, loin de la campagne – soit les deux tiers de la population –, se surprennent à citer un film américain ou une chanson de pop britannique, ils grincent des dents. Certains traversent une crise linguistique et aspirent à un islandais meilleur, plus pur, l'islandais primordial que l'on parle encore dans les chaumières, celui de l'authenticité. C'est de ce désir que parle le roman populaire couronné d'un prix *Góðir Íslendingar*: le narrateur, un jeune homme solitaire vivant à Reykjavik, découvre une certaine dignité – de langage, et donc de caractère – parmi les habitants isolés de la campagne (ma traduction):

«À ce jour, on disait que c'était à Hali [un petit village paysan dans le sud-est du pays] qu'on parlait le meilleur islandais. C'est plein d'admiration que j'entrai dans ce temple de l'islandais. [...] La femme se dirigea vers le poêle, remua une grande casserole et fit du café. [...] Je lui appris que j'avais entendu dire qu'on parlait ici le plus bel islandais du pays. La femme me répondit depuis la cuisine: "Je n'en sais rien. Ici, on parle le dialecte de Skaftafell Est. [...] Un jour, des hommes sont venus ici et ont dit que les gens de Hestgirði parlaient l'islandais le plus pur." [...] J'ai tellement pris conscience de ma manière de parler que je retourne chaque phrase trois fois dans ma tête avant d'oser la laisser sortir.»

«Le meilleur islandais du pays» – le jugement du narrateur n'est pas d'ordre esthétique, seulement abstrait. Il n'a pas entendu une phrase de ce dialecte «le plus pur», et ça n'a pas d'importance. C'est de cet islandais idéalisé que le narrateur, l'auteur et de nombreux lecteurs se sentent fiers. Pas de l'islandais du quotidien, dont ils doutent. D'une manière ou d'une autre, les deux langues coexistent.

C'est dans une Islande imprégnée de cette histoire que les décisions de Jóhannes et de ses collègues font l'actualité. Des titres de journaux tels que *Feu vert pour Manuel et Tobbi, pas pour Dyljá* ou *Yngveldur autorisé mais Swanhildi interdit* sont courants. Le premier article, publié en mai 2016, fait remarquer que le comité a retouché le nom de quatre enfants d'immigrés: «Le fils de Petar s'appelle désormais Pétursson, la fille de Joao, Jónsdóttir, le fils de Szymonar, Símonarson et la fille de Ryszard devient Ríkharðsdóttir.» Le mois précédent, la presse avait rapporté la curieuse décision du comité d'autoriser le prénom masculin Ugluspegill (littéralement «miroir des hiboux»), adapté du nom d'un personnage de saltimbanque du folklore médiéval allemand. «Bien qu'il soit possible que ce nom ait des connotations négatives en islandais, elles sont peu connues du grand public et ne portent par conséquent pas préjudice, affirmait le comité dans son rapport. Un risque lointain ou incertain de gêne pour celui qui le porte ne constitue pas pas une raison suffisante pour l'interdire. Nous accordons donc au nom Ugluspegill le bénéfice du doute. »

D'autres rapports ont généré une certaine colère à l'encontre du comité, qui ne fait que monter dans certaines régions du pays. De temps à autre, Jóhannes apprend qu'une personnalité souhaite voir disparaître le comité pour que les Islandais puissent choisir de donner le nom qu'ils veulent à leur progéniture. Mais il se contente de secouer la tête, dubitatif. Il se remémore ce que dit sa collègue Ágústa quand elle entend ce genre de choses : supprimez-nous, et vous verrez des familles qui veulent nommer leurs enfants avec des chiffres, et d'autres qui voudront leur donner dix-sept prénoms. Plus que tout, Jóhannes et ses collègues s'inquiètent pour la grammaire islandaise. En islandais, les noms communs ont un genre. Les prénoms de garçons se comportent comme des noms masculins, les prénoms de filles comme des noms féminins. Comment déterminer les déclinaisons correctes pour des noms tels que Tzvi, Qillaq, Çağrı ? Et si des parents immigrés donnent à leur fils un nom qui, aux yeux des Islandais, ressemble à un nom de fille ? Jóhannes fait contre mauvaise fortune bon cœur, mais il se fait des cheveux blancs.

À juste titre. En 2012, les parents d'une adolescente ont fait appel d'une décision du comité devant les tribunaux. Les prédécesseurs de Jóhannes ont rapporté à la cour qu'ils n'avaient fait qu'appliquer les règles. Ils expliquèrent l'origine de l'affaire. Un jour, quinze ans plus tôt, alors qu'ils lisaient leur courrier dans leur petit bureau de l'état civil, un formulaire de baptême attira leur attention. Ils pensèrent que le prêtre s'était trompé. Ils téléphonèrent donc à la paroisse. Non, répondit le prêtre, il n'y avait pas erreur. Il avait bien écrit «Blær» pour le prénom de l'enfant, car c'est ainsi que la petite fille avait été baptisée. Les membres du comité le coupèrent. La grammaire les obligeait à invalider le nom : bien qu'il soit doux et signifie «douce brise», il est masculin. Un nom masculin pour une petite fille ! À quoi pensait-il ? Le prêtre s'excusa : ce prénom était si rare – apparemment, il n'y a que cinq hommes prénommés Blær dans toute l'Islande – qu'il n'y avait pas pensé. Il tenta de proposer un compromis à la famille. Mais quand le prêtre suggéra d'adapter le prénom du bébé en Blædís, un nom parfaitement féminin, le couple refusa tout net.

La mère, Björk Eiðsdóttir, raconta sa version de l'histoire. Elle avait trouvé le prénom Blær dans un roman de 1957 qu'elle aimait beaucoup, *Brekkukotsannáll* de Halldór Laxness. (Malicieux, piquant, doué, Laxness est le seul lauréat du prix Nobel que compte le pays. Dans sa jeunesse, il abandonna le nom de Halldór Guðjónsson. En tant qu'auteur, il n'avait aucune tolérance pour les puristes de la langue. Dans ses romans, il a toujours employé une orthographe très personnelle : il écrit *leingi* au lieu de *lengi* [longtemps] et *sosum* pour *svo sem* [environ] pour coller le plus possible à la prononciation des mots. Il se moque fréquemment du romantisme naïf des puristes, teintant leurs vallées fleuries d'histoires de dépossession rurale et de diarrhée ovine.) Fidèle à son style personnel, Laxness a fait du Blær de son roman un personnage féminin, et Björk Eiðsdóttir s'est promise que si elle avait un jour une fille, elle l'appellerait ainsi. Sa fille est née et fut baptisée en 1997. Quand le prêtre lui apprit que le comité avait rejeté son choix, elle écrivit des lettres de réclamation au Premier ministre et à l'archevêque, en vain. Cinq ans plus tard, la famille se rendit aux États-Unis. Sur son passeport, le prénom officiel était «*Stúlka*» («Fille»). Une sorte de jeu. En présence d'un uniforme, elle s'appelait Stúlka, mais pour ses parents, ses enseignants et ses camarades, elle restait Blær. Sa mère se plaisait à ajouter qu'on la complimentait souvent sur son prénom. À présent, la fille avait quinze ans. Bientôt, elle serait en âge de se marier et de transmettre son nom à ses propres enfants. C'était pour cette raison que les parents avaient décidé de faire appel à la justice.

Quand le procureur plaida pour le comité, il reconnut que Blær sonnait moins masculin que beaucoup d'autres mots. Malgré cela, ce serait un «grand pas» pour la cour d'autoriser l'attribution de ce prénom aux enfants des deux sexes.

L'avocat de la famille répondit avec subtilité que le pas qu'on demandait à la cour de franchir était plutôt petit car, en réalité, il existait en Islande le précédent d'une fille nommée Blær: une certaine Blær Guðmundsdóttir, née en 1973 (quelques mois à peine après Jóhannes), qui apparaissait déjà dans le registre national. La mère de cette Blær avait convaincu le comité de l'époque qu'il existait des déclinaisons féminines possibles pour ce prénom: si une femme nommée Blær vous offrait un cadeau, il viendrait de *Blævi* (tandis que si c'était un homme, il viendrait de *Blæ*); si vous n'aviez pas vu cette femme depuis un certain temps, vous pouviez demander des nouvelles du fils de *Blævar* (dans le cas d'un homme, ce serait *Blæs*). La grammaire islandaise est malléable, conclut l'avocat. Les sociétés changent, la grammaire change.

La cour se rangea à son avis. Malgré les inquiétudes du comité, en janvier 2013, le juge accorda à la fille le droit de se faire appeler Blær.

Les sociétés changent. Il y a cent ans, les enfants nés hors mariage n'existaient presque pas en Islande. Aujourd'hui, c'est de plus en plus courant. Une mère islandaise qui élève seule ses enfants n'est plus stigmatisée. C'est pour cette raison, entre autres, que de plus en plus de fils intègrent le nom de leur mère à leur patronyme.

La grammaire change. L'obsolescence du comité n'est qu'une question de temps. Dans vingt, vingt-cinq, trente ans, un jeune homme arpentera les fjords, les ravines et les glaciers du pays. Il s'appellera Antóníus Cleopötruson.

9

Faire parler les morts

L'homme du musée de la Langue mannoise était enthousiaste, ravi de m'aider. Quelques jours après ma demande par e-mail, je reçus par courrier un exemplaire de *Skeealyn Vannin* («Les Histoires de l'île de Man»). Ces histoires, qui font la fierté du musée, ont été racontées il y a soixante-dix ans à des enregistreurs par les derniers habitants parlant la langue. Depuis, elles ont été préservées sur acétate, sur cassette, puis ont été numérisées, transcrites et traduites en anglais. Le livre dense et épais – il ne s'agit pas d'une lecture légère –, accompagné de plusieurs CD, atteste de l'immense implication de ses auteurs. Ce travail d'un petit groupe de revivalistes d'une langue menacée de disparition étonne. Combien d'heures ont-ils passées à collecter chaque voix, chaque page, chaque paragraphe? Grâce à eux, malgré la mort et des décennies d'indifférence générale, ces histoires ont survécu. Elles me parvinrent, à moi, un Anglais à Paris, dans une enveloppe orange fripée, tamponnée à Douglas, la capitale de l'île, intactes. Je tenais le livre avec vénération. Il promettait une renaissance, un sursis à l'extinction. Mais une telle promesse était-elle tenable ? Le livre avait plutôt des allures commémoratives. Sur la couverture, des photographies en noir et blanc de vieillards à la casquette plate et aux yeux humides me fixaient.

Mann, ou l'île de Man, est une petite île – 570 kilomètres carrés, quinze fois moins que la Corse – au milieu de la mer d'Irlande. L'Irlande se trouve à l'ouest ; au nord, l'Écosse ; et au sud, le plus éloigné de ses voisins, une autre nation de langue celtique, le pays de Galles. Les Celtes ont colonisé Mann vers le VIe siècle avant l'ère chrétienne. L'île n'était que vent, rochers, herbe de Saint-Jacques et, selon la tradition, fées. Le *mooinjer veggey* (littéralement « petit peuple »), les propriétaires originels de l'île, avait protégé leurs côtes de l'envahisseur romain avec un voile de brume magique.

Pendant des siècles, l'histoire – saints catholiques, vikings, nobles anglais – alla et vint, ignorant longtemps la langue des Mannois. Les pierres de l'île n'étaient bonnes que pour les runes[1], le parchemin seulement pour le latin. Les cris et les mots doux, les jurons et les compliments, les plaisanteries et les moqueries s'élevaient dans l'air puis disparaissaient telle la brume des fées. Ce n'est qu'après la Réforme que les ecclésiastiques locaux commencèrent à coucher sur le papier les prières en mannois et à transcrire les sons de leurs paroissiens de manière lisible. En 1707, un tract bilingue intitulé *The Principles and Duties of Christianity / Coyrle Sodjeh* (« Les Principes et les devoirs

1. L'alphabet runique fut utilisé par de nombreux peuples du Nord de l'Europe.

de la chrétienté ») conféra enfin à la langue la dignité de la presse à imprimer. Quelques années plus tard, une traduction des Évangiles en mannois suivit. Mais la motivation de l'Église n'était pas l'ennoblissement de la langue ; le chef religieux de l'île, l'Anglais Thomas Wilson, considérait qu'il était indigne de la part d'un évêque de la parler couramment. La véritable raison en était que très peu d'habitants lisaient ou comprenaient l'anglais. Un vicaire anglais en chaire qui remuait la bouche comme un poisson hors de l'eau, dont on ne comprenait que les gestes familiers de ses doigts délicats, son babil régulier parfois ponctué de « Jésus » et « amen » : voilà à quoi ressemblait le sermon du dimanche dans certaines paroisses. En 1842 encore, dans une lettre adressée au lieutenant-gouverneur de l'île, un groupe de prêtres écrivait : « Dans toutes les paroisses de l'île, de nombreuses personnes ne comprennent pas d'autre langue que le mannois. [...] Une connaissance de cet idiome est une qualification indispensable pour ceux qui exercent le ministère. »

À cette époque, la langue des insulaires était déjà entrée en déclin et se retirait rapidement vers les villages des collines. Son premier lexicographe, Archibald Cregeen, la décrit comme « décadente » dans l'introduction de son dictionnaire mannois-anglais. « J'ai bien conscience que l'utilité de cet ouvrage sera appréciée de manière variée par mes compatriotes mannois, reconnaît l'auteur. Certains voudront moquer cette tentative de revigorer une langue décadente. Ceux qui jugent l'éradication du mannois nécessaire à la propagation de l'anglais, chose qu'ils estiment essentielle aux intérêts de l'île de Man, condamneront le moindre effort qui pourrait retarder son extinction. » Les moqueurs se trouvaient à la capitale : il s'agissait de commerçants et de leurs clients, anglophones jusqu'au bout des ongles, importateurs forcenés de tout objet britannique. Pendant des générations, leur population resta stable; leur condescendance citadine envers les provinciaux resta circonscrite. Puis le XIXe siècle connut la folie internationale des bains de mer. Soudain, le sable et le vent iodé devinrent des marchandises. Mann possédait les deux en abondance. Le nombre d'anglophones de passage sur l'île explosa.

Ainsi, après les Saints, les Vikings et les nobles, les touristes (un mot nouveau) déferlèrent sur Mann. D'abord deux, puis trois, puis cinq, puis dix fois plus nombreux que les autochtones. La plupart venaient des villes industrielles du nord de l'Angleterre pour passer leurs vacances. Bientôt, les villages de l'île s'emplirent du bruit de leurs conversations en anglais. Pas l'anglais des vicaires de l'île, ce bourdonnement occasionnellement ponctué d'« amen ». Le leur était musical, détendu, séduisant. À force d'entendre parler les touristes, les insulaires en pull de laine commencèrent à changer. Ils se mirent à bredouiller de l'anglais chaque fois qu'un vacancier vadrouillait à proximité. Ainsi, peu à peu, les Mannois et les Mannoises perdirent le contact avec leur langue.

Perdre le mannois signifiait abandonner un trésor précieux. Un savoir accumulé pendant des centaines d'années, droit inaliénable de chaque locuteur, fut jeté par-dessus bord. Cette langue avait soigné les habitants. Une arrière-grand-mère qui connaissait en mannois traditionnel le nom de telle plante ou de telle fleur pouvait élaborer des remèdes pour guérir la toux grasse, les jambes estropiées, les ventres récalcitrants de toute sa lignée. Cette langue promettait aux garçons des aventures en mer et garnissait la table. Elle avait créé une complicité, à travers des petits noms et des tournures de phrases, entre un fermier et ses animaux. « Dans ma jeunesse, nous nous adressions toujours à nos chevaux et à nos vaches en mannois. Même les chiens ne vous comprenaient pas si vous ne leur parliez pas la langue », écrit J. T. Clarke en 1872. À chaque mort d'un locuteur, tout cela s'éloignait davantage de la vie quotidienne pour entrer dans le folklore.

Lors du dernier recensement, en 2011, à peine un cinquantième des habitants de l'île, soit un peu plus de 1 800 personnes, affirmait connaître un minimum de mannois. Parmi elles, seules quelques dizaines – les revivalistes les plus ardents – parlaient la langue plus ou moins couramment. Les chiffres sont catastrophiques. Le fait que les revivalistes y voient une sorte de victoire donne la mesure de leur enthousiasme. Il est vrai que ces chiffres sont moins désastreux qu'ils ne l'étaient il y a une ou deux générations. Ils marquent une amélioration depuis les années 1940, où à peine une personne sur cent avait une quelconque notion de mannois. C'est pendant ces années sombres que les gardiens de la langue ont enregistré les histoires des derniers mannophones natifs de l'île.

Yn Cheshaght Ghailckagh, la Société de la langue mannoise, voilà comment s'appelaient les revivalistes. De jeunes hommes studieux, aux cheveux couverts de brillantine, qui passaient leurs week-ends à la recherche des derniers locuteurs natifs dans les fermes et les villages les plus reculés. Ils poursuivaient la moindre rumeur, prenaient au sérieux le moindre nom qu'on leur suggérait. Ils frappaient à la porte de cottages au toit de chaume, s'adressaient aux habitants en mannois et, souvent, s'excusaient rapidement en anglais. Mais certaines fois – ce qui provoquait invariablement joie et soulagement –, après avoir traversé des champs marécageux ou des sentiers perdus dans les innombrables recoins de l'île, un Mannois ou une Mannoise aux cheveux blancs leur ouvrait la porte. Les jeunes hommes sortaient alors carnets et stylos et sondaient les souvenirs des anciens avec leurs questions : Que vous rappelez-vous de l'école ? Comment le village a-t-il changé au cours des cinquante ou soixante dernières années ? Vous rappelez-vous le nom en mannois de tel oiseau ou de tel légume ? Des proverbes ? Pouvez-vous réciter le Notre Père ? Les jeunes défenseurs de la langue rendaient régulièrement visite aux natifs les plus amicaux, ou les plus esseulés. Certains travaillèrent dans leurs fermes en échange de plusieurs heures de conversation en mannois. Ainsi, les revivalistes – les futurs enseignants des cours du soir dans la langue – affinèrent leur accent, enrichirent leur vocabulaire et devinrent toujours plus à l'aise.

Consternés, aussi. Le temps pressait : ceux qui parlaient mannois étaient fragiles et très âgés. Bientôt, il n'y aurait plus de voix natives à écouter. Ils entreprirent donc de les enregistrer sur disque pour en faire profiter les futurs apprenants. Depuis Dublin, une camionnette d'enregistrement gracieusement prêtée par le gouvernement irlandais arriva donc sur un bateau chargé de bétail le 22 avril 1948. Après l'avoir décrottée, les jeunes hommes partirent en tournée aux quatre coins de l'île, de village en village, pendant près de deux semaines.

La crainte de l'échec devait les tenailler. Les mauvaises routes et les averses printanières abondantes menaçaient sans cesse de les stopper. Les disques d'acétate de douze pouces (dont chaque face leur permettait quinze minutes d'enregistrement) se rayaient facilement. Mais la principale préoccupation de ces jeunes hommes était la santé fragile de ceux qu'ils devaient interroger. La plupart avaient atteint cet âge étrange où leurs maisons semblaient mener une vie autonome. Il arrivait que l'eau bouille spontanément dans une casserole. Que des aiguilles à tricoter se retrouvent dans les tiroirs à couverts. On savait que les anciens s'égaraient souvent au fil de la conversation. Le dialogue pouvait se révéler difficile. Des mots pouvaient rester suspendus, au milieu d'une phrase ; et leurs réponses se répéter à quelques minutes d'intervalle. Et puis que penseraient-ils de cette nouvelle technologie ? Ils n'avaient jamais vu un tourne-disque de leur vie. Certains cottages n'avaient même pas l'électricité. (Dans ce cas, les hommes devraient transporter les habitants dans leur camionnette jusqu'à une maison qui en disposait.) Et s'ils avaient le trac face aux micros ?

Ce fut le cas de Mrs Kinvig, quatre-vingts ans passés. Une agricultrice énergique, aux traits fins, qui lisait chaque jour la Bible en mannois. Elle avait élevé dix enfants, essentiellement anglophones, dans le petit hameau de Ronague, dans le sud de l'île. Mrs Kinvig connaissait la campagne environnante comme sa poche. Elle connaissait l'endroit où l'eau semble s'écouler en sens inverse. Elle connaissait le meilleur coin pour voir et sentir le train à vapeur qui filait vers la capitale. Elle savait comment se rendre à Castletown, une heure à pied à travers des champs détrempés jusqu'à la côte (un trajet qu'elle avait fait chaque matin quand elle était jeune couturière). Son mannois, appris au XIXe siècle presque par hasard, elle le devait à ses parents. Ils le parlaient quand ils voulaient discuter de sujets qui ne devaient pas arriver aux oreilles de leur fille. Dans sa vieillesse, quand elle n'épluchait pas ses navets et ne nourrissait pas ses poulets, Mrs Kinvig entretenait son mannois avec Mr Kinvig, de dix ans son aîné, et avec les jeunes revivalistes qui leur rendaient visite de temps à autre. Mais quand ces hommes vinrent avec leur camionnette et lui demandèrent de raconter une nouvelle fois leurs anecdotes favorites, Mrs Kinvig n'ouvrit pas la bouche. Le microphone l'intimidait. Les encouragements de son mari et des hommes n'y purent rien. Finalement, elle céda – par lassitude ou par gêne – et égrena plusieurs hymnes :

Dy hirveish Jee dy jeean,
Shoh'n raaue va currit dou,
Dy yannoo ellan veen,
Dy chiartagh' ee son niau.

J'ai une charge à assumer,
Un Dieu à adorer,
Une âme éternelle à sauver,
Que je dois préparer au ciel.

Les enregistreurs eurent plus de chance avec le plus âgé des Mannois, John Kneen, de Ballaugh, au nord, qui approchait de son centième anniversaire (et qui se trouva vivre dix ans de plus). Les villageois l'appelaient *yn Gaaue*, le Forgeron. Les doigts noueux croisés sur sa canne, Kneen se rappelait à voix haute la période où il ferrait les chevaux « *son daa skillin's kiare pingyn son y kiare crouyn* » (« pour deux shillings et quatre pence les quatre fers »), quand il y avait trente forgerons au nord et « *cha row treiney, ny boult, ny red erbee cheet voish Sostyn* » (« pas un clou, un boulon, ni rien qui venait d'Angleterre »). Pour alimenter la conversation avec le Forgeron, les jeunes hommes allèrent chercher un autre locuteur, Harry Boyde, un ancien ouvrier. Bien qu'ils aient été voisins toute leur vie – ils vivaient à sept kilomètres l'un de l'autre –, les deux hommes ne s'étaient jamais parlé. La rencontre doit avoir été fructueuse, car ils parlèrent en mannois pendant des heures. Installés à égale distance du microphone qui effrayait tant Mrs Kinvig, ils firent la joie de ceux qui enregistraient. D'habitude loquace, Kneen se montra face à Boyde particulièrement attentif : son œil valide grand ouvert, sa main veineuse en cornet devant sa bonne oreille, il laissait son interlocuteur mener la conversation, se contentant de rebondir sur l'un ou l'autre des souvenirs de Boyde en lâchant de temps à autre « *dy jarroo, ghooinney ?* » (« Ah, vraiment ? ») ou « *nagh vel eh ?* » (« N'est-ce pas ? »). Les deux hommes parlèrent fumier, rhum et marché. Ils décrivirent une île où les bottes avaient été supplantées par les chevaux ; où les cavaliers n'étaient connus que par leur titre : *yn saggyrt* (le prêtre), *yn cleragh* (le clerc). Ils racontaient leurs histoires sans inhibition, avec le grand naturel des anciens. Et remontèrent le cours de leurs vies, vers des époques où leurs émotions avaient été les plus fortes. Retrouvant sa loquacité, Kneen provoqua l'émerveillement de Boyde en racontant nonchalamment qu'une fois, au crépuscule, il avait vu un groupe de fées, le petit peuple, gambader dans les prés au crépuscule : « *va'n fer mooar gollrish mwaagh* » (« la plus grande ressemblait à un lièvre »). En entendant le Forgeron, elles s'étaient enfuies.

Après Ballaugh, les jeunes hommes terminèrent leur tour de l'île par le Nord. Ils s'y rendirent pour enregistrer un frère et une sœur, John Tom Kaighin et Annie Kneale. L'un des visiteurs écrivit dans son carnet : « Kaighin : aveugle, 85 ans, très vif avec une grosse voix. » Sa vivacité se retrouve dans l'histoire qu'il raconte sur le prêtre et le cochon. Un soir, à l'heure du dîner, un prêtre se rendit chez une paroissienne âgée. Il vit dans la cuisine un cochon qui mangeait dans une auge posée au sol. La vieille femme invita le prêtre à s'asseoir, mais celui-ci refusa à moins qu'elle «*cur y muc shen magh*» («fasse sortir ce cochon»). La femme réitéra son invitation, feignant le calme et la surdité; le prêtre refusa une nouvelle fois; le cochon fouissait dans son bol. La situation se prolongea, jusqu'à ce que le prêtre ait raison de la patience de la vieille femme. «*Cha jean mee cur y muc magh*» («Je ne ferai pas sortir le cochon»), lâcha-t-elle, car au moins le cochon rapportait de l'argent à la maison, tandis que le prêtre en faisait sortir.

Annie Kneale avait plus de difficultés que son frère à se rappeler le mannois. Sa mémoire lui jouait parfois des tours. Elle ne pratiquait plus beaucoup. Il lui arrivait de passer à l'anglais; une phrase commencée en mannois se terminait en anglais. Mais elle n'était pas du genre à baisser les bras. Les jeunes hommes se montraient encourageants. Ils reformulaient adroitement leurs questions, ignoraient ses hésitations, ajoutaient des mots pour compléter ses réponses lacunaires. Avec leur aide, les fragments de sa vie passée refirent progressivement surface. Des souvenirs d'enfance: quand le vent tombait, les gens du village disaient «*t'eh geaishtagh*» («il écoute»); quand le porridge commençait à bouillir sur le feu, sa mère disait «*t'eh sonsheraght*» («il murmure»), puis «*t'eh sonsheraght, gow jeh eh. T'eh jeant nish*» («retire-le [du feu], il est prêt maintenant»). Les images d'une existence perdue, d'un monde disparu où même le vent et le porridge parlaient mannois. Annie Kneale mourut l'année qui suivit l'enregistrement. Seuls huit natifs lui survivaient.

Écouter ces enregistrements une vie plus tard, après avoir glissé le CD dans un lecteur moderne, bien au chaud dans un appartement parisien, aurait pu faire obstacle aux sentiments. Pourtant, les voix de ces femmes et de ces hommes âgés emplissant la pièce m'émurent. Elles véhiculaient une fragilité, mais aussi un certain humour. Malgré les mots perdus dans les barbes ou sifflés entre des dents manquantes, elles étaient étrangement attirantes. Plus d'une fois, tandis que j'écoutais attentivement, je me surpris à marmonner avec elles.

Je suivais les transcriptions tout en écoutant. Les mots me faisaient penser au gallois : le verbe au début, les enchaînements de consonnes qui intimidaient la langue, le ballet élaboré de sons durs et doux. Le gallois de mes vacances. Les panneaux en gallois – *ysgol* (école), *canol y dref* (centre-ville), *gyrrwch yn ddiogel* (conduisez prudemment) – n'auraient pas paru déplacés sur l'île, me disais-je. J'aurais presque pu croire que l'Eisteddfod, important festival gallois de poésie, avait lieu sur Mann.

À l'âge de seize ans, Brian Stowell lut un article annonçant la disparition imminente du mannois. Il contacta l'auteur, un jeune revivaliste nommé Douglas Fargher, et rejoignit sa cause. Dix ans plus tard, en 1964, les deux hommes arpentaient ensemble les routes bordées d'ajoncs de Glen Chass (« la vallée des Ajoncs ») pour enregistrer le dernier Mannois natif encore debout.

« J'ai appris cette langue de la bouche des mêmes hommes qui avaient enregistré les mannophones natifs en 1948 », m'explique Brian au téléphone. La filiation est importante pour lui ; elle confère une certaine autorité. Il parle d'ailleurs d'une voix ferme. « Je conversais chaque semaine avec Doug. C'était un sacré numéro. Il avait une entreprise d'importation de fruits à la capitale. Tous les week-ends, j'avais de longues conversations avec lui et ses collègues : six heures de mannois le samedi, quatre à six heures le dimanche. À Pâques de l'année suivante, je parlais couramment. »

À Glen Chass vivait Edward « Ned » Maddrell, un pêcheur à la retraite, le plus jeune des locuteurs de 1948. En 1964, il entrait dans sa quatre-vingt-huitième année. Les photos en noir et blanc et quelques polaroïds en couleur – que l'on peut trouver sur Internet – montrent un homme grand aux épaules larges. Sa silhouette dénote une vie de travailleur manuel, avec un goût pour l'élégance – il portait toujours une chemise et une cravate –, et il paraît abordable. Un visage rougeaud, beau dans sa dignité. Maddrell devait le fait de parler mannois à une grand-tante qui l'avait élevé et à l'isolement inhérent à une vie en mer. Il se souvenait que, dans son enfance, tout le monde parlait mannois au village. Ne pas le parler aurait été aussi étrange qu'être sourd-muet. Il se rappelait la vieille Mrs Keggin qui vivait dans un cottage au toit de chaume au pied de la route pour Cronk-ny-arrey-laa et qui ne parlait pas un mot d'anglais. (Selon le professeur d'Oxford sir John Rhys, elle était probablement la dernière monolingue mannoise.) Grâce à Ned – dont l'éducation se faisait en anglais –, elle troquait chaque semaine ses œufs contre du pain avec le boulanger ambulant.

Maddrell n'a pas laissé sa position de dernier rempart de la langue lui monter à la tête (bien que les attentions des jeunes revivalistes, des linguistes et des journalistes – qui venaient parfois de loin – doivent avoir adouci ses dernières années). Brian se rappelle la courtoisie avec laquelle il les accueillait, son collègue et lui, dans la grande pièce qui lui servait de salon. Les deux hommes arrivaient équipés de cassettes – une nouveauté à l'époque – et, tout en conversant avec Maddrell, assis dans un fauteuil en face d'eux, ils ne quittaient pas des yeux les bandes qui s'enroulaient. De l'extérieur, on aurait pu croire qu'ils venaient enregistrer les derniers mots d'une langue mourante. Mais leur conversation en mannois, régulièrement ponctuée de plaisanteries et de rires, laissait place à l'optimisme : à travers Brian et les autres revivalistes, le mannois serait encore parlé pendant longtemps, et la relève était assurée.

Face aux jeunes hommes, Maddrell était la modestie même. Il ne parlait pas comme un maître s'adressant à ses disciples. Au contraire, il faisait constamment référence à leur éducation : « N'hésitez pas à me corriger si je me trompe, dit Maddrell à un moment. Vous êtes savants, pas moi. » Cette déférence comportait certains risques.

« Nous voulions vérifier la prononciation correcte de *eayn*, qui signifie "agneau", me raconte Brian. Nous avons demandé à Ned de le prononcer. Ned a dit *eayn*. Doug, mon collègue, a répété ce que venait de dire Ned, mais un peu différemment. Ned a dit : "C'est ça", puis il a imité la prononciation de Doug. Mais nous avions conscience de ce genre de risque. »

Ils eurent également des surprises. Bien qu'ils totalisaient à eux deux près de trente ans d'apprentissage du mannois, certains mots et expressions du vieil homme leur étaient inconnus. Maddrell parlait du temps passé sur son bateau, entre les filets, les crabes paresseux et le ciel bas, quand il utilisa le mot *roltag* pour dire « étoile ». Pourtant, le dictionnaire disait *rollage* – qui apparaissait juste après « *rollag* : le creux qu'une rame fait sur le plat-bord d'une barque». La langue du vieil homme avait-elle fourché? Brian et son collègue savaient que non, car Maddrell avait souvent été en contact avec des marins irlandais. Ceux-ci devaient utiliser le mot gaélique pour «étoile», *réalta*. La langue de Maddrell s'était simplement ajustée à son environnement, pour se faire comprendre des marins irlandais; *roltag* était l'un de ces ajustements, qui était resté. L'expression de Maddrell «*va ny taareeyn er*» («les terreurs étaient sur lui») leur semblait tout aussi étrangère – un héritage de l'ancien irlandais.

Durant les années qui suivirent la mort de Maddrell, en 1974, Brian assura la sauvegarde du mannois. Pendant la journée, il travaillait en tant que professeur de physique «de l'autre côté de l'eau», dans la Merseyside, et le soir, il donnait des cours de langue par correspondance, écrivait des articles promotionnels et chantait des ballades traditionnelles, qu'il enregistra sur un disque. Pour remédier à l'absence de littérature en mannois – «la Bible est inutile, trop difficile» –, il traduisit des contes populaires pour enfants. En 1990 parut son *Contoyryssyn Ealish ayns Cheer ny Yindyssyn (Alice au pays des merveilles)*. Pendant ce temps, l'attitude envers la langue s'était adoucie, laissant place à la curiosité; il devint alors possible d'enseigner les rudiments du mannois aux écoliers.

Brian: «Beaucoup d'élèves apprenaient déjà le français ou l'espagnol. Les professeurs y ajoutèrent une demi-heure de mannois par semaine. Quelques mots à chaque cours, une phrase par-ci par-là. Rien de contraignant. Les parents n'y virent pas d'inconvénient.»

Ainsi, après avoir appris à dire «Je m'appelle Jean» ou «*Me llamo Juan*», à compter «un, deux, trois, quatre, cinq» ou «*uno, dos, tres, cuatro, cinco*», les élèves apprirent à dire «*ta'n ennym orrym John*» et à compter «*nane, jees, tree, kiare, queig*». Guère davantage. Les supports en mannois – manuels, exercices – et les professeurs qualifiés se faisaient encore très rares. Ces cours étaient la petite monnaie des départements de langues étrangères.

Les revivalistes n'y voyaient pas d'inconvénient. L'idée que des enfants parlent même quelques mots de mannois les ravissait.

«Souvenez-vous, il y a peu, les habitants de l'île avaient renoncé à la langue. Le mannois avait mauvaise réputation. Il était associé à des gens pauvres, arriérés. Puis à des solitaires et des excentriques. Nous étions gênés de le parler devant les autres. J'ai une anecdote sur le sujet. Un jour, j'ai appelé un copain de l'île depuis chez moi, à Liverpool. Comme d'habitude, je lui parlai en mannois, mais il me répondit en anglais. Si je lui disais "*kys t'ou?*", il me répondait, un peu froidement: "*Fine, thanks, how are you?*" J'ai compris plus tard que mon ami était au travail quand je l'avais appelé. Il travaillait dans un bureau. Il ne voulait pas que ses collègues l'entendent parler mannois.»

Brian me raconte une autre histoire de la même période: au pub, il arrivait que des gens qui parlaient mannois autour d'une bière fassent les frais de la colère d'un autre buveur. Les insultes donnaient parfois lieu à des rixes.

De tels incidents sont maintenant loin pour les revivalistes, selon Brian. Il a constaté par lui-même à quel point les choses ont changé en vingt-cinq ans, depuis qu'il a quitté l'Angleterre et la physique pour prendre sa retraite sur Mann. Dans toute l'île, les gens font preuve d'un intérêt grandissant pour la langue; le nombre de mannophones augmente à chaque recensement. Les obstacles à sa renaissance ne paraissent plus insurmontables. Seulement, la charge de travail est devenue trop importante pour lui. Voici quelques années, il a passé le témoin à Adrian Cain, un quadragénaire énergique. Chez les revivalistes, tout le monde connaît Brian et Adrian.

Peu après mon entretien avec Brian, j'ai téléphoné à Adrian pour en savoir davantage sur le mannois contemporain.

«Je viens du sud de l'île, près de Cregneash, le village natal de Ned Maddrell. Mes tantes m'ont raconté qu'elles entendaient parler mannois autour d'elles quand elles étaient petites.»

Comme Brian, il a rejoint les revivalistes à l'adolescence, et leur zèle a déteint sur lui. Il passa les premières années de sa vie d'adulte à apprendre la langue. Des années plus tard, il écrivait en mannois à ses amis depuis son bureau de professeur d'économie dans l'est de Londres. Pendant un temps, il s'impliqua dans la vie politique de la ville – «des trucs de gauche» –, mais il se lassa vite des slogans et des manifestations. «Je me suis dit que défendre une langue, c'était politique. Pas signer des pétitions et tout le bazar. Parler, enseigner. Montrer que le mannois a toujours de l'importance. C'est assez politique pour moi.» Son retour sur l'île coïncidait avec l'ouverture des médias aux «langues minoritaires»; le combat pour faire revivre le mannois valait à nouveau la peine qu'on en parle. Désireux de faire connaître sa cause, il donna interview sur interview. «Les chats sans queue, les courses de moto et les comptes offshore, voilà tout ce que les gens savaient de l'île. La langue offre un nouvel aspect.»

Je lui demande s'il trouve les médias fatigants. J'entends par là frustrants, décevants. J'imagine qu'on lui pose toujours les mêmes questions.

« En un mot, oui. Le plus souvent. Avec certaines questions que posent les journalistes, on se dit : “Oh, mon Dieu, par où commencer ?” »

Le fait de parler mannois a un jour valu à Adrian de participer à une émission télévisée britannique. Il partageait le plateau avec un humoriste costaud à la voix rauque d'origine caribéenne. Pour les spectateurs, le contraste pouvait difficilement être plus saisissant. La différence de langue se remarquait tout autant : face à l'anglais tonitruant du comique, le mannois d'Adrian paraissait décalé. Une heure avant l'émission, dans les coulisses, le producteur lui avait demandé de donner une leçon express de sa langue. Mais, à l'antenne, il se trouva que le présentateur et le comédien n'avaient strictement rien à faire de son enseignement. Malgré l'enthousiasme d'Adrian durant les quelques minutes qui lui furent allouées, les deux hommes ne s'impliquèrent qu'à moitié, et répondirent mollement.

Malheureusement, cette expérience est fréquente. Adrian prend au sérieux l'invitation d'un documentariste belge, d'un éditorialiste allemand ou d'un animateur radio britannique. Il prépare soigneusement son intervention. Il réfléchit à quelques répliques et à des exemples simples. Il repasse sa tenue d'interview. Il arrive au café ou au studio pile à l'heure. Il espère simplement que le journaliste rendra justice à la langue. Mais le plus souvent, ce dernier est en retard et mal préparé, il ne se préoccupe pas de planter un décor qui attirerait un large public. Sans surprise, il en résulte un cliché mal ficelé : la langue des insulaires est aussi difficile à apprendre qu'elle est pittoresque et exotique ; son déclin est triste, mais elle résiste vaillamment à l'adversité. De quoi déprimer le plus ardent des défenseurs. Pis, au sein d'une communauté aussi réduite que celle de l'île, les jalousies s'expriment. « Certains disent : "Voilà encore Adrian qui se fait mousser dans les médias." »

Mais Adrian reste un incorrigible optimiste. Pour lui, toute publicité est bonne à prendre. Elle attire des apprenants étrangers, un nouveau type de visiteurs – les « touristes linguistiques », une véritable manne pour l'économie de l'île, qui a souffert des offres de séjours à bas prix en Espagne. Pour ces voyageurs, un panneau bilingue « Interdit de fumer » – *Jaaghey meelowit* – sur un mur en brique rouge semble avoir le même charme qu'une vue sur la mer pour les vacanciers de l'époque victorienne.

« Ils sont généralement jeunes et viennent de toute l'Europe. L'idée que le mannois crée une communauté à laquelle n'importe qui peut choisir d'appartenir est sans doute le principal attrait. Nos cours sont très détendus. D'une certaine manière, nous apprenons tous. Il n'y a pas un bon accent à acquérir : les Allemands parlent le mannois avec un accent allemand, les Suédois avec un accent suédois, les Tchèques avec un accent tchèque. Ce n'est pas un problème. »

Sacs à dos, longs cheveux blonds, gloussements étouffés : les groupes de conversation d'Adrian incarnent un monde bien différent de celui des agriculteurs et des pêcheurs dans leurs cottages. La disparité de ces nouveaux locuteurs rend parfois l'échange compliqué mais il leur laisse une grande liberté dans l'exécution de la langue.

« Certaines personnes se sont beaucoup plongées dans les enregistrements des mannophones natifs et accordent trop d'importance aux nuances de prononciation. Au XXIe siècle, faut-il vraiment s'attacher à la prononciation d'un paysan des années 1940 ? Prenez *maynrey*, qui veut dire "heureux". »

Adrian le prononce «*man-ra*».

«Ceux qui écoutent les vieux enregistrements entendent "*mehn-ra*". Ils pensent que tout le monde devrait dire "*mehn-ra*". Ils disent que je prononce et que j'enseigne mal. Mais les enregistrements sont un outil, pas un évangile. "*Man-ra*" est mon dialecte du mannois. Je dis "*man-ra*", ils disent "*mehn-ra*". Tout va bien. Je m'attache davantage au tableau d'ensemble: tant qu'on comprend ce que je dis et que je comprends ce que les autres disent, alors c'est correct.»

En l'entendant dire cela, je repense à l'histoire que m'avait raconté Brian, celle d'une dispute entre revivalistes sur le «bon usage». Il y a cinquante ans, il avait fallu inventer de nouveaux mots pour rendre compte de la vie moderne sur l'île: les anciens des enregistrements n'étaient jamais montés à bord d'une voiture ou d'un avion, n'avaient jamais utilisé un ordinateur ni fréquenté l'université. Plusieurs revivalistes avaient proposé leurs idées pour tel ou tel mot. Comment les départager? Adrian anticipe ma question.

«C'est comme "*parallelogram*". Est-ce que c'est un mot mannois? Je ne sais pas comment appeler ça autrement. Je dirais simplement "*parallelogram*". Pareil pour "*jungle*". Les plus attachés à l'authenticité disent "*doofyr*", qu'ils dérivent de l'irlandais. Les deux mots devraient être acceptables.»

La grammaire aussi peut varier d'un locuteur à l'autre. Les phrases sont souvent simplifiées. Prenons une phrase comme «Je l'ai vue hier». Une personne qui parle couramment mannois dirait «*Honnick mee ee jea*» (*honnick* est le passé irrégulier du verbe *fakin*, «voir»). La plupart des apprenants préfèrent abandonner la forme irrégulière pour dire «*Ren mee fakin ee jea*» («Je me suis trouvé la voir hier»). De même pour «*Hie mee*» («Je suis allé»), qu'ils remplacent par «*Ren mee goll*» («Je me suis trouvé aller»). Ils laissent également tomber «*haink*» («venu»), remplacé par «*Ren mee çheet*» («Je me suis trouvé venir»).

«Si Ned Maddrell et les autres mannophones natifs ressuscitaient et revenaient sur l'île aujourd'hui, ils seraient étonnés par ces élèves. Leurs accents, certaines de leurs phrases leur paraîtraient sans doute bizarres. Mais ils reconnaîtraient leur langue. Ils comprendraient, et on les comprendrait.»

Régulièrement, Adrian fait ce qui se rapproche le plus de la résurrection des morts: il rencontre plusieurs anciens, dont Brian, qui ne sont pas mannophones natifs mais parlent couramment et ont connu les personnes enregistrées. Comme les revivalistes avant lui, il préserve la moindre anecdote qu'il entend. Il y a un demi-siècle, Brian enregistrait ses conversations avec Ned Maddrell. Aujourd'hui, Adrian filme les siennes avec Brian et les publie sur Internet, accompagnées de sous-titres.

Je regarde Brian et les autres hommes dans les vidéos d'Adrian, les sourcils froncés à mesure qu'ils parlent et se souviennent. Davy Quillin, de Port Erin, cheveux gris, jean bleu, avachi dans son canapé bordeaux, raconte qu'à seize ans, il partait en mer avec ses livres pour apprendre le mannois. Il désigne ses livres posés sous une table basse, hors-cadre. Il parle la langue rapidement, couramment, comme il l'entendait parler enfant. Il se rappelle parfaitement le jour où, alors qu'il se promenait avec son père, il avait vu deux hommes âgés appuyés sur leurs cannes. Quand ils s'étaient approchés, son père lui avait murmuré: «Écoute.» Les deux hommes, absorbés par leur conversation, «*loayrt cho aashagh ass yn Ghaelg… v'eh yindyssagh clashtyn ad*» («parlaient si facilement la langue… C'était merveilleux de les entendre»). L'un d'eux était Ned Maddrell. Il ignore qui était l'autre. «*Garroo*», répétaient sans cesse Maddrell et son compagnon à propos du climat, «rude».

Dans une autre vidéo d'Adrian, Derek Philips, chauve à lunettes, une moustache blanche et l'allure charnue d'un boucher à la retraite, se recule dans son sofa crème et démontre sa maîtrise du mannois. Il raconte qu'il a appris la langue pendant les cours du soir dispensés par les revivalistes voici un demi-siècle. Il était devenu ami avec l'un d'eux, un directeur de banque de Port Erin: par la suite, ils se rencontrèrent souvent chez l'un ou chez l'autre pour la pratiquer. La grande aisance de Philips le rendait grégaire. Il recherchait sans cesse d'autres mannophones. Un jour, dans son magasin, il se hasarda à demander à un client âgé s'il parlait mannois. Il espérait glaner un ou deux nouveaux mots. Mais le client lui répondit, indigné: «Mannois? Mannois? C'est n'importe quoi! Le mannois ne vaut rien!» D'après Philips, on aurait battu le pauvre homme quand il était enfant jusqu'à lui faire perdre son mannois.

Ces vidéos – quelques dizaines de minutes en tout, essentiellement tournées dans l'intimité des anciens – offrent un bon échantillon du mannois moderne. Bien qu'ils parlent couramment, le fait que ces hommes ne soient pas immergés dans une communauté de locuteurs s'entend parfois. Tandis qu'ils parlent de jardinage, Philips marque une pause avant de poursuivre avec *poanraghyn* («fève»). Un instant plus tard, il demande à Adrian «*cre t'an fockle son "cauliflower"?*» («comment dit-on "chou-fleur"?»). *Laueanyn* (gants) est un mot qui résiste aussi à sa mémoire. Il est plus à son aise, plus fluide, quand il raconte l'une de ses anecdotes frappantes: à force de les répéter depuis des années, il les débite à une vitesse impressionnante.

Une anecdote en particulier m'a saisi. Un soir, au pub, un joueur de fléchettes vient lui proposer une partie. «Dans un instant, répond Philips, je parle avec ma femme.» Le joueur acquiesce et retourne à ses fléchettes; il allait en lancer une quand il s'écroule devant la cible. La femme de Philips était infirmière. Elle se précipite vers lui et «*prowal dy yannoo yn stoo er y cleeu echey*» («essaie de faire ce truc sur sa poitrine»). Peine perdue. L'homme était mort. Le pub se vide rapidement, on appelle une ambulance. Tandis que les Philips attendent les sirènes, environ une demi-heure après que le joueur se soit effondré, son corps s'est redressé brusquement, comme pour s'asseoir. «*As dooyrt my ven dooys, va shen yn aer scapail woish.*» («Et ma femme a dit, c'est l'air qui s'échappe de lui.»)

Quand la cloche sonne, les élèves en uniforme bleu de l'école primaire Bunscoill Ghaelgagh se précipitent de leurs classes vers la cour de récréation. Certains jouent au ballon, d'autres sautent à la corde, d'autres encore discutent. Les professeurs, l'oreille tendue, passent parmi eux, attentifs. S'ils entendent chuchoter en anglais, ils s'arrêtent et réprimandent doucement les enfants.

Bunscoill, fondée en 2001 par une poignée de parents, se trouve dans la vallée centrale de l'île et, en quinze ans, le nombre d'élèves (de cinq à onze ans) est passé de très peu à soixante-dix. La plupart des parents d'élèves ne sont pas revivalistes; ils espèrent qu'une éducation bilingue fera de leur progéniture de futurs génies de l'espagnol, de l'allemand ou du français. Pour leur part, les revivalistes espèrent prouver à travers cette école que le mannois a de l'avenir: soixante-dix enfants, ce n'est pas beaucoup, mais c'est soixante-dix de plus que le nombre d'élèves qui apprennent dans des langues récemment disparues comme le klallam (en Amérique du Nord), le pazeh (en Asie) ou le nyawaygi (en Australie).

Parmi les nouveaux élèves de l'année dernière se trouvait le fils d'Adrian, Orry. Orry partait avec une longueur d'avance sur ses camarades, car son père lui enseigne le mannois depuis sa naissance. À six ans, il commet encore des erreurs d'enfant. Il mélange par exemple *eayst* (lune) et *eeast* (poisson). « Un jour, nous étions en vacances à Norwich, et j'ai dit à mon fils : "*Vel oo fakin yn shirragh shen ayns yn edd echey heose sy cheeill*?" ("Tu vois ce faucon dans le nid en haut de l'église ?") Il m'a regardé, perplexe, et m'a demandé ce qu'un oiseau faisait dans un chapeau. *Edd* peut signifier "nid", mais aussi "chapeau". » Les erreurs de ce type sont le rite de passage d'un jeune mannophone natif vers une parfaite connaissance de la langue. Chaque jour, la maîtrise par Orry du mannois devient plus assurée.

Orry et ses camarades sont les premiers enfants à parler couramment le mannois depuis plus de cent ans. Les anciens n'en croient pas leurs oreilles quand ils assistent aux cours et entendent leur langue prononcée par des voix si jeunes. Des comptines, des chansons que des générations n'avaient pas chantées ont retrouvé une nouvelle vie ; des histoires de la vie moderne – pique-niques, musique pop, jeux vidéo – emplissent des feuilles de papier avant d'être lues à voix haute.

L'école emploie quatre enseignants et deux assistants. Le recrutement n'est pas facile. Il semble que d'anciens assistants aient été loin de parler parfaitement la langue. L'une des dernières enseignantes – une mère d'élèves de l'école – confiait à un journaliste local qu'elle avait dû réviser sa grammaire avant son entretien d'embauche. Pendant plusieurs semaines, elle n'avait lu que des traductions en mannois de livres pour enfants.

La directrice regarde la circulation par la fenêtre. Au-delà des murs d'ardoise gris de l'école, presque tout – les menus des salons de thé, les graffitis aux arrêts de bus, les télévisions allumées, les étiquettes sur les bouteilles de lait, les boîtes de céréales et les sachets de bonbons – est en anglais. L'anglais rabaisse quotidiennement le mannois que les enfants apprennent à l'école. Anglais à la table du petit déjeuner, anglais à la porte de l'école, anglais pour l'histoire du soir. Chez lui, avec sa mère, même Orry « passe automatiquement à l'anglais », reconnaît Adrian.

C'est pour cela que, même au cœur de la communauté revivaliste, l'inquiétude persiste. Seul le temps dira si les cris de cette cour de récréation sonnent la renaissance ou s'ils ne sont que le dernier sursaut d'une langue vieille de mille cinq cents ans.

10

Un Anglais à l'Académie française

L'année dernière, sir Michael Edwards, le premier et unique Anglais à l'Académie française, m'a donné rendez-vous à l'heure du thé chez lui, près de Saint-Germain-des-Prés. À dire vrai, le thé n'est jamais arrivé. C'était l'une de ces journées parisiennes étouffantes où les températures frôlent les quarante degrés, et peut-être que le côté français de mon hôte trouvait que ce n'était pas un temps à boire du thé. Trop poli – trop anglais –, je n'osai pas suggérer le contraire. Je m'en passai. Pendant toute l'entrevue, je savourerai en pensée ce thé au lait que jamais je ne bus.

Peu importe. Dans son salon tapissé de livres, nous avons parlé, tantôt en anglais, tantôt en français, jusqu'au soir. J'avais tant de questions à lui poser. À soixante-dix-sept ans, la vie et la carrière de sir Michael ont été longues et riches. Comment ce petit garçon qui étudiait la langue de Molière à l'école britannique était-il devenu un auteur français érudit, puis, deux ans auparavant, un Immortel? Au cours des quatre cents ans écoulés depuis que le cardinal de Richelieu inventa l'Académie, des soldats, des prêtres, des chimistes, des numismates, des amiraux, des tenanciers d'hôtel, un chef d'État africain et – à compter de 1980 – même quelques femmes y furent admis. Mais jamais, avant sir Michael, un Anglais.

Son élection avait fait la une; la presse française se montrait particulièrement généreuse. «L'Angleterre nous envoie un beau cadeau», s'enthousiasmait *Libération*. À Londres, les réactions furent différentes. Les journalistes britanniques ne surent trop comment prendre la nouvelle. Un compatriote qui raffinait le dictionnaire officiel français! Ils ne cachaient pas leur surprise. «L'Académie est célèbre pour sa lutte infatigable contre les invasions anglo-saxonnes du français; elle propose des équivalents pour les anglicismes, par exemple "courriel" à la place d'*e-mail*», faisait remarquer le *Telegraph*. Face à la presse de son pays, sir Michael déclara: «Le français traverse un moment de crise, et je trouve sensé que l'Académie choisisse quelqu'un qui vient pour ainsi dire du camp adverse, mais qui défend l'importance et la beauté particulières de la langue française.» Dans ses nombreuses interviews avec les médias français, il aurait déclaré que son mot préféré était «France».

«Je ne sais pas d'où ça sort, me dit sir Michael. Je me rappelle que quelqu'un m'a glissé un micro devant la bouche et m'a demandé quel était mon mot préféré. En français, naturellement. La réponse est sortie toute seule. En y réfléchissant, je préfère nettement "rossignol".»

La surprise de son élection – et pas seulement chez les Britanniques – l'étonnait. Il pouvait cependant la comprendre, jusqu'à un certain point. Après tout, la France et l'Angleterre avaient eu une histoire douloureuse. Chacune avait envahi l'autre. Elles s'étaient déclaré la guerre. Dans les champs d'Azincourt, des milliers de soldats des deux armées étaient tombés sous les flèches. D'un point de vue historique, les doutes soulevés par la nomination de sir Michael à l'Académie se justifiaient. D'un point de vue linguistique, beaucoup moins. Le mot anglais *surprise* est d'origine française. De même que *election*, *history*, *armies* et *origin*. On estime qu'environ un mot anglais sur quatre a été importé de France. Parler l'anglais britannique, c'est parler un quart français. (L'anglais des États-Unis, c'est autre chose. Les Américains remplissent leurs réservoirs de *gas* et non de *petrol* ; ils cuisinent des *zucchinis* et des *eggplants*, pas des *courgettes* ou des *aubergines* ; ils font leurs courses au *drugstore*, pas à la *pharmacy*. À New York ou à San Diego, l'automne qui fait jaunir les feuilles s'appelle *fall* et non *autumn*.)

Pour sir Michael, la reine, qui lui a accordé une audience lors de sa visite officielle à Paris en 2014, symbolise l'étroite relation qui unit les deux langues. Descendante de Guillaume le Conquérant, la souveraine, dont la devise est « Dieu et mon droit », a la réputation de parler couramment le français. « La reine parle toujours la première. Elle m'a complimenté sur le fait de vivre ici. "Une très belle ville." C'est à peu près tout ce que je peux vous dire. Les conversations avec Sa Majesté doivent rester confidentielles. »

Sur une étagère était encadrée une photo de leur rencontre.

« Avez-vous parlé en français ou en anglais ?

– En anglais. Mais, lors du dîner officiel, elle a parlé français. »

Le banquet avait eu lieu sous les lustres d'une salle du palais de l'Élysée. La reine, vêtue de blanc et de diamants, scintillait sous les lumières vives, et le ruban rouge passé sur son épaule droite annonçait à tous qu'elle appartenait à l'ordre de la Légion d'honneur. Elle tournait les pages de son discours d'une main gantée de blanc. Il s'agissait là de l'étiquette – c'est la coutume royale de lire des notes –, mais j'étais curieux. Quelle opinion sir Michael avait-il de la performance linguistique de la reine?

Comme j'aurais pu le prévoir, sa réponse fut diplomatique. Il se contenta de dire: «Très bonne.» Je me rappelai alors que le discours avait été diffusé à la télévision française (la reine est plus populaire que jamais dans les républiques étrangères), comme d'autres par le passé, que l'on pouvait le regarder en ligne. Quelques jours après ma rencontre avec sir Michael, j'en trouvai plusieurs extraits et les écoutai. Non, sir Michael ne parlait pas le même français que la reine. Sa prononciation était bien meilleure, son accent plus naturel. Par la suite, des recherches me renseignèrent sur le fait que la reine n'avait pas appris sa deuxième langue en France, mais entre les murs du palais de son père. Il résultait d'une éducation cloîtrée, de l'œuvre d'une gouvernante belge – une preuve, paradoxalement, de son détachement du monde.

(En poursuivant mes recherches, je suis tombé sur un commentaire de l'époque concernant le français de la reine Élisabeth Ire (1533-1603): «Elle parlait le français avec pureté et élégance, mais avec un accent traînant, quelque peu affecté, disant: "Paar maa foi; paar le Dieeu vivaant", et ainsi de suite, d'une manière tournée en ridicule par les Parisiens, comme elle le découvrait parfois, à son grand agacement.»)

Bien qu'il évolue à présent dans des cercles haut placés et qu'il converse aisément avec reines et présidents, sir Michael a des origines modestes et a appris le français laborieusement. Pas de gouvernante belge pour lui ! « Je suis né et j'ai grandi à Barnes, dans le sud-ouest de Londres. Tout y était très anglais, les noms des pubs, des parcs, des rues : Cromwell Road, Tudor Drive. Modeste, aussi. » Son père, Frank, propriétaire d'un garage, vendait des pièces de voiture. Les aspirations de sir Michael lui venaient de sa mère. « Enfant, elle avait écrit une pièce de théâtre. Bien sûr, cela n'avait rien donné, mais ce rêve de gagner sa vie avec les mots était resté. » Son fils avait pu cultiver cette ambition au très élisabéthain collège pour garçons Kingston Grammar. (*Grammar*, un autre mot français qui signifie « apprendre dans les livres », un cousin de *glamour*.) « À onze ans, j'ai eu le coup de foudre pour le français. J'ai ouvert mon manuel – *A Grammar of Present Day French with Exercises*, de J. E. Mansion – et je suis tombé sur "oui" et "non". Tant de magie dans des mots si simples. Mais comme ils étaient importants ! Il en allait de même avec les autres mots. Ils possédaient une aura. » Pour ce fils de garagiste, les mots brillaient par leur étrangeté. « Un monde nouveau s'est ouvert à moi : une nouvelle manière de nommer, de voir, d'imaginer. »

Quand on observe sir Michael aujourd'hui, le lion rouge brodé sur sa cravate bleu marine, ses mules de cuir noir ; quand on croise son regard onctueux derrière ses lunettes à monture métallique ; quand on prête attention à sa sociabilité étudiée, à sa manière de parler professorale (« *bother!* », « *vivat!* ») – tellement tiré à quatre épingles, si pointilleux –, on comprend que la *grammar school* britannique, à plus de soixante ans de distance, a posé les fondations de son rôle actuel. A-t-il toujours aimé l'école ?

« Non. Je me souviens avoir trouvé les manuels arides, froids, inamicaux. J'imagine qu'ils ont sans doute découragé beaucoup de mes camarades. Mais pas moi, car je savais que le français valait bien mieux que celui des manuels scolaires. »

Il se rappelait son professeur de français. « Dr Reginald Nicholls. Il avait un tic à la mâchoire. Un sacré inconvénient pour un professeur de langue. »

Des manuels arides, un professeur bourré de tics – pendant sept ans à Kingston Grammar, et, quand sir Michael entra à Cambridge, on lui enseigna le français « comme une langue morte ». Rien que de la lecture, pas d'oral. On lui apprit seulement à déchiffrer Montaigne, Voltaire et Racine. Encore une fois, le système éducatif aurait pu le détourner du français à jamais. Mais Racine l'enchanta. Il partit même pour Paris, où il écrivit une thèse sur l'auteur. En fouillant dans sa mémoire, sir Michael m'en récita quelques vers :

Moi-même il m'enferma dans des cavernes sombres,
Lieux profonds et voisins de l'empire des ombres.

La citation vient de *Phèdre*. Puisque nous parlions de théâtre, sir Michael ajouta :

« Les auteurs français et anglais n'écrivent et ne pensent pas de la même façon. C'est ce que m'a appris Racine. Par exemple, un écrivain anglais ne dirait jamais, comme le fait Racine, "à l'ombre des forêts" ; mais "*in the shadow of a cedar*" ou "*in the shadow of an oak tree*", "à l'ombre d'un cèdre" ou "à l'ombre d'un chêne".

– Intéressant. Les deux langues façonnent donc la réalité de manière différente. Pourriez-vous m'en dire plus sur cette différence ? Comment la définiriez-vous ?

– Je dirais que les perceptions du français sont plus abstraites – comme si les expériences étaient survolées en montgolfière. C'est pour cela que la pensée française tend à être holistique, et les textes homogènes. Au contraire, en anglais, la perception est plus terre à terre, plus détaillée, pleine de caprices.

– Qu'entendez-vous par des textes "homogènes" ?

– Racine a écrit de nombreuses pièces, mais il emploie peu de mots : deux mille. Celles de Shakespeare en contiennent dix fois plus. Cela vous donne une idée de l'économie de Racine. En français, on peut faire dire plusieurs choses à un même mot. Prenons "attrait" – un mot typique de Racine. Appliqué à une femme, il signifie "charmes" ; mais quand il décrit quelque chose de plus vague, comme l'inconnu, il faut le traduire par *lure* : "l'attrait de l'inconnu", "*the lure of the unknown*". "Attrait" regroupe l'attrait d'une ville (*attractiveness*), l'intérêt d'un sujet (*interest*), l'attrait pour telle ou telle chose (*to feel drawn to*). Cette qualité du français participe de la cohésion du texte. »

Peut-être par modestie, sir Michael ne mentionna pas le lien qui unissait Racine à l'Académie. Sujet de la thèse de sir Michael, auteur de *Phèdre*, modèle de « pureté » et d'« éloquence » pour la langue française, né moins de cinq ans après l'Académie, Racine a rejoint ses rangs à l'âge de trente-trois ans. Ainsi, sir Michael tient là un illustre prédécesseur.

C'est Racine qui l'attira à Paris. Il y rencontra et épousa Danielle, une Française. « Mes enfants et petits-enfants ont tous la nationalité française. Je serais moi-même devenu français bien plus tôt si j'avais su qu'il était possible de conserver les deux nationalités. Voyez-vous, je ne voulais pas perdre mon passeport britannique.» Avec sa femme française et son passeport britannique, sir Michael enseigna longtemps le français, l'anglais et la littérature comparée à Warwick, à l'université d'Essex et à Paris (avec quelques escapades à Belfast, Budapest et Johannesburg). Outre sa carrière académique, il était critique de poésie française et anglaise pour le supplément littéraire du *Times*.

«On m'a adressé un recueil de poèmes d'Yves Bonnefoy pour le recenser. Par la suite, nous sommes devenus amis. Un auteur français par excellence. C'est lui qui m'a donné l'idée d'écrire dans la langue.»

Sir Michael a ensuite écrit de nombreux livres dans les deux langues, dont un essai sur Samuel Beckett, un autre auteur qui a préféré le français à son anglais natal. Dans *Paris Aubaine*, un recueil de poèmes récemment publié, il mélange les langues, parfois dans la même phrase: «Inspecting her woodcuts, I thought the Seine too sinewy, turmoiled and yet, l'eau grise, sous la haute pierre, s'anime de guivres, se trouble là-bas, dans les remous de sa présence unearthly.»

«Guivre», un terme d'héraldique signifiant «serpent» (peut-être, en composant ses vers, sir Michael avait-il à l'esprit la Serpentine dans Hyde Park, à Londres), me semblait être le genre de mot classique et «typiquement français» qu'approuvait l'Académie. Pourtant, «guivre» ne se trouvait pas dans la première édition du dictionnaire de l'Académie, en 1694. Le manque de place – l'ouvrage ne comprenait que 18000 entrées – est une bonne excuse. On peut néanmoins trouver une explication plus probable dans la curieuse attitude des premiers académiciens envers les mots. Claude Favre de Vaugelas, un aristocrate qui exerçait une forte influence sur ses collègues, défendait un vocabulaire évitant toute référence provinciale, technique ou vulgaire. Gardons le français noble – telle aurait pu être sa devise. Les nobles français avaient des choses plus élevées à évoquer que les serpents fantastiques.

La stupidité de l'élaboration du dictionnaire n'était excédée que par sa lenteur. Les plus tatillons passèrent des semaines sur la définition de mots tels que « bouche ». Après quinze ans passés sur leur dictionnaire, Vaugelas et ses collègues de l'Académie n'en étaient qu'à la lettre I ; la mort l'empêcha d'atteindre « je », « jovial » ou « jupe ». Des années plus tard, dans un accès de colère, Antoine Furetière se plaignit de l'énergie gaspillée dans des querelles insignifiantes : « Celui qui crie le plus haut, c'est celui qui a raison, chacun fait une longue harangue sur la moindre bagatelle. Le second répète comme un Écho tout ce que le premier a dit, et le plus souvent ils parlent trois ou quatre ensemble. Quand un bureau est composé de cinq ou six personnes, il y en a un qui lit, un qui opine, deux qui causent, un qui dort et un qui s'amuse à lire quelque dictionnaire qui est sur la table. Quand la parole vient au second, il faut lui relire l'article à cause de sa distraction dans la première lecture. [...] Il ne se passe point deux lignes qu'on ne fasse de longues digressions... »

Furetière travaillait lui aussi à son propre dictionnaire. Quand les autres membres de l'Académie l'apprirent, ils lui demandèrent d'arrêter. Il refusa ; il avait employé plus de trente ans de sa vie à ce projet. Ce refus lui valut d'être exclu. Les échanges qui suivirent entre l'Académie et son ancien membre furent connus sous le nom de « querelle des Dictionnaires ». Celui de l'Académie, toujours inachevé après cinquante ans de travail, était une catastrophe.

Furetière révéla que nombre de ses entrées n'étaient pas classées par ordre alphabétique ; qu'on n'y trouvait pas un mot aussi commun que « girafe » ; que les querelleurs ne parvenaient pas à classer « a » comme une voyelle ou comme un mot. Il trouvait déjà assez grave que les académiciens réduisent le dictionnaire à un exercice de dilettantes ; mais pour lui, le plus incroyable était qu'ils abandonnent des pans entiers de la langue, les jugeant de moins bon goût que les autres. « Il est certain qu'un Architecte parle aussi bon François en parlant de plinthes, et de stilobates ; et un homme de guerre en parlant de casemates, de merlons et de sarrasines ; qu'un Courtisan en parlant d'alcôves, d'estrades et de lustres. » En 1690, deux ans après sa mort, les admirateurs de Furetière publièrent son dictionnaire en trois volumes aux Pays-Bas (il contenait une entrée pour « guivre »). Ce n'est que quatre ans plus tard que l'Académie présenta enfin sa version, bien moins fournie, à la cour de Louis XIV. Le Roi-Soleil préféra celle de Furetière.

La réussite de Furetière ne fit qu'accentuer les défauts de l'Académie. Un seul homme avait réussi là où, sur plus de soixante laborieuses années, des dizaines avaient échoué. Cette parabole illustre de façon frappante la force de l'entreprise individuelle – une tête vaut mieux que cent. Encore plus marquante, et gênante pour les académiciens, fut la publication en 1755 du *Dictionary of the English Language* de Samuel Johnson. « Sans le patronage des grands ; non dans la douce obscurité de la retraite, ou à l'abri des ors académiques, mais parmi les désagréments et la distraction, dans la maladie et la tristesse », écrit Johnson à propos des sept (certains disent huit, d'autres neuf) années qu'il lui avait fallu pour définir près de quarante-deux mille mots anglais. Johnson avait dû travailler vite pour rembourser les libraires locaux dont les commandes lui assuraient encre et papier. Cette rapidité avait empiété sur son sommeil et son humeur mais pas – c'était là sa fierté – sur la qualité. Chez lui comme à l'étranger, les critiques furent impressionnés. À la force de la plume ! Avec fausse modestie, Johnson se faisait appeler « l'humble bête de somme » de l'anglais.

Il s'agissait là des remarques d'un homme qui regarde derrière lui, vers le passé, satisfait de ce qu'il a accompli. Mais, au début de son entreprise, l'ambition de Johnson était bien plus folle. Après avoir consulté un exemplaire de la troisième édition de l'Académie (publiée en 1740), il songeait, de même que les académiciens de Paris, à fixer la langue, à l'exempter de la corruption des travailleurs et des étrangers. Son but initial n'était donc pas d'enregistrer tous les mots employés en Angleterre. Son dictionnaire devait être sélectif ; en accord avec son patriotisme, l'auteur omettrait de nombreux mots français, ou du moins découragerait le lecteur de les employer. Il ne voulait pas que ses concitoyens « baragouinent le dialecte de France ». À propos de *ruse*, il écrit : « Un mot français aussi inélégant qu'inutile. » Il jugeait également que *finesse* était « un mot inutile qui s'insinue dans la langue ». *Spirit* employé dans le sens français d'« âme » ou de « personne » devenait « heureusement obsolète ». À la place de *heroine*, il recommandait aux Britanniques de dire et d'écrire *heroess*. Mais, au cours de son long travail, le snobisme de Johnson s'adoucit. Certains mots étaient trop beaux ou trop pratiques pour se préoccuper de leur origine. Comme *paramour* qui, reconnaissait Johnson, n'est « pas inélégant et assez musical ».

Bien qu'il eût débuté son dictionnaire avec l'état d'esprit d'un académicien, Johnson l'acheva dans une tout autre disposition. L'idée même qu'il fallût fixer la langue lui paraissait finalement absurde. Les académies comme celle de France ne fonctionneraient jamais, affirmait-il : les sons sont « trop volatiles et subtils pour être restreints par la loi » ; les syllabes ne peuvent être enchaînées, ni le langage « châtié » pour le faire obéir. « Les édits d'une académie anglaise seraient sans doute consultés dans le seul but d'être enfreints », remarquait-il avec ironie.

L'année suivant son élection, sir Michael fut honoré par une cérémonie d'accueil à l'Académie. Selon une vieille tradition, les membres lui attribuèrent un mot et une définition de leur dictionnaire (qui en est aujourd'hui à sa neuvième édition et compte environ soixante mille entrées). Ils choisirent « universalité » :

> n. f. Ensemble, totalité, ce qui embrasse les différentes espèces. *L'universalité des êtres, des sciences, des arts.* En termes de jurisprudence, *L'universalité des biens*, La totalité des biens.
> UNIVERSALITÉ signifie aussi caractère de ce qui est universel, de ce qui s'étend à un très grand nombre de pays, d'hommes. *L'universalité de la langue française* [...]

C'est sur ce type de définition que travaillent sir Michael et onze de ses collègues de la commission du Dictionnaire. « Jeudi, c'est le jour du dictionnaire. Le matin, pendant trois heures, nous nous installons tous les douze autour d'une longue table pour passer en revue les dernières révisions, que nous débattons une à une. Il peut s'agir d'une définition à rectifier, d'un exemple à remplacer, ou d'un néologisme quelconque. Nous étudions vingt ou trente mots par semaine. Cela peut ressembler à une sinécure, mais nous prenons nos devoirs très au sérieux. L'atmosphère dans la salle est assez solennelle. Il faut demander la permission avant de parler. »

Il leva le bras comme s'il regardait le secrétaire de la commission, puis le baissa.

« En même temps, il règne une certaine camaraderie. Après toutes ces heures passées ensemble, nous devenons de vrais copains, *on se tutoie.* »

La commission étudiait actuellement les sens possibles de « rude ». Contrairement au mot anglais *rude* (impoli), son homographe français a de nombreuses significations : « dur », « rugueux », « austère », « difficile », « sévère ».

« Nous en aurons bientôt fini avec les R, sourit-il. *Ars longa, vita brevis.* » Une plaisanterie d'académicien.

Sir Michael et ses collègues ne s'occupent pas seulement des R. La commission est également chargée de répondre à des requêtes d'usage de la part du public. Par le passé, ces demandes leur parvenaient sous pli, griffonnées à la main. À présent, elles arrivent par e-mail. *Courriel.* Pas « *email* » avec un accent français. Les réponses de la commission sont publiées sur une page dédiée du site de l'Académie. À Edwin S., qui demandait s'il fallait dire « Quand est-ce que tu viens ? » ou « Quand viens-tu ? », un membre de la commission avait répondu que la deuxième formule était meilleure, même si – il fallait le reconnaître – la première était bien plus courante. Une certaine Shiraga s'enquérait de la prononciation française de « bonsaï ». En japonais, sa langue maternelle, le mot se prononçait « bonssaï », faisait-elle remarquer. En français, le mot se prononçait toujours avec un *z*, répondait la commission, avant d'ajouter sévèrement : « Ce n'est pas un mot japonais, mais un mot français emprunté au japonais. »

C'est parfois sir Michael qui répond. Il contribue également au guide stylistique (publié lui aussi sur le site

Internet) intitulé *Dire, ne pas dire*. D'après ce guide, on ne dit pas « Il est sur la short list » ; « short list », trop anglais, est exclu. On dit en revanche : « Il est parmi les derniers candidats susceptibles d'obtenir tel prix ». Une façon pour le moins détournée de dire les choses. Le guide se poursuit ainsi, de manière tout aussi alambiquée.

On ne dit pas : « une newsletter », on dit : « une lettre d'informations ».

On ne dit pas : « une single », on dit : « une chambre pour une personne ».

On ne dit pas : « éco-friendly », on dit : « respectueux de l'environnement ».

Tant de prescriptions. Ne pas, ne pas, ne pas. Sa lecture est plutôt désagréable.

Mais sir Michael me dit que j'ai mal compris le guide. Il ne combat pas l'anglais. Nombre d'académiciens sont anglophiles, ils admirent les romans britanniques et américains, les mots de Wordsworth et d'autres. Non, dit-il, c'est une question de clarté. Beaucoup de mots anglais prêtent à confusion. C'est « l'anglais artificiel », bizarre et rabougri, que véhicule la mondialisation. Dans le métro parisien, sur les affiches près de Notre-Dame, dans les publicités radio qui résonnent le long des boulevards : « *Just do it* » ; « *Nespresso, What Else?* » ; « *Taste the Feeling* » ; « *This is Her! This is Him!* » Sir Michael le voit tout autour de lui, dans un paysage défiguré par des slogans vides de sens. « C'est quelque chose qui ulcère à juste titre mes collègues, et ce depuis longtemps. » La santé d'une nation, dit-il comme s'il récitait, dépend de la santé de sa langue.

Ainsi, la défense esthétique du français a laissé place à une défense éthique. L'Académie ne protège plus le français pour la noblesse ; elle préserve le français pour le commun des mortels. Mais derrière cette posture morale, comme derrière la posture esthétique, on retrouve les mêmes inquiétudes, les mêmes obsessions. Une sorte de panique langagière. En 1985, dans un discours à l'Académie, le prédécesseur de sir Michael, l'auteur Jean Dutourd, dénonçait « l'assassinat de la syntaxe et le génocide du dictionnaire » commis par les rustres qui encourageaient le « sabir atlantique ». Ils avaient la « rapacité des promoteurs immobiliers », mettait en garde Dutourd, et, si on les laissait faire, ils détruiraient le « palais » de la langue française pour construire un gratte-ciel de luxe sur ses décombres. Il en appelait à une action de la part du gouvernement français. Il affirma à son aimable audience qu'il souhaitait une « inquisition linguistique » en France. Il conseillait au ministre des Finances de créer un inspectorat grammatical dont la tâche consisterait à traquer dans la presse, les livres et la publicité les mots abâtardis. Quiconque publierait « nominer » à la place de « nommer » ou, influencé par l'anglais, mélangerait « sanctuaire » et « refuge » devrait s'acquitter d'une amende de vingt francs. Une taxe sur les mots !

Sir Michael reconnaît ne pas être comme Jean Dutourd (dont il n'avait jamais lu les livres avant d'entrer à l'Académie). C'est un modéré. Il ne croit pas à l'utilité de taxer les mots. De même que le site Internet de l'Académie, c'est une concession faite au XXIe siècle. « Le français change, la France change. Je fais partie du visage de cette France qui change. » Derrière sa tête grisonnante, l'abat-jour rouge orangé à fanfreluches me déconcentrait. « Bien sûr, il faut fixer la langue dans une certaine mesure, pour qu'elle reste lisible dans cent ans, poursuivit-il, mais il ne faut pas essayer d'arrêter l'avenir. » Nous ne devons pas être des Jean Dutourd, aurait-il pu dire. « Peut-on vraiment s'attendre à ce qu'une institution humaine n'ait pas sa part de vieux croûtons raseurs ? »

« Il ne faut pas essayer d'arrêter l'avenir. » Je n'étais pas sûr que sir Michael en soit tout à fait convaincu. Je ne comprenais pas pourquoi l'Académie considère par exemple « jazzman », « blackout », « fairplay » ou « covergirl » comme acceptables en français, mais trouve « short-list » trop anglais, ou trop rabougri. « Blackout » figure dans plusieurs romans de Patrick Modiano, lauréat du prix Nobel de littérature en 2014. J.-M. G. Le Clézio, l'autre prix Nobel français (il l'a reçu en 2008), utilise « covergirl » dans son roman *Désert*. Qu'est-ce qui pourrait les empêcher d'écrire « short-list » dans une future œuvre littéraire française ? Certainement pas le guide de l'Académie. Soit dit en passant, aucun de ces deux auteurs n'a manifesté le moindre intérêt pour rejoindre les rangs des Immortels.

Il se faisait tard. À force de parler, nous avions oublié l'heure. Mais avant de prendre congé de sir Michael, je lui demandai si je pouvais voir les fameux livres et les salles de l'Institut de France où ses camarades de l'Académie et lui-même se réunissaient en conclave. Il répondit que cela pouvait se faire. L'Académie se réunirait à nouveau à l'automne ; je devais me manifester à ce moment-là.

C'est ce que je fis. Et sir Michael tint parole. Après un été passé en Bourgogne, il me donna une date, le jeudi 12 novembre, et une adresse, le 23, quai de Conti. (L'adresse était superflue. Mon appartement se trouvait à un jet de pierre de là : je passais devant les colonnes chaque fois que je traversais le pont des Arts.) Le 12, à la fin de la séance de l'après-midi, je me présentai à la jeune femme de l'accueil. J'annonçai que je venais voir « Michael Edwards ». La réceptionniste me regarda d'un air interdit. Je réessayai, prononçant son nom à la française, « Michel Édouard ».

« Ah, monsieur Édouard ! » Elle me tendit un badge de sécurité, me laissa franchir le portillon électronique et m'indiqua où attendre.

Au fond de la cour, la porte était fermée, peu accueillante. Je la poussai. Elle s'ouvrit dans un grincement. Bustes, tapisseries, lustres. Bientôt, sir Michael descendit l'escalier. La pompe du décor étouffait sa démarche. Les académiciens s'étaient réunis « à l'intérieur » pour leur session plénière hebdomadaire d'une heure et demie, m'expliqua-t-il, au cours de laquelle on discutait les suggestions de la commission du Dictionnaire. Le plus souvent, le jeudi après-midi se déroulait sans anicroche à l'Académie, mais cette journée avait été plus difficile. Il allait m'en dire plus, mais se ravisa. Il changea de sujet. « Je vais vous montrer la bibliothèque. »

La bibliothèque Mazarine : le siège des lettres françaises. Six cent mille volumes, d'un mur à l'autre. Ici, dans l'odeur du vélin, du cuir moisi, parmi des millions de pages entassées au fil des siècles, la thèse de sir Michael sur Racine écrite en 1965 se frottait aux pièces originales ; à une édition de 1580 de *Baret's Alvearie*, un dictionnaire multilingue – anglais, latin, français et un peu de grec –, « nouvellement enrichi d'une variété de mots, phrases, proverbes et diverses considérations grammaticales légères », que Shakespeare aurait consulté lorsqu'il écrivait ses pièces ; à *Notre-Dame de Paris* de Victor Hugo, qui devint membre de l'Académie après avoir essuyé trois refus ; aux recueils de poèmes de Baudelaire, dont l'unique candidature, en 1862, n'avait rien donné.

Sir Michael dit : « Je crois qu'il avait eu des ennuis avec la justice. » L'Académie avait également refusé Molière (dont le nom est devenu synonyme de la langue française : « la langue de Molière »), Pascal et Zola.

À propos de sa propre candidature, sir Michael m'expliqua : « On adresse une lettre manuscrite à chaque académicien. Chacune doit être personnalisée. Il est conseillé de ne pas trop écrire. J'ai peut-être envoyé deux pages. » Il reconnut qu'il ignorait le nom de plusieurs académiciens ; il avait dû se renseigner sur le titre de leurs livres, leurs thèmes de prédilection et leur style.

Tandis qu'il m'emmenait par les couloirs conduisant de la bibliothèque à la petite salle des séances, sir Michael me montra une statue de La Fontaine au pied de laquelle, en tant que « bizut », il avait dû attendre qu'on l'appelle. À l'intérieur de cette petite salle étouffante, sous un portrait de Richelieu encadré d'or, les quarante sièges de velours rouge étaient disposés en ovale ; le siège de chaque académicien est numéroté. Sir Michael occupe le siège 31. Cocteau s'y est assis, ainsi qu'Edmond Rostand, l'auteur de *Cyrano de Bergerac*.

C'est à deux sièges de là, un jeudi après-midi, que l'anthropologue Claude Lévi-Strauss donna sa définition de « boomerang ». Un autre jeudi, le même Lévi-Strauss avait convaincu ses collègues de modifier l'entrée du dictionnaire pour « rance ». Selon lui, la définition, qui évoquait une odeur ou un goût « désagréable », trahissait un préjugé occidental. Pour de nombreuses cultures, affirma-t-il à l'audience, l'âcreté fait partie intégrante de la cuisine. Sa remarque fut écoutée : « désagréable » fut remplacé par « fort ».

Je me demandai si sir Michael laisserait lui aussi son empreinte sur le dictionnaire de l'Académie. Je me demandai s'il parlerait du haut de son anglicité quand le temps viendrait où l'assemblée examinerait à nouveau « turf » ou « sandwich ».

Il lut dans mes pensées. À moins que, revenu dans la salle où, une heure plus tôt, les émotions s'étaient enflammées et les mots avaient fusé, il ne se sentît enclin à raconter.

« J'apporte sans doute une manière de parler quelque peu différente à l'Académie. Je ne répugne pas à plaisanter. Je ne crains pas de dire ce que je pense. J'ai des opinions. » Il s'arrêta, regarda autour de lui, baissa la voix et me dit sur le ton de la confidence : « J'ai eu un petit accrochage avec Giscard. » Valéry Giscard d'Estaing, quatre-vingt-onze ans, président de la République de 1974 à 1981, a été élu à l'Académie en 2003. Les deux Immortels s'étaient accrochés sur l'usage du mot « vamp ». « C'est lui qui a commencé. Il affirmait que cela désignait "une belle séductrice". Point. J'ai répondu que non, le sens était plus large. J'ai expliqué que le mot vient de "vampire", et suggère donc le danger en plus de la beauté. » Apparemment, leur dispute avait occupé une bonne partie de la séance.

Le penchant français pour les interminables débats abstraits ! Depuis dix ans que je vis en France, je le connais bien. On dit que les Français prêtent peu d'attention à l'Académie, et, d'après mon expérience, ils n'en ont pas besoin. Un déjeuner de famille, qui peut durer des heures, est leur propre académie. Un verre de vin partagé avec des amis en terrasse est leur propre académie. Comme les Français aiment parler ! Et parler de la manière de parler !

À l'accueil, la femme aida sir Michael à enfiler son long manteau noir Burberry. Il se rendait à un concert de Schubert ; c'est un mélomane invétéré. « Notre rencontre annuelle aura lieu dans trois semaines. Tous les académiciens y seront. Vêtus de nos uniformes, vous savez, comme les généraux déchus d'une junte sud-américaine. Je vous enverrai une invitation. C'est moi qui présiderai. »

Le lendemain soir, le 13 novembre, à trois kilomètres de l'Académie et de chez moi, cent trente rockers, dîneurs et buveurs étaient tués dans des attentats terroristes. Des centaines d'autres furent blessés. L'état d'urgence fut déclaré.

La violence a le don de réduire les mondanités au ridicule. Il était déjà difficile d'écrire sur l'Académie française – ses rituels désuets et ses discussions stériles – sans la faire paraître absurde. Cent trente morts. En comparaison, qu'importait la définition de «vamp» dans un dictionnaire?

Mais plus je pensais à la violence – impitoyable, flagrante, destinée à impressionner et à engendrer la haine –, moins le travail et le rôle de l'Académie me paraissaient absurdes. La violence nivelle tout, transforme briques, bouteilles et corps en autant de rebuts indistincts. Les académiciens, au contraire, cherchent à discerner, soupeser, conserver. La violence réduit au silence; l'Académie défend les mots. *La mort injuste* contre *le mot juste.*

Lorsqu'il exprima les condoléances du peuple américain, le président Obama puisa dans les mots français: «Le peuple américain tire sa force de l'engagement du peuple français pour la vie, la liberté, la poursuite du bonheur. Cette tragédie nous rappelle que les liens de *liberté*, d'*égalité* et de *fraternité* sont non seulement des valeurs auxquelles les Français sont attachés, mais des valeurs que nous partageons.»

Pendant les jours qui suivirent, dans tout Paris, un livre écrit en anglais par un Américain se vendit à des milliers d'exemplaires: *Paris est une fête.*

Encore une fois, le rapport étroit entre les deux langues mettait du baume au cœur.

Trois semaines plus tard, muni de mon carton d'invitation, j'attendais devant le 23, quai de Conti avant de franchir la sécurité. L'Académie était plus austère dans l'air froid de décembre. Des hommes vêtus d'un uniforme qui rappelait celui des gardes suisses, gants blancs et plumes rouges, se tenaient au garde-à-vous tandis que nous entrions. Nous prîmes place sous la coupole – un bâtiment réservé pour de telles occasions – en cercles concentriques. Dans le public, de grands noms français : une chanteuse, un réalisateur, un auteur médiatique. Sans oublier la bourgeoisie de la capitale.

Solennellement, les académiciens entrèrent et s'assirent ensemble. Tous portaient veste verte, bicorne, cape et épée. Ils étaient très blancs, très vieux, très masculins. (À propos du problème de l'Académie avec les femmes, sir Michael m'avait dit : « L'Académie se plie en quatre pour élire des femmes ; nous voulons des femmes ; mais nous n'avons pas assez de candidates. ») Sir Michael demanda une minute de silence à la mémoire des victimes.

Après le silence, après les applaudissements pour les vainqueurs des prix littéraires de l'Académie, après un discours sur l'histoire du roman français, sir Michael se racla la gorge et prit la parole. Il parla de la violence. Non de la violence des hommes armés, mais de celle, exercée par les poètes « contre des perspectives conventionnelles sur le monde et sur le moi, contre des emplois fatigués de la langue ». Mais la violence du poète, poursuivit sir Michael, est celle de quelqu'un qui « casse la coque d'une noix, ou mord dans un fruit ». Une « violence de l'acte poétique », toujours accompagnée par la « douceur du respect du réel ».

La réalité, conclut-il, répond au langage. Quelques mois plus tôt, chez lui, il m'avait dit : « La réalité est polyglotte. »

11

OuLiPo

Plaignons la dactylo qui, l'an 1969, dut noircir maints folios du quart manuscrit d'un grand scribouillard parigot : *La Disparition*. La dactylo s'assit à son bazar, mains à plat, pianota tout gaillard, mais dur dur swing à saisir. Dix doigts toujours vifs sont aujourd'hui gourds, pataudS. Tsk-tsk, pas un soupir n'y fait. Il faut aplanir sa main dans un flot abscons. Tout gît dans l'application, l'articulation. Son bras s'anima, son doigt s'agita. Clac, clac, clac… ding. Clac, clac, clac… ding. Mais, application ou pas, l'impair rôdait, à l'affût, la main avait son train-train. La dactylo s'affaira donc, butant, raturant, jusqu'au jour où plus un mot n'accrocha : longs frichtis, boissons sans fin, avatars abracadabrants, imitations d'Arthur Rimbaud ou Victor Hugo, rapports poilants d'assassinats, dix fois vingt-huit folios au total – un roman d'où a disparu un picto fort courant du français, qui suit *d* mais apparaît avant *f*.

Un court topo :

«Anton Voyl n'arrivait pas à dormir. Il alluma. Son Jaz marquait minuit vingt. Il poussa un profond soupir, s'assit dans son lit, s'appuyant sur son polochon. Il prit un roman, il l'ouvrit, il lut ; mais il n'y saisissait qu'un imbroglio confus, il butait à tout instant sur un mot dont il ignorait la signification.»

Dans ma traduction :

«Anton Vowl couldn't drift off. On had to go his lamp. His *Jaz* alarm clock told him it was past midnight. With much sighing Vowl sat up in his pyjamas, his pillow for a prop. Took a book to dip into; but saw in it only an imbroglio of ink, fumbling to grasp this or that word's signification.»

L'album fut ourdi par «Gargas Parac» (un alias qu'il pondit). Il naquit l'an 1936. Quand il avait six ans, son papa puis sa maman sont morts aux mains d'inhumains nazis. Sa formation lui apprit à approfondir sa vision du tissu social, puis il travailla à saisir l'opinion du public, archiva l'information. Pour finir, son ambition paya. Son dur travail aboutit – mais pas avant 1965 – à la publication d'un roman, *Trucs*, qui lui valut aussitôt un grand prix. Son incorporation à l'OuLiPo (sons initiaux signifiant *grosso modo* «ouvroir pour un art contraignant»), nid multinational d'intrigants tribuns, stimula son imagination, lui fit voir mots, noms ou dictons sous un jour jusqu'alors inconnu.

(Zonait aussi à l'OuLiPo : Italo Calvino, troubadour rital qui produisit *Cosmicomics* (dont l'individu narratif a pour nom Qfwfq), *Mr Palomar* ou *Città Invisibili*, où Marco Polo abrutit Kublai Khan par son babil, lui contant son trip lointain, mirobolant.)

L'art contraignant : un Parac, un Calvino s'affranchit du carcan normatif du *logos* pour jouir du poids inouï du mot.

Parac proscrit l'usufruit d'un picto fort commun dans l'ABC, fouillant, filtrant son patois qu'il assainit du plus insignifiant mot l'abritant. Du coup, quasi trois quarts du français sont bannis du bouquin. L'ambition d'un art tant circonscrit affola plus d'un. Mais pour Parac, il s'agissait là d'un stimulant qui l'autorisa à franchir son trac constant du folio blanc.

La liposuccion du jargon a un lourd passif, qui surgit fort jadis. Lasos d'Argolis, qui griffonnait *circa* 500 avant J.-C., surtout connu pour un discours ou pour avoir instruit Pindaros, produisit aussi un chant sans aucun sigma (*s*) : son son sifflant l'irritait. Lasos fut suivi. Au plus fort du *Romantik*, Gottlob Burmann (1737-1805), fort subtil, publia un opus sans aucun *r* dur : ni *Frau*, ni *dürr* (fin), ni *rann* (courut). À Paris, Parac inaugura l'art du lipo. Il avait au total vingt-cinq pictos, l'ABC latin, pas tous aussi primitifs. Dans un scriptorium normand, nul manuscrit comptant un *j* ou un *v* : on inscrivait *iour* pour « jour », *auait* pour « avait » ; on n'isola pas un *j* d'un *i* avant 1762, ou un *u* d'un *v*. *W*, connu du Wallon, n'arriva pas dans un dico avant 1964.

Parac pouvait donc brandir *w* (à son grand plaisir, car il l'adorait), *j* ou *v*, l'*s* qu'abhorrait Lasos ou l'*r* banni par Burmann. Mais pas la *vocalis* qu'on instruit nos blonds bambins à arrondir ainsi qu'*a*, *i*, *o*, ou *u*. Aucun portrait d'un 3 dans un miroir. Un tabou fort dur à subir : un vif calcul nous fait savoir qu'il bannit 1 picto sur 7 dans un bouquin français (par comparaison, 1 sur 8 dans un opus ricain ou *british*, 1 sur 6 pour un hollandais). L'artisan avait donc du pain sur l'aplat.

Au fond du roman, Parac suit mai 68 : manifs à Paris, occupations d'instituts publics, cris, slogans, graffitis moquant l'administration. L'insoumission par l'inscription. Non aux flics ! Non à l'intox ! Manipulation du mot, du signifiant. Un placard connu proclamait son slogan succinct : « CRS = SS ». Ainsi, un *a*, un *s* ou un *x* diffusait l'information, il participait au savoir commun, mais pas toujours à un mot. Un mot n'avait plus pour fonction d'unir la transcription du son ; son tissu constitutif (« f-l-i-c-s », « i-n-t-o-x », ou un brocard aussi connu qu'insultant, « c-r-s-s-s ») donnait lui aussi son opinion. Voilà l'illumination qu'impartit Parac, sa fulguration.

Part art, part politicard, son but visait à trahir l'important qu'a la disposition d'un ABC dans un in-octavo, un tract, un tabloïd, un journal, dans la façon dont nous saisissons un mot. Un instruit du *logos* anglais traduirait ça par *visual iconicity* : la signification d'un mot a, jusqu'à un point, trait commun aux pictos qui lui sont constitutifs. *Grosso modo*, l'*iconicity* dit qu'un mot court, utilisant du picto commun – disons *rash* (*r-a-s-h*, « irritant ») –, fait allusion à un truc banal ; tandis qu'un mot long construit d'originaux pictos ou combinaisons – disons *psoriasis* (*p-s-o-r-i-a-s-i-s*) – fait allusion à d'anormaux ou originaux soucis. Choisissons pour illustration « locomotion ». Son *l* fait un fumant tourbillon ; *c*, *m*, *t*, *n*, chacun un wagon ; l'*o*, l'outil qu'un rail polit. Ainsi, pour Victor Hugo, « lys » gagnait sur son rival « lis » car pour lui, *y* formait un pistil parmi un motif floral consonant.

Quand on lit *La Disparition*, mot à mot, l'omission d'un trait ponctuant nous ahurit. Mots à galurin quasi manquants : « août », « trouvât », « chaînon ». Basta. Quand on tait tout mot où gît l'impur quint picto du français, il faut aussi bannir quasi tout mot qui a pour toit un picto diacritiquant. Un puritain connaîtra un choc pour la vision quand il lira l'opus du bon Parac, quand il aura vu son minois. Quasi insultant. Un « galurin » sur un nom – produit d'*Orthographia Gallica* (composition : *circa* 1300) – jouit aujourd'hui d'un statut figuratif. Ça fait plutôt chic. Voilà pourquoi l'individu qui a soif d'anoblir son statut social adjoindra à l'occasion un « galurin » à cinq ou six mots sans qu'il y soit admis, calligraphiant, disons, « ajoût » ; quand « ajout » suffit. Voilà pourquoi l'an 1990, la commission qui proposa la simplification du français par l'ablation d'improductifs « galurins » s'affronta aussitôt aux médias puis à un public vindicatif.

Parfois, pour un scribouillard, un picto n'offrait pas un plus mais un handicap : *circa* 1900, cinq ou six anti-tsars radicaux ont choisi pour distinction l'abandon d'un picto russkof « dur » (*tvyordy znak*) – un ъ qui marquait un son final non palatal –, qui invoquait un jadis caduc.

La Disparition fait un polar abracadabrant, un imbroglio original faisant allusion à un tourbillon d'oubli où un gus, Anton Voyl, n'aboutit pas au plus insignifiant roupillon. Pourquoi j'ai pas fini par dormir ? voudrait savoir Voyl. Pas un toubib n'y fait. Poisons dormitifs, soporatifs apaisants n'y font point. Pas à pas, Anton Voyl, un copain, puis un prochain vont partir, disparus à jamais. Sont-ils pris dans un miroir aux alaudas ? Abattus par un fusil ? Un poignard ? Un piano chu du paradis ? Un assassin, la mafia ? Aussitôt, cousins puis amis font du souci, vont au pourchas, aux accusations, hâtifs d'ouïr la solution. Parac adorait Franz Kafka, on voit ça tout clair. La mort agit toujours, à l'instar du *Richard III* :

I had a Richard too, and thou didst kill him;
I had a Rutland too, thou holp'st to kill him.

J'avais un Richard moi aussi, or tu l'as occis ;
J'avais un Rutland, tu aidas sa mort aussi.

Un climat biscornu nous saisit, combinaison joignant à la typo la narration. Un roman qui s'accomplit par vingt-cinq subdivisions (sautant droit du « 4 » au « 6 ») ; un picto tabou tout du long, brillant par son omission. Maniant fort vif son stylo, Parac sort champion haut la main, bravo.

J'ai applaudi à un discours transmis jadis à la TV sans colorants où Parac, dodu, un noir buisson sur son front, dit qu'au fond, son roman a pour motif l'auto-organisation dans l'association d'un ABC. Son roman s'autographia, nous dit-il, produit par « l'automatisation du gribouillis ». Son amphitryon, qui n'y croit pas, abasourdi, garantit au public : « Il s'agit pas d'un canular. »

L'automatisation du gribouillis ? Il n'y a pas là qu'auto-promotion. Cogitons-y un instant. Tournant sa raison avant tout sur l'ABC – pas sur la narration, ni sur l'adoption du mot chic –, Parac suivait un fil original. Parfois, il distord son patois : un gus a « un fort migrain » ; un babil sort d'originaux « cordons vocaux ». Si un mot qu'on traduit *lip* gît hors-champ du français – maudit tabou ! –, Parac dit « pli labial ». Pour mouvoir la narration, il bâtit moult listings : « son minois rubicond, mafflu, lippu, joufflu, bouffi ». La construction du discours aussi s'alourdit : « oui, mais » introduit trois circonlocutions coup sur coup.

« Portons dix bons whiskys à l'avocat goujat qui fumait au zoo. » Dans l'introduction du journal d'Anton Voyl gît aussi un *pangram* (un *pangram* à la Parac, comptant vingt-cinq pictos sur vingt-six). L'anglais, lui, pourrait brandir « *a quick brainy fox jumps with a guava lizard* ».

Parac nous distrait aussi par la manipulation d'opus magistraux mais caducs. Liposuccion sans fin pour chants, fabliaux ou haïkus. Pour illustration du fruit qu'il produit, voici mon adaptation (sans l'abscons picto) du madrigal « Daffodils » par William Wordsworth :

I, solitary as a cloud
That floats on high past coombs and hills,
Without a warning saw a crowd
A host, of brilliant daffodils;
Along a pool, among hawthorns
Flapping and dancing in mid-morn.

Continuous as bright stars that glow
And glint-glint on our Milky Way,
Ranging in an undying row
Along a margin of a bay:
Six thousand saw I in a flash
Tossing gold crowns in sprightly thrash.

Vivid pool, but my daffodils
Out-did its sparkling in spirit:
A rhymist could not but turn gay
In such a jocund company:
I rapt – so rapt – but hardly thought
What fund this show to us had brought:

For oft, if on my couch I sigh
In vacant or in gray humour,
Gold will flash on that inward mind
Bliss of my on-my-own hours;
And so my soul with passion fills
And frolics with my daffodils.

J'allais, aussi solo qu'un cumulonimbus
Survolant, hautain, cols, monts alpins ou vallons,
Quand soudain j'ai vu au loin, sur un tumulus,
Maints mimosas d'or, un tas, partout, à foison;
Au bord d'un grand lac, à l'abri d'un dais touffu
Dansant, s'agitant, par l'aquilon ils sont mus.

Aussi contigus qu'un amas d'astraux florins
Brillants, scintillants, flottant au toit du cosmos,
Ils sont tout alanguis sur un tapis sans fin
Autour d'un accul où fait son nid l'albatros:
Dix fois dix fois dix fois dix j'ai vu tout d'un coup
Maints pistils dansant un bal, pis, un tango fou.

Non loin, un flot ondoyant clapotait, dansait,
Mais mon mimosa paraissait plus amusant:
Un troubadour n'aurait qu'à applaudir, fort gai
Un si jovial compagnon qu'on voit s'agitant.
J'admirai – admirai – mais sans approfondir
Tout l'or qu'un si vif horizon pouvait m'offrir.

À moult occasions, gisant las sur mon divan
D'humour vagabond ou dans ma cogitation,
L'or naît dans mon for jusqu'alors insouciant,
J'y vois là un fort tribut pour ma claustration;
Ainsi la passion farcit tout à fait mon moi
Pour jaillir, bondir à l'instar du mimosa.

Dans tout l'opus, oubliant toujours un picto sis avant *f* mais qui suit *d*, Parac importa pas mal d'adoptions d'incongrus sabirs. Latin : *oppidum civium romanorum* ou *sic transit Gloria Mundi* ; rital : *Ah Padron… Siam tutti morti* ; anglais :

it is not a gossipy yarn; nor is it a dry, monotonous account, full of such customary "fill-ins", as "romantic moonlight casting murky shadows down a long, winding country road"; « patois sarrois » : *Man sagt dir, komm doch mal ins Landhaus. Man sagt dir, Stadtvolk muss aufs Land, muss zurück zut Natur. Man sagt dir, komm bald, möglichst am Sonntag.* Voilà plus d'un ou trois plagiats. On n'a pas tort quand on dit : *La Disparition*, un bouquin pour polyglots.

Aujourd'hui, la traduction du roman gît sur un rayon dans maints pays : à Hambourg (*Anton Voyls Fortgang*), à Milan (*La Scomparsa*), dans la Hrvatska, aux Pays-Bas ou à Cluj-Napoca. Dans l'argot castillan, il n'a pas d'*a* (il s'y agit du picto plus courant) ; au Japon, pas d'*i*; à Moscou, pas d'*o*. La traduction a paru dans maints jargons ; qui sait si un jour on la lira dans un sabir hindou, hindi ou malayalam.

Aujourd'hui, aussi, un scan digital du mot foisonnant dans *La Disparition* nous affranchit d'intrigants savoirs grammaticaux. D'un *word cloud*, il sort qu'un mot non nominal (ou trois, chipotons pas) apparaît dans plus d'occasions : « sans » ; « savoir » ; « grand » – maints mots bons pour discourir d'un truc minus tombant sous l'absolu tabou. Tout aussi communs : « mort » ; « mot » ; « blanc » ; « noir » ; « nuit » ; « obscur ». Un calcul nous dit qu'à part ça, nonobstant son innovation, l'opus qu'accoucha Parac suit par tout point la loi Zipf (un savant du corpus d'Harvard, G. K. Zipf – si on lui offrait un floribunda grimpant, disait-on, G. K. irait aussitôt comptant son total d'aiguillons). Fouillant, calculant mot par mot, rayon par rayon tout un bibliobus, il apprit qu'un mitan du jargon global d'un bouquin fait un solo : ainsi, l'amas du roman a pour constitutif un poing du plus commun jargon. Un vif calcul au coin d'un abac m'instruit : *La Disparition* a un jargon comptant huit mil mots. Dont 100, toujours choisis, fournissant quasi 50 % du bouquin. 400 mots fort communs font trois quarts du roman. Mil mots sont fort originaux, n'apparaissant pas trois fois dans la publication ; 4 000 font un solo.

Pour illustration :

« Alunir » ; « axolotl » (un mot nahuatl nommant un crapaud tropical) ; « finlandais » ; « hot-dog » ; « infarcti » (multiplication d'infarctus) ; « opoponax » (un parfum, mais aussi un roman paru l'an 1964 par « Monica » Wittig, usant d'un ton fort gamin) ; « paulownias » ; « roucoulant » ; « taratata » ; « uxorilocal » (un mot qu'un savant social choisirait pour un mari vivant dans la tribu où naquit sa nana).

(Indication : maints mots solos brandis par Parac, pour illustration « s'anudissant », n'apparaîtront dans aucun dico standard.)

Quand on approfondit *La Disparition*, usant d'un cristal grossissant, on voit qu'au fond, faisant abstraction du mot, la loi du Zipf fait son boulot aussi pour l'ABC, picto par picto. La plupart du jargon inclut *a*, *i*, *n*, *u* ou *s*. Un minisoupçon inclut *w*, *z*, *k*, *x* ou *j*. L'*o*, quant à lui, sort grand gagnant du plan du grand Parac : *o*, aussi rond qu'un total nul, un bon picto pour « omission ».

Si Parac (DCD l'an 1982 d'un fongus au poumon) vivait toujours, il srait fan du msg txto. Sans ouïr l'alarmant babil d'un barbant grison, pour qui il s'agit d'un « chagrin raccourci », d'un « truc con-con » ou d'un « virus digital ». Non. Pour lui, C supR 2 gauchir ls ltrs ainsi, faisant D Dssins 2 mots à l'instar du bisouXXXXX qui finit maints txtos français, qu'un anglais dirait « *kixx kixx* » pour « *kiss kiss* », ou « *wOw!* », ou « *was^?* » (« *what's up?* » pour « ça va ? »), ou « *i'm off 2 bd zzzz* » (« j'vais o lit zzzz »).

Un ABC, ça vit, coulant, inconstant.

12

Mains bavardes

Noël dernier, alors que je visitais un château près de Paris, je quittai la tiédeur d'une pièce où brûlait un feu de bois et découvris un couloir en pleine effervescence. Un groupe d'enfants en costume bleu et vert à fanfreluches dévalait les escaliers de pierre. Dans leur tenue d'époque, garçons et filles brillaient d'excitation, sans doute un club en sortie. On entendait le claquement de leurs talons sur chaque marche, les heurts des petites mains contre les murs épais, le froufrou de leur tenue tandis qu'ils couraient et se bousculaient gentiment. Mêlé à tout cela, quelque chose qui ressemblait au murmure d'une présence physique collective, de nombreuses inspirations et expirations simultanées. « Ils peuvent faire tellement de bruit », marmonna une femme d'âge moyen à côté de moi. Pourtant, le groupe ne prononçait pas un mot. Pas un cri, pas un hurlement. Je m'aperçus alors que ces enfants étaient sourds. Plus tard, en sortant, alors que je traversais le jardin dans l'obscurité de l'hiver, je les croisai à nouveau, rassemblés autour de leurs accompagnateurs et conversant de leurs doigts affairés sous l'unique lampadaire.

La langue des signes française, celle que parlaient les enfants – car il s'agit bien d'une langue, avec sa syntaxe, sa morphologie et son argot –, fait partie d'un ensemble de langues des signes. Chaque continent possède ses formes distinctes. Mais la France peut s'enorgueillir de sa langue des signes au même titre que l'Angleterre de la langue anglaise (sa plus célèbre exportation mondiale). Un Français, Laurent Clerc, a joué un rôle déterminant dans la création de la première école américaine pour sourds à Hartford, Connecticut, en 1817. Dans sa jeunesse, à Paris, il avait appris le système de gestes et d'expressions faciales qu'il importa en Amérique selon une méthode établie par l'abbé de l'Épée vers la moitié du XVIIIe siècle. Les mains américaines en firent l'ASL (american sign language), qui alimenta à son tour plusieurs formes de langue des signes largement utilisées aujourd'hui en Afrique et en Asie. C'est ainsi que les Français, champions du haussement d'épaule, aussi célèbres que leurs cousins italiens pour l'expressivité de leur corps, apprirent au monde à signer.

Les bizarreries de l'ASL, qui tirent leur origine des jeux, des vêtements, des duels et des idées de la France du XVIIIe siècle, peuvent laisser perplexe. Pourquoi les signes pour «demain» (littéralement, «un [jour] dans le futur») et «hier» («un [jour] dans le passé») sollicitent-ils le pouce? Parce que les Français comptent «un» sur le pouce, et non sur l'index comme les Américains. Un mouvement rapide du pouce sous le menton, qui signifie «pas» en ASL, reste encore aujourd'hui un geste de défi répandu chez les enfants. «Ne pas pouvoir», l'index droit qui croise le gauche, imite les duels à l'épée dont la noblesse européenne raffolait tant. Si l'on voit à juste titre une référence à la tête pour « gouvernement » – l'index posé sur la tempe –, ce n'est que la moitié de l'explication : le poignet tourne, reliquat de la cocarde tricolore révolutionnaire.

Quelques mois après ma visite au château, je me suis rendu à Montréal, puis à Ottawa pour voir de la famille. Puisque ma tante parlait français et qu'elle devait avoir vu des patients sourds au cours des nombreuses années qu'elle avait passées dans le service de rééducation de l'hôpital où elle travaillait, je partageai avec elle mon intérêt pour les origines de l'ASL. J'avais même préparé une anecdote (qu'Emily Shaw et Yves Delaporte racontent dans l'un de leurs articles sur la langue des signes américaine), selon laquelle les commentateurs américains auraient mal interprété le signe pour « stupide » – le V de la victoire contre le front. Ils affirmaient que le signe symbolisait des barreaux enfermant l'esprit. En réalité, le geste imite des cornes, pour une raison très française : « bête » signifie à la fois « stupide » et « animal ».

Je n'ai pas eu besoin de raconter l'anecdote à ma tante, Margo Flah. Pas la peine. Quand elle était jeune, me dit-elle, elle avait appris l'ASL en travaillant dans des centres pour malentendants aux États-Unis. Et quand elle s'était installée au Canada, on avait pu la voir signer les informations du soir à la télévision. Accidents de voiture, discours de parlementaires et résultats du loto passaient par ses doigts. Les gens l'abordaient dans la rue. J'ignorais totalement cette période de sa vie.

Margo proposa de m'enseigner les signes de l'alphabet. Elle prit place en face de moi au bout de la longue table du salon. Je l'imitai, fermant les doigts de ma main gauche à plat sur ma paume. « A », dit-elle. Puis, suivant la sienne, ma main forma un « B », un « C », un « D », un « E », un « F ». « Attends, m'interrompit-elle. Tu es gaucher ? » D'habitude, en ASL, on signe avec sa main dominante. J'écris de la main droite, mais j'ai toujours lancé la balle de la main gauche. Le choix de la main dépendait-il donc de la nature des signes ? Étaient-ils comme des objets que l'on déplace dans l'air, ou plutôt comme de la calligraphie, avec l'espace autour de soi pour papier et la main pour pinceau ? J'optai finalement pour la main avec laquelle j'écris. Margo parut soulagée. Elle poursuivit, lettre par lettre, jusqu'au geste de Zorro pour « Z ». Sa gentillesse et sa patience faisaient de moi un élève enthousiaste. Nous avons repassé plusieurs fois l'alphabet, nous attardant sur les lettres que je n'avais pas acquises. Quelle précision de regard chez le signeur expert ! Des doigts un peu trop bas au-dessus du pouce plié formaient un mauvais « E ». Pour le « S », il fallait serrer davantage le poing. L'index trop plié gâchait le « X ». Une ou deux fois, penchée sur la table, Margo prit mes mains dans les siennes et ajusta doucement mes doigts comme si elle remettait une montre à l'heure.

« J'aimerais te présenter deux de mes amis », dit-elle quand nous eûmes terminé de signer l'alphabet. Elle les invita chez elle quelques jours plus tard pour un petit déjeuner.

Malgré son nom français, Michel David avait grandi dans une famille anglophone d'Ottawa. C'était un homme d'une soixantaine d'années, à l'œil vif. Il portait un pantalon de golf vert, une chemise à carreaux et un pull beige, une barbe blanche bien soignée et, à son oreille gauche, un implant cochléaire.

De quelques années plus jeune, Monica Elaine Campbell était bronzée et portait une élégante écharpe de soie bleu et blanc, un chemisier assorti et une jupe en jean. Des bracelets tintaient à ses poignets, et elle avait plusieurs bagues en or aux doigts. Contrairement à Michel avec son appareil, elle n'entendait pas. Elle lisait sur les lèvres.

Nous nous installâmes autour de la table chargée d'assiettes, dans l'odeur chaude du café – Michel et Monica Elaine côte à côte, face à moi, tournant le dos à la fenêtre et au soleil d'avril. Cette disposition permettait à Monica Elaine d'avoir la lumière adéquate pour voir chaque mouvement de mon visage et de ma bouche. Sans me presser, j'articulai mes mots, d'abord pour me présenter, puis pour leur poser mes questions. Michel et Monica Elaine utilisaient l'ASL (la langue des signes dominante au Canada anglophone) et l'anglais parlé.

Michel dit : « Je suis sourd avec un petit *s* », c'est-à-dire qu'il ne se considérait pas comme culturellement sourd. L'ASL n'était pas sa première langue. Pourtant, plusieurs personnes chez les David avaient été malentendantes, c'était de famille. Enfant, assis dans la cuisine de ses parents, il avait observé le cousin de sa grand-mère communiquer par signes. À la même époque, il remarqua qu'il avait des problèmes d'équilibre ; il devait regarder un point fixe au loin pour rester d'aplomb. (Aujourd'hui encore, s'il va aux toilettes dans le noir sans son appareil, il trébuche « comme un ivrogne ».) Il pouvait rester allongé pendant des nuits entières, les oreilles douloureuses. À neuf ans, il avait toujours l'impression que ses parents sortaient de son champ auditif. Une perte de quarante décibels, leur annonça l'ORL. Et ce n'était que le début. L'audition du garçon diminuait d'année en année. Les voix, même les plus fortes, même les plus familières, devenaient un mélange de suppositions et de souvenirs. À l'adolescence, il se tourna vers l'ASL, qu'il apprit par des cours du soir. Puis, un après-midi, alors qu'il tondait la pelouse de ses parents, il entendit un grand « plop », puis plus rien. « Je croyais que la tondeuse avait rendu l'âme. » Il avait vingt ans. Le début de trente ans de surdité totale.

En parlant, Michel avait tourné son visage vers Monica Elaine. Elle observait ses signes rapides, fluides, et lisait les expressions faciales qui les accompagnaient. Quand il eut terminé, elle hocha la tête en réponse au signe qui lui indiquait qu'elle pouvait commencer. Prendre son tour. L'excitation du café, la bonne odeur du gâteau, autant de distractions. Il est impoli, ajouta Michel, de signer les mains pleines.

Monica Elaine était une personne sourde prélangagière : sa surdité avait été découverte à l'âge de quinze mois. Ses parents n'avaient pas cru bon qu'elle acquière l'ASL – ils auraient été contraints de l'apprendre eux aussi ou d'envoyer leur petite fille dans une école lointaine, et aucune de ces deux options ne leur paraissait acceptable. Ainsi, Monica Elaine resta avec ses trois frères et sa sœur entendants (cette dernière devint enseignante pour sourds aux États-Unis), parmi les quais et les ports pittoresques de Charlottetown, sur l'île du Prince-Édouard.

Bientôt, une nouvelle école ouvrit sur l'île : une école pour sourds lisant sur les lèvres et parlant. Les parents de Monica Elaine suivirent les cours par correspondance de la clinique John Tracy pour se préparer à y inscrire leur fille. Ils respectèrent à la lettre les conseils simples qu'on leur adressa de Los Angeles (Spencer Tracy, le père de John, était le principal mécène de la clinique) : parlez à votre enfant lentement, avec des phrases complètes. Incluez-la dans la vie quotidienne de la famille. Traitez-la comme n'importe quelle petite fille curieuse. Monica Elaine fit sa rentrée à l'âge de quatre ans. Face à un miroir, on lui apprit à former les lettres dans sa bouche : le *p* sur les lèvres, le *t* en levant la pointe de la langue vers le palais, le *h* en soufflant de la buée sur la glace. Le toucher – une main hésitante contre la joue et la gorge du professeur – lui indiquait la bonne prononciation. Peu à peu, l'élève acquit sa voix douce, mesurée.

La voix de Monica Elaine est agréable, facile à comprendre. Il est rare qu'elle omette un son dans un mot (« *migle* » pour « *mingle* ») ou le remplace par un autre (« *cazier* » pour « *cashier* »). Pourtant, derrière cette apparente facilité se cache une grande douleur personnelle. En grandissant, elle s'était sentie « balancer entre deux mondes », incertaine de son identité. Cette incompréhension se transforma en colère à l'âge adulte, car elle ne pouvait communiquer par signes avec ses pairs. Elle regrettait amèrement que son cerveau ait été façonné pour ressembler à celui d'une personne qui entend. Un jour, elle se résolut à apprendre l'ASL. Il n'est jamais trop tard pour apprendre. Elle avait trente-sept ans.

Quel courage, quelle persévérance ! Au fil de la matinée, il devint clair que Michel et Monica Elaine avaient dû se battre pour mener une vie complète. Ils avaient grandi à une époque où l'on accordait peu d'attention aux talents et aux aptitudes des adultes sourds. Malgré cela, tous deux avaient eu suffisamment de détermination et de confiance en eux pour étudier et mener une carrière.

Michel : « Les gens me considèrent comme un jardinier. J'avais un diplôme d'horticulture. Mais je me suis dit, attends, je peux faire plus. J'ai un esprit. Je me suis rappelé un roman de James Michener, *La Source*. L'histoire débute sur un chantier de fouilles archéologiques en Israël.

J'ai économisé pour m'acheter un billet d'avion pour Tel-Aviv. J'avais vingt et un ans. J'ai passé trois mois dans un kibboutz. Ensuite, j'ai pris le bateau jusqu'à Chypre et la Grèce. J'ai fait du stop partout : Yougoslavie, Autriche, Allemagne, France, Belgique, Pays-Bas. Après l'Europe, j'ai pris un avion-cargo soviétique jusqu'au Japon. J'y suis resté plusieurs mois.

– Vous utilisiez la langue des signes avec vos hôtes ?

– Oui. C'est ça qui est génial avec les signes : où que tu ailles, tu peux généralement te faire comprendre. J'ai trouvé que les étrangers se montraient globalement plus patients avec une personne sourde. »

L'expérience lui donna le courage de poursuivre ses études en rentrant chez lui.

« Le plus difficile, pour moi, c'était le français. Je mélangeais sans arrêt le sens d'"entendre" et "comprendre". » Après une licence de psychologie, il déménagea à Toronto pour obtenir un master de travailleur social, il y créa un groupe de soutien pour adultes sourds en 1986, et devint par la suite conseiller en santé mentale auprès de la Canadian Hearing Society.

Monica Elaine : « Dans mon université, il arrivait que les professeurs se déplacent en faisant cours, ce qui m'empêchait de lire sur leurs lèvres. » Pendant l'une de ces leçons, le professeur parla pendant deux heures, allant et venant devant un papier peint criard à rayures : le « bruit visuel » était extrêmement dérangeant. Pourtant, elle persévéra. Mathématiques et biologie, « des matières très visuelles », lui permirent de jouer ses atouts. Elle connut ensuite une longue carrière dans les ressources humaines.

« À l'époque où j'ai appris à signer, je me suis engagée dans les soins palliatifs pour sourds. » Trop malades pour écrire, nombre de patients sourds se voyaient privés du réconfort de la communication avec leur famille et leurs amis. Elle allait d'hôpital en hôpital, de lit de mort en lit de mort, traduisant les derniers signes des patients, lisant sur des lèvres exsangues. Pour son travail, Monica Elaine obtint en février 2016 l'Ordre de l'Ontario, la plus haute décoration civile de la province.

J'appris que Michel et Monica Elaine avaient un autre point commun. Leur conjoint(e) était entendant(e). La communication au sein des deux couples consiste en un mélange de mots et de signes. Michel a cinq enfants, tous des signeurs natifs. « Leur premier signe, vers dix mois, est "lait". » Il serre le poing. « Comme un pis de vache qu'on tire. Mais ils l'utilisent aussi pour dire "nourriture". Ils montrent du lait, des biscuits, du jus et font toujours le même signe. Ça prouve que très tôt, les bébés sont capables de généraliser et de développer des concepts. »

Michel a été opéré pour son implant cochléaire il y a douze ans, à l'âge de quarante-neuf ans. Sa vie a changé. « Ma fille Jessica avait trois ans. Quelle joie de l'entendre pleurer ! »

Il pouvait désormais sursauter en entendant le tonnerre, s'émerveiller de la musique classique ou savourer le silence des réunions de sourds. Il reconnaissait cependant que l'implant est considéré comme une menace par de nombreux sourds culturels – les sourds avec un grand *S*. Certains craignent que cela détruise leur mode de vie, menace la fierté d'être sourd, et mette à mal l'usage des signes. Michel, quant à lui, ne voyait pas la situation en noir et blanc. Il se considérait comme plurilingue. Il connaissait la culture sourde (de même que Monica Elaine), qu'il respectait. « Ils sont très honnêtes, parfois au point d'être blessants. Si vous avez pris du poids depuis la dernière fois que vous les avez vus, les gens vous diront que vous avez grossi. Mais en même temps, ils ne vous balancent pas leurs problèmes au visage. Ils vous les racontent par une histoire. »

Michel et Monica Elaine comprenaient la vigilance de la communauté sourde, son désir de défendre ce qui rendait la langue des signes unique.

« Par exemple, pour dire "Tu es déjà allé à New York?", on utilise les signes pour "New York", "toucher", "fini" et "question" », dit Monica Elaine.

Elle me signa la phrase. Pour exprimer l'interrogation, l'index du signeur se plie puis indique la personne à qui l'on s'adresse. Le buste se penche en avant. La grammaire de l'ASL est spatiale, poursuivit Monica Elaine. Par exemple, se pencher en avant peut aussi signifier que l'on décrit quelque chose qui se produira dans l'avenir ; de même, se pencher en arrière peut indiquer que la conversation concerne des événements passés. Si le signeur se penche un peu sur la droite (en supposant qu'il soit droitier), son interlocuteur comprend que les événements se sont déroulés il y a quelques minutes.

La conversation avec Monica Elaine et Michel dura une heure, puis deux, puis trois. Nous fûmes surpris quand ma tante nous l'apprit. Le temps s'écoulait une nouvelle fois trop vite.

Je levai les doigts de ma main droite ouverte vers mon menton et les abaissai en direction de Monica Elaine et Michel, imitant un signe que Margo m'avait enseigné à cette même table quelques jours plus tôt. Je les remerciai pour cette matinée en leur compagnie, pour tout ce qu'ils m'avaient appris sur l'ASL, et bien plus encore.

13

Traduction fidèle

L'écrivain napolitain Erri De Luca, non croyant, est cependant un lecteur assidu de l'Ancien Testament. Chaque matin, il se réveille à cinq heures et commence sa journée par un verset, un psaume, une histoire en hébreu dans le texte. De Luca n'est pas un érudit. Longtemps, son corps maigre s'est levé avant l'aube pour travailler dans des fosses septiques, sur des tarmacs d'aéroport, des échafaudages, tanné par le soleil, dans l'odeur du café. Durant ces années de labeur, ces quelques minutes matinales avec la Bible, qui rendaient chaque jour son hébreu autodidacte plus proche de la perfection, lui donnaient du courage. «Lorsque j'ai été exposé à la Bible pour la première fois, je me trouvais dans le désert de ma vie, j'avais besoin d'un livre du désert», racontait De Luca à un reporter du journal en hébreu *Haaretz* en 2003. Il lit ces histoires pour la distance autoréflexive qu'elles lui procurent, pour la sobre élégance de leurs phrases, pour la compagnie de leurs personnages.

Il les lit comme de la littérature («Le Dieu d'Israël est bien le plus grand personnage littéraire de tous les temps», a-t-il écrit un jour). D'après lui, tous les autres livres souffrent de la comparaison avec la Bible. Seule la Bible ne tente pas de flatter son lecteur.

L'habitude de toute une vie est devenue pour De Luca, aujourd'hui âgé de soixante-six ans, la base de sa carrière d'écrivain à succès. Outre ses romans à la cadence biblique, ses pièces de théâtre et ses poèmes, il a publié des traductions en italien de l'Exode, du Lévitique, de Samson, de Ruth, des histoires de l'arche de Noé et de Jonas avalé par une baleine, des commentaires sur les Psaumes, la tour de Babel et l'Ecclésiaste – autant d'exercices d'idiosyncrasie.

«Le soleil se lève aussi», «Rien de nouveau sous le soleil», «Il y a un temps pour tout, un temps pour chaque chose sous les cieux». L'Ecclésiaste est sans doute le mieux connu des livres de l'Ancien Testament. «Vanité des vanités, tout est vanité.» C'est peut-être son verset le plus célèbre, traduit en latin par *vanitas vanitatum, omnia vanitas*. Dans sa traduction (je m'appuie sur une version parue en français dans *Noyau d'olive*, traduit par l'excellente Danièle Valin), De Luca parvient à lui donner une intrigante étrangeté. L'hébreu original, nous dit-il, est *havel havalim*, Havel étant le personnage de la Genèse que les lecteurs anglais et français connaissent sous le nom d'Abel, le frère de Caïn – la première victime de meurtre de l'humanité. Selon l'interprétation de De Luca, c'est la première vie gâchée. *Havel havalim* : «gâchis des gâchis».

Rares sont les lecteurs de la Bible qui apprennent l'hébreu pour pouvoir jeter un œil sous les couches de siècles de traduction. Pour la plupart des croyants – sans parler des non-croyants –, l'hébreu reste *lingua incognita*. De Luca m'impressionne ; je veux en savoir davantage sur lui ; je le contacte. Nous fréquentons les mêmes cercles littéraires et, quelques jours après que je lui ai adressé un e-mail (en français, une langue qu'il a apprise alors qu'il travaillait à Paris comme « ouvrier à la journée »), il me répond avec grâce.

L'hébreu ancien dispose d'environ cinq mille mots racines. Comme dans d'autres langues sémitiques, seules les consonnes s'écrivent ; l'imagination du lecteur doit suppléer les voyelles. L'imagination, me dit De Luca, les traducteurs de la Bible en avaient souvent trop ; ils voyaient dans les mots des choses qui n'y étaient pas, de même que les astronomes voient des casseroles à la place des étoiles, et les diseuses de bonne aventure la mort dans des feuilles de thé. « *Etzev* », écrit-il quand je lui demande un exemple. Dans Genèse 3, 16, Dieu déclare que les femmes enfanteront dans l'« *etzev* ». Les traducteurs donnent « tristesse » ou « douleur ». Pour De Luca, la « douleur » est illusoire. « La divinité ne condamne pas les femmes à souffrir. » Là où les lettres qui composent « *etzev* », *ayin*, *tsadi* et *beth*, apparaissent ensemble dans d'autres passages de l'Ancien Testament, elles signifient « labeur » ou « effort ».

Quand je lui demande s'il considère la traduction comme un art, De Luca me répond que non. « Pour moi, c'est un exercice d'admiration. Celui qui admire connaît sa place, il ne cherche pas à usurper l'auteur. Celui qui admire conserve la distance nécessaire à l'admiration. Le mauvais traducteur croit en savoir davantage. »

Malgré sa sobriété dans la traduction, d'une rigoureuse simplicité, De Luca se délecte à restaurer précisément la poésie originale de l'hébreu. Il me confie sa joie lorsqu'il ouvre son édition 1984 couleur châtaigne de la *Biblia Hebraica Stuttgartensia* – achetée il y a longtemps dans une librairie milanaise – et qu'il «effleure la poussière des pages avec [s]es cils». Le psaume 105, au verset 39, montre que De Luca a l'œil affûté. Il parle des Israélites dans le désert, où Dieu (selon les mots vagues des autres traducteurs) «étendit une nuée pour les protéger». Mais ce n'est que dans le suave italien de De Luca que les mots brillent: «*stese una nuvola come tappeto*» («étendit un nuage comme un tapis»).

«Il faut franchir les petits ruisseaux d'opinion et remonter à la source où s'abreuvaient les auteurs des Évangiles… les mots hébreux eux-mêmes.» Cette phrase pourrait être de De Luca (ces dernières années, il a également porté son attention sur le Nouveau Testament). Pourtant, elle est de saint Jérôme, et a été écrite il y a plus de seize siècles dans une longue lettre en latin sur l'origine de *hosanna*. Jérôme, alors jeune prêtre romain de formation classique, était en train de travailler à sa traduction de la Bible, la «Vulgate», et se demandait déjà comment devaient parler Matthieu, Marc, Luc et Jean en latin.

Les Évangiles furent rédigés en grec. De même, la «Septante», la traduction de l'Ancien Testament achevée deux siècles avant l'ère chrétienne, se fit en grec. L'hébreu avait depuis longtemps reflué dans les synagogues (un mot grec du Nouveau Testament pour *beth k'neset*, «lieu de rassemblement»). Au IVe siècle de l'ère chrétienne, le grec, supplanté par le latin, était devenu pour de nombreux chrétiens aussi incompréhensible que l'hébreu. Une bonne traduction latine de la Bible devenait nécessaire. Les premières tentatives, à partir de la Septante, se révélèrent fort mauvaises. Et il fallut attendre Jérôme, un érudit qui connaissait le grec, l'hébreu et le latin, pour y parvenir. «Pourquoi ne pas revenir à l'original […], corriger les erreurs introduites par les traducteurs, les altérations erronées de critiques aussi confiants qu'ignorants, sans compter tout ce qui a été inséré ou modifié par des copistes plus endormis qu'éveillés ? » écrivait-il dans la préface de sa traduction des Évangiles, en 383. Quelques années plus tard, vers 391, dans la caverne de Bethléem où il s'était installé, il commença à traduire les nombreux livres de l'Ancien Testament *iuxta Hebraeos* (selon les Hébreux) à la lueur de la bougie. *Bereshit bara Elohim et hashamayim ve'et ha'aretz. In principio creavit Deus caelum et terram.* Au commencement, Dieu créa le ciel et la terre.

De Luca apprit l'hébreu alors qu'il se trouvait « dans le désert de [s]a vie » ; Jérôme l'apprit en vivant dans le désert. Ce désert se trouvait à l'est d'Antioche. C'est pendant son temps d'ascèse, alors qu'il avait vingt ans et luttait pour « résister à l'appel du péché » et dompter une « nature ardente », que le jeune moine décida de se distraire en apprenant la langue auprès d'un juif chrétien. « Ainsi, après avoir étudié le style pointu de Quintilien, l'aisance de Cicéron, la lourdeur de Fronton, la douceur de Pline, j'entrepris d'apprendre à nouveau l'alphabet et de pratiquer des sons durs, gutturaux. Que d'efforts j'employai à cette tâche, que de difficultés je dus affronter, que de fois je désespérai, abandonnai puis, dans mon désir d'apprendre, recommençai », se souvint-il plus tard. Grâce à sa persévérance et aux encouragements de son professeur, Jérôme atteignit un tel niveau qu'il parvenait à trouver une certaine élégance dans la concision et dans la polysémie des mots hébraïques. Il pouvait par exemple savourer le jeu de mots dans Jérémie 1, 11-12, où Dieu demande à Jérémie : « Que vois-tu ? » Le prophète répond : « Je vois une branche d'amandier *(shaqed)*. » Dieu dit alors : « Tu as bien vu, car je veille *(shoqed)* sur ma parole pour l'exécuter. » Quelques pages plus loin, il pouvait sourire en lisant dans Jérémie 6, 2-4 que des *roim* (bergers) se précipiteront vers Sion, car la ville vient d'être comparée à une femme attirante et que les mêmes lettres hébraïques sont utilisées dans *reim* (amants). Il utilisa sa connaissance de la langue, qu'il compara au grec et au latin, pour inventer des arguments originaux et théologiquement intéressants : *ruah* (l'hébreu pour « souffle », « vent » ou « esprit ») est féminin, remarquait-il ; son équivalent grec, *pneuma*, est neutre ; en latin, *spiritus* est un nom masculin. Donc le Saint-Esprit n'a pas de genre.

Par son grand respect pour l'hébreu, Jérôme diffère de nombre de ses contemporains, y compris de saint Augustin, qui jugeait que traduire la Bible de cette manière revenait à gâcher le temps et l'intelligence d'un érudit chrétien. Il suffisait selon lui de traduire en latin les livres de l'Ancien Testament à partir de la version grecque de la Septante, considérée comme d'inspiration divine. Dieu avait d'abord parlé en hébreu ; puis il avait pris la peine de se répéter en grec. Pour le lecteur grec, l'Ancien Testament n'avait pas de secret. Jérôme n'était pas de cet avis. Il y avait la question des erreurs. Travailler à partir de la Septante revenait à traduire une traduction, une entreprise risquée. Avant lui, s'en tenant à la Septante, un scribe latin avait traduit Psaume 128, 2 par « *labores fructuum tuorum manducabi* », une phrase ambiguë dont la signification devint un objet de disputes : fallait-il la comprendre comme « les fruits du travail » ou « le travail des fruits » ? Jérôme ne pouvait que secouer la tête de dépit. Une simple erreur : le scribe n'avait pas réalisé que le grec *karpoi* signifie « fruits », mais aussi « mains » (littéralement, « poignets »). Le texte original en hébreu dit en réalité : « Tu jouis alors du travail de tes mains. »

Jérôme et Augustin correspondaient. Chacun tentait de convaincre l'autre des bienfaits respectifs de la traduction de l'hébreu et du grec. Mais les deux hommes étaient têtus, leurs arguments bien fourbis. Rien n'apaisait les doutes d'Augustin. Visant à ébranler la résolution de son correspondant, il lui transmit le rapport alarmant d'un évêque nord-africain. À en croire Augustin, le prélat aurait lu à voix haute la traduction de Jonas par Jérôme, déclenchant une émeute dans l'église. Dieu donna à Jonas des feuilles d'*hedera* («lierre») pour parasol, avait lu l'évêque. Tandis qu'il parlait, il entendit soudain un brouhaha, des voix en colère. Du lierre ? Comment ça, du lierre ? Les fresques montraient Jonas étendu à l'ombre d'une calebasse. La calebasse était la plante nommée par la Septante. (Les érudits modernes identifient le ricin comme le candidat le plus probable pour l'hébreu *kikayon*.) «Une calebasse ! Une calebasse !», criaient les fidèles à l'unisson. L'évêque fut réduit au silence. Il cessa la lecture, de peur de perdre le contrôle de ses paroissiens.

Mais Jérôme n'en démordait pas. Sa Bible finit par remplacer ses rivales. Pendant les mille années suivantes, c'est à sa Vulgate que les ecclésiastiques du monde entier se référèrent.

Au début du XVIe siècle, en Allemagne, l'un de ces ecclésiastiques était le robuste Martin Luther à la langue acérée. Luther admirait Jérôme, un érudit comme il les aimait. Il résolut de faire pour les Saxons ce que Jérôme avait fait pour les moines qui lisaient le latin. Il étudia la Septante en grec, la Vulgate en latin ; il se référa à l'Ancien Testament en hébreu. Il trouva la traduction de l'hébreu particulièrement ardue. «Mon Dieu ! Quelle tâche ingrate et immense que de forcer les auteurs de l'Ancien Testament à parler allemand », se plaignait-il dans une lettre à un ami. « Ils résistent, refusent d'abandonner leur élégant hébreu pour un allemand rugueux, comme si on demandait à un rossignol d'abandonner sa douce mélodie pour le chant du coucou. » Ailleurs, il comparait le traducteur à un laboureur qui aplanit ses lignes jusqu'à ce qu'un lecteur puisse passer l'œil sur trois ou quatre pages sans jamais imaginer qu'elles ont un jour été parsemées de bosses et de pierres.

Les bosses et les pierres étaient les mots ou les tournures de phrases qui pouvaient entraver la compréhension du lecteur allemand ordinaire. Plus que Jérôme ou n'importe quel autre traducteur de la Bible avant lui, Luther pensait à son lecteur : il voulait que son œuvre fût lue et comprise par l'homme et la femme de la rue. Ainsi, les shekels et les denarii, ces drôles de devises, devinrent des *Silberlinge* (littéralement, des « pièces d'argent ») et des *Groschens* (« petite monnaie ») ; « centurion » devint *Hauptmann* (littéralement, « capitaine »). Quand, dans sa Première Épître aux Corinthiens, Paul met en garde ceux qui parlent en langues, au motif qu'ils risquent de paraître « barbares » à leur auditoire, Luther préfère lui faire dire *undeutsch* (« non allemand »).

Si Luther avait en partie l'intention de rendre accessible la Bible à la *Hausfrau* et au marchand de *Bratwurst*, il souhaitait aussi se débarrasser de la teinte papiste que Jérôme et d'autres avaient donnée à certains mots. Selon Luther, l'ange Gabriel saluant Marie *(Ave Maria)* comme *plena gratiae* (pleine de grâce) dans Luc 1, 28 avait été mal traduit. Gabriel aurait salué la jeune femme en hébreu par les mêmes mots chaleureux qu'il avait adressés au prophète Daniel : « *ish chamudoth* » (« cher homme »). Luther traduisit ainsi la salutation à Marie : « *Gegrüsset sei du, Holdselige* »

(« Salutations à toi, chère et heureuse »). Pas la moindre trace de grâce. Hérésie ! Mais la presse de l'imprimeur ignorait l'hérésie. Une génération après la mort de Luther, en 1546, cent mille exemplaires de sa Bible étaient lus, annotés et discutés.

La Bible est le livre le plus lu au monde – et le plus traduit. Selon les Wycliffe Bible Translators (nommés d'après le traducteur de la Bible du XIVe siècle John Wycliffe), le texte complet est actuellement disponible dans 554 langues ; le seul Nouveau Testament est accessible dans 1 333. Près de deux mille traductions différentes, pourtant elles ne représentent qu'une fraction des langues du monde : quatre à cinq mille ne possèdent pas encore d'alphabet, ni d'orthographe. Ainsi, chaque mois, Wycliffe envoie des linguistes missionnaires dans les coins les plus reculés du globe. Suivant leur foi, des hommes et des femmes échangent leur confort et leur jeunesse pour une hutte dans un village, au fin fond de la forêt tropicale, où ils écoutent, répètent, écrivent et enseignent.

On m'a communiqué le nom et l'adresse e-mail d'un missionnaire que je pouvais contacter à son retour. En cherchant le nom d'Andy Minch sur Internet, je trouvai une vidéo d'un homme d'une cinquantaine d'années, mince, chauve, la voix douce. Au milieu des années 1980, Andy et sa femme Audrey avaient quitté l'Illinois pour la province éloignée du Sepik occidental, en Papouasie-Nouvelle-Guinée, où ils avaient passé vingt années épuisantes à traduire la Bible dans la langue amanab. Les Minch avaient vécu comme les quatre mille villageois, ils avaient plongé dans les rivières, soigné leur dengue avec des bananes et de la viande d'opossum et élevé leurs trois enfants.

La foi d'Andy remonte à plusieurs générations. Avant d'américaniser son nom de famille, son arrière-grand-père prussien s'appelait Muench («moine»). Ses parents invitaient souvent des missionnaires à dîner. Enfant, dans la morne ville de Chicago, Andy avait été envoûté par les frondaisons australiennes et les Aborigènes que lui avait décrits un soir un visiteur aux cheveux blancs. Le souvenir des aventures du vieil homme lui était resté et, après qu'il eut envisagé la carrière de magicien et celle de serrurier, puis décroché son diplôme du Moody Bible Institute et épousé Audrey, ce souvenir devint de plus en plus insistant. Une sorte de vocation. «C'est à l'automne 1982 que ma femme, infirmière, et moi, enseignant, nous sommes regardés un beau jour et nous sommes demandé: "Ne pourrions-nous pas faire davantage de nos vies?"»

Wycliffe leur assura une formation en linguistique. Malgré cela, aucun des deux n'était préparé – comment auraient-ils pu l'être? – à leur nouvelle vie dans la jungle. Cinquante ans plus tôt, les Amanab n'avaient jamais vu ni une roue ni un glaçon; ils utilisaient des haches de pierre et bâtissaient leurs maisons avec des lianes et des broussailles, sans clous. «Nous sommes arrivés avant l'introduction des miroirs», m'indique Andy.

«Au début, j'ai pris des photos de mes amis du village devant leurs maisons. Ainsi, je pouvais apprendre leurs noms et où ils habitaient. Un ami, Nimai, m'aidait à identifier les gens. Je lui montrai une photo, et, après avoir examiné cette représentation en deux dimensions, il me dit: "C'est Somangi." Je lui en montrai une autre. "C'est Wahlai." Je lui en montrai encore une, mais il ne pouvait pas reconnaître la personne qui apparaissait dessus. À la fin, je lui dis: "C'est toi." "Ah, je me demandais pourquoi il portait ma chemise", rit-il.»

Comment Audrey et lui avaient-ils appris la langue des villageois ? Il n'existait pas de livres de grammaire, pas de cours.

« Nous avons commencé par désigner des choses, par exemple une pierre. Quelqu'un disait *foon*, le mot pour "pierre", et je notais dans un alphabet phonétique. J'indiquais un arbre, et quelqu'un disait *li*. J'indiquais une toile d'araignée, et ils disaient *ambwamuhlaunalala*, alors je retournais vers une pierre et disais faiblement *foon*. Voilà le début de notre analyse de la langue. Sans connaître ni la langue ni la culture, nous étions aussi dépourvus que des bébés. Les gens se sont montrés vraiment gentils et gracieux, ils ont pris soin de nous pendant qu'on vivait parmi eux et qu'on apprenait leur vision du monde et leur sagesse. »

La langue amanab ne ressemble à aucune de celles que les Minch auraient entendues ou étudiées aux États-Unis. La distinction entre la verticalité et l'horizontalité y est essentielle. Pour dire correctement « Le livre est dans la maison » en amanab, il faut se rappeler si le livre est posé à plat au sol ou sur une table, ou debout sur une étagère. Dans le premier cas, on dit « *buk rara gi* » (littéralement, « livre maison est ») ; dans le deuxième cas, on dit « *buk rara go* ». De même, on ne peut pas dire « Mets ça là », il faut dire quelque chose comme « Mets ça là horizontalement » (« *wanayi faka* ») ou « mets ça là verticalement » (« *wanayi foful* »).

En amanab, il faut être précis quand on parle du passé. Pour dire à quelqu'un que vous avez déjà bu du *bu* (de l'eau), vous devez préciser soit que vous vous êtes désaltéré récemment (auquel cas la phrase correcte est « *ka bu neg* »), soit que cela s'est produit il y a un certain temps (auquel cas on dit « *ka bu nena* »). Il existe donc deux passés dans l'imaginaire amanab : le passé proche et le passé éloigné.

Andy et Audrey découvrirent que les villageois comptaient les jours avec leur corps. Leur traduction de la Genèse dit que le Créateur sépara la lumière – le jour – des ténèbres – la nuit – le «jour de l'auriculaire gauche» (le premier). Il créa l'Homme à son image le «jour du poignet gauche» (le sixième). Le lendemain, le «jour du coude gauche», satisfait de son œuvre, Dieu observa un repos mérité.

Penei, un jeune converti, avait aidé les Minch dans leur traduction. L'histoire de Joseph (Genèse 43), dont les frères apportaient en Égypte du miel en guise de cadeau, le laissa perplexe. Le seul miel sauvage que connaissaient les Amanab n'était pas sucré, explique Andy. (Ce miel sans sucre et l'absence de vaches et de chèvres dans les villages expliquent pourquoi, en amanab, la fameuse «terre de lait et de miel» de l'Exode se dit «un endroit luxuriant et productif».) Quand, quelques versets plus loin, le ministre du pharaon révèle qu'il est Joseph – «Je suis Joseph, votre frère, que vous avez vendu pour être mené en Égypte» –, il faut prendre en compte une autre distinction en amanab. Il n'existe pas de mot unique pour «frère» dans cette langue. Les Minch et Penei ont opté pour *sumieg*, qui signifie «petit frère». «Je suis votre petit frère» («*kaba negerni sumieg*»), voilà ce que dit Joseph en amanab.

Au fil des ans, de plus en plus de villageois observèrent et apprirent à lire et à écrire: tenir un crayon, déchiffrer les gribouillis des missionnaires – de vraies pattes de scarabée sur les pages – et les transcrire en sons par les mouvements correspondants de la langue et des lèvres. Un deuxième Amanab, puis un troisième rejoignirent Penei et allégèrent la tâche de traduction des Minch. Leurs enfants, qui parlaient parfaitement l'amanab avec les garçons et les filles des villageois, les aidèrent également à affiner leur compréhension.

Andy: «Je luttais depuis des mois pour comprendre le sens et l'usage d'un petit mot – *me*. Un jour, j'ai entendu mon fils de cinq ans l'employer alors qu'il jouait devant la maison. Je me suis précipité pour lui demander ce qu'il venait de dire. Il m'a immédiatement répondu: "Je n'ai rien fait, ce n'est pas ma faute!" "Non, non, tu viens de dire une phrase avec *me*." Il acquiesça. Je lui demandai: "Qu'est-ce que ça veut dire?" Mon fils réfléchit un moment et répondit: "Je ne sais pas. Parfois on l'utilise, parfois non."»

Les mots de l'enfant aiguillèrent son père dans une nouvelle direction, qui le mena à la solution.

«Il se trouve que *me* est une forme de politesse, qui adoucit un ordre comme "s'il te plaît". On peut dire "Ferme la porte" ou "Ferme la porte, s'il te plaît". Parfois on l'utilise, parfois non.»

Il arrivait qu'un passage biblique contienne un mot qui n'avait aucun sens pour les villageois. Les Minch et leurs assistants trouvaient alors un substitut. C'est le cas d'un passage dans Luc 9, 62, où Jésus met en garde: «Quiconque met la main à la charrue, et regarde en arrière, n'est pas propre au royaume de Dieu.» «Charrue» était un mot écrit pour les Grecs et les Hébreux. Les Amanab, un peuple de la jungle, n'avaient jamais semé de graines. La traduction butait. Andy et Audrey proposèrent plusieurs idées à Penei, sans succès. Ils finirent par abandonner totalement la comparaison avec le travail de la terre pour s'appuyer sur la vie de chasseurs qu'ils avaient appris à connaître. Ils transformèrent donc la charrue de Luc en flèches. Le verset donna: «Quiconque décoche une flèche, et regarde en arrière, n'est pas propre au royaume de Dieu.»

Je demandai à Andy si sa traduction d'un verset en amanab avait modifié sa manière de le percevoir. Je voulais savoir si l'expérience de mettre les mots d'un autre peuple sur la Bible lui avait donné un nouveau regard sur sa foi. C'était le cas. Andy prend l'exemple d'un passage dans Jean 21 où Jésus ressuscité interroge Pierre. En français, la même question est posée trois fois : « M'aimes-tu ? » Mais dans l'original grec, m'apprend Andy, Jean emploie deux mots pour « aimer ». Certains érudits affirment que les deux – *agape* et *phileo* – sont synonymes, mais Andy ne l'a pas lu ainsi en traduisant le passage en amanab. Il pense qu'*agape* est ici plus fort et signifie « amour inconditionnel » ; *phileo* serait plus faible, plus vague, comme « avoir de l'affection pour ». Ainsi, quand Jésus demande à plusieurs reprises si Pierre l'aime (*agape*) et que Pierre répond « Tu sais que je t'aime (*phileo*) », la disparité entre les mots des deux hommes pousse Jésus à demander, comme par résignation : « M'aimes (*phileo*) -tu [seulement] ? » « As-tu seulement de l'affection pour moi ? »

Andy : « En amanab, *membeg* signifie "avoir de l'affection pour". C'est le terme habituel pour exprimer l'amour. Mais il en existe un autre, *oningig lugwa*, qui est plus dynamique. Il signifie "porter sans cesse ses pensées sur", comme quand on dit "Je suis vraiment accro à elle." » D'après Andy, Jésus disait à Pierre que l'affection ne suffisait pas ; il demandait au croyant de « porter sans cesse ses pensées sur Jésus ». Le terme en amanab – si vif, si imagé – clarifiait ce message. Grâce à ce mot, Andy voyait sa foi sous un nouveau jour.

Cinq siècles plus tôt, Luther écrivait : « Nous ne préserverons pas longtemps l'Évangile sans les langues. Les langues sont le fourreau qui contient l'épée de l'Esprit. Elles sont l'écrin où nous gardons ce joyau. Elles sont le tonneau où nous gardons ce vin. Elles sont le cellier où nous conservons cette nourriture. Comme le dit l'Évangile lui-même, elles sont les paniers où nous portons ces pains, ces poissons et ces restes. »

14

Une grammaire du téléphone

L'après-midi du 4 avril 1877, Caroline Cole Williams faisait les cent pas dans son salon à Somerville, dans le Massachusetts, attendant qu'une petite boîte noire en noyer se mette à parler. Le matin même, son mari, Charles, avait posé l'objet sur une étagère basse. Il travaillait à Boston, à cinq kilomètres de la maison, en tant que télégraphiste. Il avait tendu un câble entre sa boutique et sa maison. Caroline ne connaissait rien aux câbles, aux batteries galvaniques, aux rhéostats, aux résistances, aux aimants et au vitriol bleu. À ses yeux, cette boîte ressemblait à un coffret à bijoux. Toujours trop affairé, Charles n'avait pas songé à lui donner la moindre explication ; il lui avait simplement dit d'attendre un signal et de répondre quand la boîte donnerait signe de vie. Des heures s'étaient écoulées et Caroline, fixant la pendule, était naturellement impatiente. Peut-être s'agissait-il d'une plaisanterie, cette histoire de télégraphe qui parle. Elle allait abandonner quand un tapotement lui fit tendre l'oreille. « Caroline ? » dit soudain la boîte, assez distinctement. « Caroline, tu m'entends ? »

Le papier – économique, flexible, léger – avait été l'émissaire de la voix pendant des siècles. Les lettres constituaient la meilleure alternative à la rencontre avec des amis ou avec des parents. On peut aisément imaginer combien cette femme fut stupéfaite d'entendre, non de lire, les mots de son mari absent, de reconnaître sa voix sans l'intermédiaire du papier ni d'une tierce personne, et de comprendre ce qu'il disait à une distance de cinq kilomètres. La voix dans la boîte était faible, mais c'était indubitablement celle de Charles. Elle l'avait entendue des milliers de fois, comme un cri depuis une pièce éloignée de la maison, ou derrière elle, comme un murmure tendre à son oreille. Mais jamais elle ne l'avait perçue ainsi, ni proche ni lointaine, affirmative mais incertaine, comme si elle tâtonnait le long de la ligne.

« Charles, s'écria-t-elle. Je t'entends. Tu m'entends ? » Il l'entendait. De même qu'une connaissance de Charles, qui était venue lui rendre visite dans sa boutique, l'inventeur de l'appareil – Alexander Graham Bell.

Les journaux parlèrent bientôt de l'invention de Bell. *Télégraphie orale* annonçait un titre du *Times* de Londres daté du 19 septembre 1877. « La seule difficulté qui se présente ici, faisait remarquer l'article, est de savoir si l'on peut faire émettre au Téléphone un signal préliminaire avant de "parler"… Car nous ne sommes pas assez avancés pour accepter la suggestion d'un enthousiaste de nous promener avec un casque téléphonique sur la tête, prêt à fonctionner à tout moment. » Deux mois plus tard, un long éditorial faisait remarquer qu'« un grand changement est intervenu dans la condition de l'humanité. Soudain, tous les hommes se trouvent à portée de voix». L'auteur poursuivait: «À New York, 500 foyers discutent déjà les uns avec les autres; 3 000 Téléphones sont utilisés aux États-Unis.» Si le téléphone n'avait pas encore pris en Grande-Bretagne, c'était à cause de «cette prononciation indistincte, cet effacement des consonnes importantes et cet abaissement de la voix à la fin des phrases que tous les étrangers observent chez nous. Le Téléphone se révélera un test sévère pour nos capacités à parler et à écouter».

Le Téléphone: tellement nouveau, exotique et extraordinaire que le mot était imprimé avec un T majuscule. Les premiers appelants suivaient les conseils de la presse pour parler dans leurs appareils. Un article du *New York Times* publié en novembre 1882 conseillait à ses lecteurs de ne pas crier «à pleins poumons» quand ils répondaient à un appel. Pas besoin non plus de fermer les yeux. Entre la bouche et le combiné, poursuivait l'article, il fallait laisser un espace de sept à vingt centimètres, pas davantage.

La langue aussi devait s'adapter à cette nouvelle technologie. Quelle était la réponse adéquate à la sonnerie? Commencer la conversation par quelque chose comme «Bonjour, monsieur» ou «Bonsoir, madame» ouvrait la porte aux problèmes: le matin à Boston, c'est l'après-midi à Londres, et on ignorait avant de débuter la conversation si l'appelant était un homme ou une femme. Il fallait des mots plus courts, plus neutres. Bell, un marin, pensait qu'il fallait toujours répondre par «*ahoy*», une salutation navale; ce ne fut pas l'une de ses meilleures idées. Son rival, Edison, proposa l'alternative «*hello*». La nouveauté du mot, plus récent que *ahoy* (sa première attestation comme salutation ne remontait qu'à vingt ans), correspondait bien à celle de la technologie. *Hello* évoquait également l'étonnement de celui qui est surpris par l'appel, comme si la voix s'était approchée à pas de velours pour soudain faire irruption dans l'appareil. Peut-être était-ce pour cette raison que le mot choisi par Edison collait à l'expérience du téléphone. Mais peut-être *hello* triomphait-il car il était à la fois récent et ancien. Le mot avait des racines profondes : il dérivait de *hallow*, un mot du XIVe siècle – encourager des chiens par des cris –, qui a donné *holler* (hurler). En remontant encore plus loin, les sons de *hail* servaient à saluer l'invisible présence de Dieu.

« *Hello* » se répandit comme une traînée de poudre dans tous les États-Unis et au-delà, dans tous les recoins du monde. À la fin du siècle, les seuls États-Unis comptaient plus d'un million d'appareils. Des millions de « *hello* », dans toutes les langues : « allô », « *Hallo* », « *allo* », « *halo* ». Ces câbles parallèles et ces nouveaux mots firent émerger les débuts d'une grammaire du téléphone.

Pourtant, pendant longtemps, cette grammaire – l'anglais téléphonique – ne fut ni remarquée, ni enseignée. Il existait peu de descriptions ou de guides dans des manuels. À en croire les livres, personne n'appelait jamais personne. Le *Second Book in English for Foreigners in Evening Classes* de Frederick Houghton, publié en 1917, faisait exception :

> Mrs Smith : Opérateur, passez-moi Nord 3-5-8-9 s'il vous plaît. Je suis bien à Nord 3-5-8-9 ? Puis-je parler à Mr Miller ?
>
> Mr Miller : Ici Mr Miller. Que désirez-vous ?
>
> Mrs Smith : Ici Mrs Smith, de Flag Street. Ma fille souffre de diphtérie et l'inspecteur du Département de la Santé vient de nous placer en quarantaine. Pouvez-vous

m'envoyer aujourd'hui trois pains, une livre de beurre, un litre de lait et une boîte de maïs ?

Il faudra encore attendre cinquante ans pour que les linguistes commencent à prêter attention à la manière dont la langue parlée fonctionne réellement.

Wayne A. Beach, professeur à l'école de communication de l'université de San Diego, est une autorité mondiale en matière d'appels téléphoniques. Il a passé des années à étudier les tenants et les aboutissants des conversations à distance, du langage-en-action : appels d'urgence, appels d'amour, appels de harcèlement, appels de bavardage. J'ai voulu en savoir davantage sur ses recherches. En réponse à mon e-mail, il m'envoya son numéro de portable, puis son numéro de ligne fixe, que je composai à l'heure où nous avions convenu de nous parler. J'attendis. Je comptai les sonneries que j'émettais depuis Paris. Cinq. Six. Sept. Huit. Neuf. Finalement, une voix d'enfant sur le répondeur m'informa que la famille était absente et que je pouvais laisser un message après le bip. Je ne le fis pas. Je reposai le combiné sur sa base, attendis plusieurs minutes et composai à nouveau le numéro. Je tombai encore sur le répondeur. Peut-être le professeur était-il sorti. Ou sous la douche. À moins qu'il n'ait complètement oublié que je devais l'appeler. Il n'en fallut pas plus pour me faire râler. Ah, le téléphone ! J'appelle très rarement et ne possède pas de portable. Ainsi, quand, d'une main précautionneuse, j'appelai pour la troisième fois et que la sonnerie fut interrompue par un « *Hello?* » masculin, je poussai un soupir de soulagement. Le professeur s'excusa : il venait de se lever, c'était l'heure du petit déjeuner chez lui. « Je ne me rappelle pas la dernière fois que j'ai eu une conversation sur ce téléphone, dit-il. Je préfère les portables. Ici, les politiciens ont nos numéros de fixe ; nous recevons beaucoup d'appels en période électorale. Je ne décroche pratiquement jamais. J'écoute mes messages sur le répondeur, je les efface, et je rappelle la personne sur son portable. Le portable est réservé aux appels courants ; la ligne fixe sert uniquement en cas d'urgence. »

Je l'interrogeai sur ses recherches, dans lesquelles il disséquait les conversations téléphoniques. Qu'est-ce qui l'avait attiré vers le téléphone en particulier ? « J'ai grandi à la campagne dans l'Iowa, dans un village de quatre cents habitants. Après la Deuxième Guerre mondiale, mon père a travaillé pour la compagnie téléphonique locale. Il montait aux poteaux, et dans la hiérarchie : il a fini directeur du bureau régional. L'aspect technologique des choses m'a toujours fasciné. Je me rappelle les vieux téléphones noirs à cadran, et les affreux combinés roses, marron et verts. Celui de mes parents était fixé au mur dans la cuisine. À l'époque, la longueur du fil dictait le rayon de nos conversations : ma mère parlait en faisant la cuisine et la vaisselle. »

D'après le professeur, parler au téléphone était « la forme de conversation la plus pure » – c'est ce qui la rendait si fascinante pour lui et ses collègues dans le domaine du langage et de la communication. « Vous n'avez que votre voix, sa prosodie, son accent, ses intonations. C'est la voix qui fait tout le travail. Par exemple, si nous buvions un café ou un verre de vin ensemble, la discussion serait différente. La voix serait accompagnée par nos regards, nos gestes et nos expressions faciales. Mais le téléphone élimine le langage corporel, tous ces accessoires. C'est l'élévation de la parole. »

L'analyse conversationnelle (AC), la spécialité du professeur Beach, a débuté dans les années 1960 en réponse à l'approche abstraite du langage de Chomsky. D'après ce dernier, «il ne servait à rien de vouloir étudier les caractéristiques de la conversation naturelle. Inutile parce que la parole était considérée comme aléatoire, chaotique, *dégénérative* – remplie d'erreurs, de lapsus, de jeux de mots imprévus. En tant que linguistes, nous étions censés théoriser des phrases, assis dans notre fauteuil. Tout dans la tête, rien dans les jambes. Aucune écoute, aucun enregistrement de locuteurs, aucune confrontation de nos théories avec la manière dont les gens parlaient réellement».

Apparurent alors Harvey Sacks et Emanuel Schegloff. «Ce sont eux qui ont dit: "Il y a de l'ordre à tous les niveaux, rien dans la parole naturelle ne tient de la coïncidence."» Les mots n'étaient pas de simples abstractions, c'étaient des «objets langagiers», des choses que les locuteurs utilisaient dans un but précis pour créer et façonner toutes sortes d'activités sociales. L'illumination était venue à Sacks lors d'un passage dans un centre d'assistance téléphonique. «Il était bénévole, il écoutait des gens en difficulté – certains ne parlaient pas beaucoup, mais d'autres lui parlaient à cœur ouvert. On enregistrait tous les appels. Un jour, il demanda à son responsable l'autorisation de les transcrire mot à mot. Des centaines de conversations. Il passa des semaines, des mois à les écouter, à prendre des notes, à les analyser.» Il découvrit des récurrences, des règles. L'une de ces règles, élémentaire, était que celui qui répond parle toujours le premier. Une autre était que certains mots ou unités de langage tels que «*Hello*» et «*How are you?*» («Comment allez-vous?») fonctionnent par paires, ce qui donne du rythme à la conversation: «Comment allez-vous?

— Bien, merci. Et vous ?» Dans leurs études respectives, Sacks et Schegloff ont démontré que les ouvertures des conversations téléphoniques sont extrêmement nettes et prévisibles. Cette netteté et cette prédictibilité des enregistrements étudiés ne se conformaient pas du tout à l'idée de Chomsky selon laquelle les mots se bousculaient. Une conversation téléphonique débute par une sonnerie et un «allô», immédiatement suivis par des mots dont le but est de mettre un visage sur une voix: «Allô, John ? — Ouais. — C'est Denise.» Les salutations ne viennent qu'après. «Salut. — Salut, comment ça va ?» Après ces salutations, la raison de l'appel: «Je me demandais si tu avais envie d'aller au cinéma.»

Des ouvertures différentes produisent des types de conversation différents, remarquait Sacks. Le plus souvent, un «*hello*» en appelle un autre. Mais si celui qui reçoit l'appel ouvre la discussion par quelque chose comme: «Ici Mr Smith, comment puis-je vous aider ?», cela appelle une réponse du genre: «Bonjour, ici Mr Brown.» C'est une manière d'obtenir le nom de l'appelant en peu de mots.

Il est apparu que de nombreuses conversations s'appuient sur des questions – ou sur des unités de parole ressemblant à des questions. Souvent, la question tient lieu de signal, une anticipation sur autre chose: «Qu'est-ce que tu fais ce soir ?» est une invitation déguisée sous forme de question; le «Tu sais quoi, maman ?» d'un enfant est une manière d'obliger un parent à écouter un monologue.

D'après Sacks et Schegloff, la conversation se réduit à un exercice de coopération; chaque fois qu'une plaisanterie ratée, une référence obscure ou une remarque ambiguë menacent de créer une incompréhension, aux deux bouts de la ligne, les deux voix reviennent en arrière et aplanissent le défaut avant de poursuivre. C'est cette collaboration instinctive – la capacité de la parole à se rectifier –, même entre étrangers, même à une grande distance, que n'avait pas vue Chomsky depuis son fauteuil.

« Sacks est mort jeune dans un accident de voiture, me dit le professeur Beach, mais ses idées ont survécu. On les utilise encore aujourd'hui, par exemple en droit ou en psychologie. De nombreux linguistes ont décidé de devenir analystes conversationnels. » Mais quand le professeur et son collègue et ami Robert Hopper ont débuté dans ce domaine, c'était une nouveauté. « Nous avions tous deux un doctorat en communication, mais nous tâtonnions pas mal. J'ai puisé certaines de mes idées dans la sociologie ; Robert s'est rendu en Angleterre pour y rencontrer des analystes de la conversation. Nous voulions sortir du moule de Chomsky, nous concentrer sur les gens, étudier la manière dont les conversations sont produites en commun d'un instant à l'autre par leurs participants, puisqu'elles ne peuvent avoir lieu individuellement. Mais comment y arriver ? Personne dans la discipline ne pouvait nous apprendre à faire ça, nous n'avions pas de mentor. Cela exigeait tellement de temps, tellement d'argent. Nous devions nous débrouiller seuls.

« Nous enseignions dans des universités américaines, et Robert a demandé à ses étudiants – à l'époque où ce genre de chose était encore possible – d'enregistrer leurs conversations téléphoniques. Comme une sorte d'exercice qu'il leur donnait. Bien sûr, les enregistrements restaient anonymes. Robert ne les transcrivait qu'un an plus tard, quand les informations qu'ils contenaient n'étaient plus d'actualité. » En incitant ainsi ses étudiants à donner leurs conversations, il amassa de nombreuses données, qu'il transcrivit, notant chaque «mmm» et chaque «euh euh», bâtissant sa propre banque de conversations. Le professeur Beach fit la même chose avec sa famille, ses amis et ses collègues. Mais ce fut Hopper qui publia les résultats dans un livre, *Telephone Conversation*, paru en 1992.

«L'injonction du téléphone [la sonnerie] nous rend vulnérables à une forme d'intrusion parlée, écrit Hopper. Commencer toute conversation téléphonique par une injonction revient à orienter l'écologie de la conversation vers un but et rend le dialogue asymétrique en faveur de l'appelant.» Cette asymétrie nuance la vision de Sacks et Schegloff de l'appel téléphonique comme collaboration. Hopper nous rappelle que le téléphone distribue les tâches – le «travail de parole» – de manière inégale entre l'appelant et l'appelé. «L'appelant agit, le répondant doit réagir.» L'heure, le jour, mais aussi le sujet de la conversation sont tous des choix de l'appelant. Il peut être difficile de résister au sujet. Je le sais par expérience: des voix trop enthousiastes de centres d'appels que l'on écoute avec résignation; le désir inopportun d'un ami de cancaner que l'on satisfait; un journaliste radio (comment avait-il obtenu mon numéro?) qui n'accepte pas le refus. C'est le prix que la plupart d'entre nous payent pour être pauvres, affirme Hopper. Les riches ont toujours délégué quelqu'un – secrétaire, assistant personnel, réceptionniste – pour décrocher le combiné. La plupart de ces répondants professionnels sont, encore aujourd'hui, des femmes.

Telephone Conversation détaille la manière dont la parole féminine, depuis les Hello Girls embauchées pour leur «voix claire», a immédiatement été corsetée par la technologie de Bell: la voix féminine reléguée à l'industrie du service domestique. Le livre cite les recherches d'une universitaire féministe et ethnographe du téléphone, Lana Rakow.

Comme de nombreuses femmes dans tout le pays, les sujets de Rakow, originaires de petites villes du Midwest, avaient appris à téléphoner couramment, à répondre docilement. Elles appelaient le réparateur, prenaient des messages pour leur mari, se renseignaient sur la santé d'un parent éloigné. Elles adoptaient les manières vives et polies des opératrices. Elles décrochaient à toute heure, en tablier, en chemise de nuit ou en robe d'été. Elles passaient leur temps à l'entière disposition de la société.

« Robert avait raison de se montrer pessimiste quant au rôle du téléphone en tant que facteur égalitaire », dit le professeur Beach. Les voix pouvaient être tout aussi pauvres, tout aussi féminines, tout aussi noires, tout aussi étrangères qu'un visage. Les nouvelles technologies héritaient des vieux préjugés. « Aujourd'hui, les téléphones portables n'ont rien amélioré, poursuivit le professeur. Ils sonnent partout, même au pire moment, nous harcèlent pour que nous répondions. Ils deviennent addictifs. La simple présence d'un téléphone près du lit autorise l'intrusion dans le sommeil profond. C'est le chien qui promène son maître. » Je découvris que l'animosité du professeur était celle d'un père, et qu'elle était en particulier dirigée contre les excès des textos et des forums en ligne. « Mon fils a vingt et un ans, ma fille quinze. À eux deux, ils envoient et reçoivent huit mille textos par mois. Ils sont sans cesse connectés. Plus de contacts, moins d'amis. C'est dépersonnalisant, cela enlève l'intimité et l'immédiateté que seules les conversations en face-à-face et par téléphone peuvent produire. Les réseaux sociaux sont un jeu d'apparence. »

Je ne m'attendais pas à ce que ma conversation avec le professeur prenne un tournant si profond et si sombre. J'imaginais quelque chose de plus léger, de plus technique (en effet, en aparté, le professeur Beach avait évoqué la joie de transcrire les conversations téléphoniques, un savoir-faire qu'il avait développé à l'extrême au fil des années ; il affirmait pouvoir fermer les yeux à n'importe quel moment de notre conversation et visualiser nos énoncés sous forme de transcription analytique, avec pauses, crochets, astérisques, toute la ponctuation des transcripteurs). Je m'attendais à quelque chose de moins personnel. Mais comme Sacks et Schegloff avant eux, Beach et Hopper avaient axé leurs recherches sur les gens et la manière dont ils conversaient. Le professeur n'imaginait pas dissocier l'énoncé du locuteur. « Un jour, j'ai appris que Robert était mourant. On lui avait diagnostiqué un cancer. Nous nous connaissions personnellement et professionnellement depuis vingt ans. C'était dur. Pendant les derniers mois, nous avons beaucoup parlé au téléphone. Il était en colère : il avait l'impression que les médecins lui cachaient des choses. La communication avec eux s'est effondrée. Il m'a dit : "Je gère l'optimisme." » Robert Hopper est mort en 1998, à l'âge de cinquante-trois ans. « C'était incroyable. Une famille occidentale sur trois est touchée par le cancer, et je me rendais compte que nous en savions extraordinairement peu sur la manière dont les gens parlent de et dans la maladie. Il était grand temps d'en apprendre davantage. J'ai eu la chance de pouvoir faire quelque chose dans ce sens. »

Parmi la collection d'appels du professeur se trouvait une boîte à chaussures remplie de cassettes audio. Elles ressemblaient à celles qu'avait reçues son ancien collègue : une contribution aux recherches du professeur Beach de la part d'un étudiant qui demandait simplement que les noms des participants restent confidentiels. Peu après l'enterrement de Robert, le professeur écouta les cassettes et découvrit que l'étudiant s'était enregistré lui-même ainsi que ses parents et d'autres membres de sa famille, qui parlaient au téléphone du cancer de sa mère, depuis le moment du diagnostic jusqu'à quelques heures avant sa mort : soixante et une conversations en l'espace de treize mois. Il s'agissait de la première histoire naturelle de conversations familiales autour du cancer. « Il m'a fallu longtemps pour achever la transcription de ces cassettes. Leur contenu me touchait. Naturellement, je pensais à Robert. Et à ma mère. Peu avant le décès de Robert, le cancer l'avait également emportée. En écoutant les mots de mon étudiant, je me disais qu'ils auraient pu être les miens : j'avais été ce fils. »

SDCL : TUMEUR MALIGNE #2:1

Mère : Allô.
Fils : Salut ?
Mère : Salut.
Fils : Ça roule ?
(Pause de 0,2 seconde)
Mère : O:h, ça: roule = Je dois-
(Pause de 1,0 seconde)
Mère : Je crois que je suis radioactive. ↑Ha ha.
Fils : $E- uh$ Pourquoi ça.
Mère : Tu sais, quand tu fais ce scanner des o:s pour qu'ils-
Fils : Oh ils [ont déjà] fait ça ?
Mère : [Ils m'ont fait ça]. Ouais, ils te font une piqûre. Ensuite tu dois (.).hhh boire de l'eau ou du café (.) du thé, >tout ce que tu veux< (0,4) beau:coup.

Fils : Mmm hmm.
Mère : .hh E::t Je vais descendre vers dix heures et de:mie.
Fils : Mm ok.
(0,4)
Mère : Bon (.) peu importe.
Fils : Hm:m. =

La grammaire de cette transcription avait beaucoup de points communs avec celle d'autres types d'appels téléphoniques : le même « allô », la même cadence de prise de parole, la même répétition de mots et de sons. Mais le professeur avait remarqué de subtiles entorses aux règles. La proximité entre les communicants éliminait le besoin de s'identifier : le « salut » du jeune homme suffisait pour que la mère reconnaisse son fils. Une autre entorse a lieu quand le fils demande « Ça roule ? » et non « Comment ça va ? » Un objet langagier tel que « Ça roule ? » n'est pas une question. Il sert à compatir. La personne à l'autre bout du fil n'a pas besoin de répondre « Bien ». La mère ne va pas bien. Elle répète « ça roule » ; puis une longue pause. Chaque partie de cette réponse permet au fils d'entendre la gravité de la nouvelle à venir.

D'une certaine manière, la situation est simple : la mère a des nouvelles, le fils veut de ses nouvelles. Mais, évidemment, ce n'est pas si simple : les deux communicants étant proches, une mauvaise nouvelle pour la mère en est aussi une mauvaise pour le fils. Ainsi, la mère fait preuve de tact. Elle ne dit pas, comme dans un livre ou une lettre : « On m'a fait un scanner osseux », « ils m'ont fait une piqûre », « j'ai dû boire de l'eau... beaucoup. » Elle dit : « Quand tu fais ce scanner des os », « ils te font une piqûre », « tu dois boire de l'eau... beaucoup. » « Tu » est inclusif ; il met aussi une distance et adoucit le propos.

SDCL: TUMEUR MALIGNE #2:2

Mère: Bon. (0,4) C'est vrai::ment °mauv:ais°. ((la voix se brise))
(0,8)
Mère: ((éternue))
Fils: pt .hhhh j'imagine.
(0,4)
Mère: Et euh: >Je ne sais pas quoi d'autre ↑te dire.<
(1,0)
Fils: .hh hhh Ouais. (0,2) um- ((hhhh)). Ouais, je sais pas quoi dire non plus.
Mère: Non il y a rien à dire. >Tu dois juste-< .hh Je- Je vais attendre de parler au Dr Leedon aujourd'hui = c'est le spécialiste du cancer et =
Fils: = Um hmm.
Mère: Voir ce qu'il a à dire, et (0,4) continuer à aller de l'avant. Je veux dire (.) Je pourrais avoir beaucoup de chance dans cinq ans. Ça pourrait être seulement six mois.
(0,4)
Fils: Ouais.
Mère: °Qui sait.°
Fils: pt .hhh fff::.
Mère: Ouais.
Fils: .hh hhh (.) Qu'ess qu'on fait: avec ce genre de truc. Je veux dire- (.)
Mère: >Chimiothérapie par radiation.<
(1,4)
Fils: Sé:rieux?
Mère: Ouais.
(0,5)
Mère: Mon seul espoir- je veux dire- (.) mon seul choix.

Fils : Ouais.

Mère : C'est ça ou je reste à attendre que ça me tue.

(1,0)

Mère : Et c'est pas la condition humaine.

Fils : Non. (1,0) Je crois [pas.]

Mère : [Non.] (.) C'est tout ce que je peux te dire (°chéri°).

À mesure qu'il transcrivait les cassettes et analysait ces données, le professeur fut frappé par l'usage habile que la mère et le fils faisaient de la parole pour alterner l'espoir et le désespoir. « Il n'y a rien à dire », dit la mère. Mais elle poursuit le dialogue, s'appuyant sur les ressources de la conversation alternée avec son fils. « Tu dois juste... continuer à aller de l'avant... mon seul espoir... mon seul choix. »

« Je suis ressorti de ces cassettes et de cette transcription rempli d'un sentiment d'espoir, m'a confié le professeur. Voilà la leçon que j'ai apprise. » L'espoir au cœur d'une nouvelle accablante, parce qu'il y a toujours quelque chose à dire. Quelques mots simples ont le pouvoir de réconforter, de rassurer, d'inspirer. Des mots et des demi-mots tels que « Mm... ok », « pffff » ou « sérieux ? » accomplissent un travail social important. « J'aimerais que davantage de médecins, d'infirmières et de soignants comprennent cela. Les explications médicales ne suffisent pas. La conversation est extrêmement importante. Écoutez ce que disent les patients, répondez. Mais le problème, c'est comment répondre. Beaucoup de médecins ne savent pas faire. »

Une lacune que le professeur Beach tente de pallier. Quelques jours après que nous eûmes raccroché – « débranché », selon son expression –, il m'envoya une vidéo. Il avait condensé les nombreuses heures d'enregistrement téléphonique en une pièce de quatre-vingts minutes, mis les mots de la mère et du fils dans la bouche d'acteurs professionnels et obtenu un financement pour faire jouer *When Cancer Calls* devant des milliers de professionnels de la santé, de patients et leurs familles. En regardant la vidéo, il m'apparut que le professeur avait choisi le média parfait: le théâtre et le téléphone remontent à loin. Les premières démonstrations publiques de son instrument par Bell, début 1877, eurent lieu dans des music-halls. Quelques jours après avoir attendu l'irruption de la voix de son mari dans son salon, Caroline Cole Williams chanta à l'autre bout de ce fil tout neuf pour des publics enthousiastes à New York.

À en juger par la vidéo, le public du professeur se montra tout aussi enthousiaste. Les gens pleuraient, applaudissaient, gloussaient tandis que le jeune acteur, vêtu d'une chemise et d'un jean, et l'actrice plus âgée, bien en chair, avec sa robe et sa perfusion, récitaient leur texte.

Une telle complicité se comprend: le dialogue qu'ils jouaient était extraordinaire par sa banalité. Nous entendons ces mots tous les jours au café, au bureau, à la maison. Acheminés par la ligne téléphonique de chaque famille.

15

Parler humain

La présence muette des objets encourage les êtres humains à parler. Peu importe que l'échange soit naturellement unilatéral. Les enfants s'adressent sans arrêt à leurs poupées et à leurs peluches. On entend parfois des jardiniers encourager leurs tulipes à fleurir. « Bon sang, que tu es belle », marmonne un amateur de moto à sa future possession. Désormais, à notre époque hautement technologique, de plus en plus parmi nous s'adressent à leur écran d'ordinateur.

Mais, contrairement aux jouets, aux plantes et aux véhicules, les ordinateurs les plus avancés commencent à répondre. Demandez au vôtre la date de votre prochain rendez-vous chez le dentiste, l'altitude du mont Everest, le nombre de kilomètres qui séparent New York de Sacramento, et une voix électronique – si l'on peut appeler cela une voix – avec un accent indistinct vous répond. Certains règlent la voix jusqu'à ce qu'elle paraisse raisonnablement masculine ou féminine ; sensuelle ou mal lunée ;

orgueilleuse ou légère. On peut aussi faire en sorte qu'elle réponde à un certain nom.

Il y a cinquante ans, Eliza était l'un des premiers programmes à simuler la conversation humaine. Quand un utilisateur du MIT appuyait sur la touche Entrée après avoir tapé « Ravi de faire votre connaissance », le « Oh… ? » d'Eliza, qui apparaissait rapidement en grosses lettres à l'écran, était si désarmant qu'on avait l'impression qu'une femme attendant à l'autre bout de la connexion venait de l'envoyer. En l'espace de quelques mots standards, de quelques phrases toutes faites, le personnage d'un psychanalyste curieux prenait forme. À tel point que l'utilisateur ne savait pas avec certitude s'il avait affaire à un être empathique ou si c'était le fruit de son imagination.

Utilisateur : Ravi de faire votre connaissance.
Eliza : Oh… ?
Utilisateur : Je m'appelle John.
Eliza : Peu importent les noms, continuez s'il vous plaît.
Utilisateur : J'ai peur des ordinateurs.
Eliza : Je vois.
Utilisateur : Qu'est-ce que je dois faire ?
Eliza : À votre avis ?
Utilisateur : Dois-je vous faire confiance ?
Eliza : Nous parlions de vous, pas de moi.

« Le fait que des individus développent des liens émotionnels si forts avec des machines ne devrait pas être surprenant », écrit le pygmalion du programme, Joseph Weizenbaum, dans *Computer Power and Human Reason (Puissance de l'ordinateur et raison de l'homme)*, publié en 1976. « Après tout, l'instrument que l'homme utilise devient une extension de son corps.» Ce que les stylos sont pour nos mains, les vélos pour nos jambes, les ordinateurs sont en train de le devenir pour notre cerveau: un ordinateur peut se souvenir et calculer pour mille hommes. Mais un ordinateur peut-il apprendre à converser? À employer le langage humain avec esprit, sentiment et créativité? Weizenbaum lui-même restait sceptique. «Eliza constitue une première étape élémentaire. Sa contribution a simplement été de souligner ce que beaucoup d'autres avaient découvert depuis longtemps, à savoir l'importance du contexte pour la compréhension du langage.» Sans l'imagination indulgente de l'utilisateur pour étoffer le squelette des palabres du programme, aucun dialogue n'est possible. Eliza n'était guère plus qu'une machine à fabuler. Aucun des «chatbots» («agents conversationnels») de la génération suivante n'a donné à Weizenbaum la moindre raison de reconsidérer son scepticisme.

L'un des derniers dont on parle beaucoup s'appelle Evie, un bot d'apparence assez jeune avec des yeux verts qui clignent, des lèvres roses qui sourient et des cheveux bruns (les bots sont presque toujours conçus pour ressembler à des femmes). D'après ses concepteurs, Evie produit des énoncés acquis au cours des dix dernières années à partir des phrases que les gens lui écrivent. Pour cette raison, sa banque de données contenant les réponses possibles est bien plus grande que celle où pouvait puiser Eliza. Malgré cela, ma tentative de conversation avec le visage pixélisé qui s'affiche sur mon écran d'ordinateur reste parfois étrange. Une remarque que je fais sur Buster Keaton pousse Evie à me répondre que je «suis sensé». «Vraiment?» je demande. «Oui, tu es l'amour de ma vie.» Une tentative d'empathie plutôt maladroite, c'est le moins qu'on puisse dire. Je change de sujet. J'essaie les livres. Je l'interroge sur ses goûts littéraires. Est-« elle » en train de lire un roman ? À tort, Evie répond : « Vous m'avez déjà posé cette question. »

« L'apparence et la façon de parler de certains robots qui viennent du Japon sont déjà troublantes », me dit la linguiste Naomi Susan Baron au téléphone, depuis son bureau à l'American University de Washington DC. Peut-être tentait-elle de tempérer mon scepticisme quant à l'utilité des chatbots. Baron a récemment publié un article universitaire intitulé *Shall We Talk? Conversing with Humans and Robots* (« On parle ? Conversations avec des humains et des robots »), à travers lequel j'ai découvert son travail. Je lui demande d'emblée si les ordinateurs maîtriseront un jour la conversation humaine. Voici sa réponse : « C'est la question à soixante-quatre mille dollars. Je n'ai pas de réponse ferme à vous donner, mais je vais vous dire une chose. Prenez la syntaxe. Notre manière de construire des phrases à partir de mots ou d'expressions est très complexe. Pourtant, les ordinateurs aujourd'hui la maîtrisent. Ils ont franchi cet obstacle. La conversation est le prochain cap. Peut-être infranchissable, peut-être pas. »

Le professeur Baron a beaucoup réfléchi aux caractéristiques d'un authentique « parler d'ordinateur », en le comparant avec les différents types de discours que dissèquent habituellement les linguistes. Selon elle, parler avec un ordinateur pourrait bien ressembler à une discussion avec un étranger, un animal ou un enfant. « C'est comme le langage qu'on utilise pour s'adresser aux enfants. On appelait ça le *motherese*[1] jusqu'à ce qu'on s'aperçoive

1. Le *motherese*, l'équivalent du « parler bébé » en français, est construit sur le mot *mother*, « mère », d'où la remarque de la linguiste sur le fait qu'aujourd'hui les pères aussi parlent bébé.

qu'il existait aussi des pères au foyer. Ses caractéristiques sont assez similaires dans toutes les cultures et les classes sociales : le parent s'adresse à l'enfant avec une voix plus haute, il articule davantage et plus lentement. »

Étrangers, animaux, enfants : tous ont un statut inférieur. À en croire Baron, les machines pourraient ne jamais devenir nos égales dans la conversation. « Elles seront conçues pour obéir. Pour nous informer, nous distraire, ou les deux. Mais nous n'accepterons certainement pas qu'un ordinateur nous réponde. Nous ne voulons pas qu'il nous dise des choses que nous n'avons pas envie d'entendre. La conversation est une question de contrôle, de pouvoir. Par exemple, quand on élève la voix ou qu'on change de sujet. Nous ne voulons pas renoncer à ce pouvoir. »

Des ordinateurs qui rampent, nous flattent, nous encouragent. Des ordinateurs coaches de bien-être, qui exhortent leurs propriétaires à perdre des calories : « Continue comme ça ! » « Bravo, tu te débrouilles bien ! » Baron les envisage comme des éponges, qui amasseraient chacune de vos données personnelles : ils pourraient non seulement vous demander ce que vous voulez pour votre anniversaire et anticiper le moment où appeler tel ou tel de vos amis, mais aussi se souvenir – grâce à des bracelets collecteurs de données et des questionnaires – de la moindre de vos actions et vous concocter des menus en fonction de ce que vous avez mangé, quand et en quelle quantité. Vigilants et obséquieux. « Puis-je vous demander si vous avez apprécié cette marque de spaghettis que vous avez mangés mercredi, il y a trois jours ? »

« Est-ce que ça ne serait pas un peu pointilleux ? Trop semblable à un ordinateur ? »

Baron rit. Elle affirme connaître des gens qui parlent comme ça. Mais elle veut aller plus loin. Pour cela, elle me décrit les robots actuellement fabriqués au Japon pour les enfants – des jouets en forme de phoque. À Tokyo, ces phoques se vendent par milliers. Ils couinent et sont tout mignons. En d'autres termes, ils ne ressemblent que vaguement à de vrais phoques : ils ne sont pas visqueux, n'ont pas de dents acérées (pour déchiqueter et dévorer les poissons), ne sentent pas le phoque. Aucun client sain d'esprit n'achèterait un jouet qui ressemble de trop près à un phoque. Il en irait de même pour une machine qui jacasse, argumente et gaffe comme le font les êtres humains. « Vous iriez immédiatement vous faire rembourser une telle machine. Trop bavarde. Toujours hors sujet. Elle vous interrompt, comprend de travers et oublie ce qu'elle voulait dire. Votre seule envie, ce serait de l'échanger contre un nouveau modèle moins humain, plus informatique. »

Baron revient alors au point de départ de notre conversation : la génération de robots humanoïdes japonais. « Il y a un point où un humanoïde devient trop humain », dit-elle. Elle a aperçu ce point de basculement lors d'un récent voyage en Asie. « J'étais à l'aéroport. Je me suis dirigée vers une femme au guichet. Sauf que ce n'était pas une femme, mais un robot. Avec des cils, un uniforme et de bonnes manières. Très poli. Quand je me suis approchée, il m'a adressé une courbette japonaise. » Baron a réagi avec stupéfaction. « Je me suis inclinée à mon tour. Puis le robot m'a saluée. Il m'a demandé comment il pouvait m'aider. Voir ses lèvres robotiques bouger était irréel. En observant ces gestes, en entendant ces mots sortir de sa bouche, j'ai eu la chair de poule. Je n'ai pas pu m'en empêcher. » Il s'agissait d'un simple automate de cire et de câbles, déguisé de manière convaincante en hôtesse d'accueil, mais la linguiste a trouvé la rencontre troublante. Malgré cela, elle pense que les réticences que nous éprouvons aujourd'hui ne constitueront pas toujours un obstacle. Elle se rappelle l'époque, dans les années 1970, où les répondeurs téléphoniques nous semblaient tout aussi étranges. Les personnes âgées, en particulier, ne savaient pas quoi dire face au choc du bip sonore. «Mais il n'y a personne», se plaignaient-elles à Baron, alors jeune chercheuse. Il leur fallut du temps pour acquérir les phrases appropriées, courtes, synthétiques, sans fioritures: «Bonjour, c'est mamie.» «Je voulais savoir comment s'est passée ta journée.» «Tu peux me rappeler quand tu auras le message?» Mais pour finir, elles les ont acquises.

On peut dire en toute objectivité que Baron est une techno-optimiste. Pourtant, elle est prête à reconnaître ses propres réserves. Et si les plus naïfs, les plus vulnérables se font arnaquer par des requins en ligne? Par des programmeurs sans scrupules dont les chatbots prêchent, intimident, séduisent? Les mots de Baron évoquent les arnaques par e-mail – un cœur brisé par-ci, mille euros perdus par-là. Quand on pense aux dégâts que peut provoquer un texte envoyé par un escroc, on imagine facilement l'efficacité d'un programme bonimenteur. Infatigables, impunissables, ils hanteraient librement les canaux électroniques d'Internet, toujours à l'affût pour dépouiller leur prochaine victime.

«Et si un robot n'accepte pas le refus?» s'interroge Baron. Sa voix trahit une certaine gêne. Elle me demande d'imaginer une vieille dame dans une maison de retraite en manque de personnel. Pour gagner du temps, l'équipe lui donne un robot qui parle. Le robot est strict: trois fois par jour – matin, midi et soir –, il doit veiller à ce que sa patiente prenne ses médicaments. Mais la vieille femme est têtue. Elle n'a pas toujours été vieille et malade. Supposons qu'elle ait autrefois eu une carrière importante, émaillée de clashs, de crises d'ego, et qu'elle n'accepte pas de recevoir d'ordres d'une caisse enregistreuse améliorée. « Ms Henderson, c'est l'heure de prendre vos médicaments, dit la machine. Votre pouls est actuellement cinq pulsations sous la normale. » Le robot ajoute quelque chose à propos de la glycémie, mais la vieille femme s'obstine. Face à ses enfants – à supposer qu'elle en ait –, elle céderait peut-être et avalerait la petite pilule bleue ; face à une infirmière, après une résistance respectable, elle la prendrait avec un grand verre d'eau. Mais avec un robot ? Jamais !

« Si la vieille femme est encore alerte, si ses facultés sont encore intactes, elle peut toujours éteindre la machine. C'est la grande différence entre les robots et les humains : le bouton *off* », explique Baron. Cependant, elle s'inquiète de ce qui se passerait si les règles de l'interaction robot-humain empêchent les patients de débrancher leur soignant. D'un côté, des robots qui cherchent à faire obéir des patients ; de l'autre des malades qui refusent d'écouter la machine. Toutes les conditions requises pour un concert de cris. « Quand on entend une dispute entre voisins dans un immeuble, ou entre un client et un vendeur dans un magasin, c'est déjà assez déplaisant. Comment réagirions-nous face à une guerre de mots dont l'un des protagonistes est mécanique ? »

⋆

Un programme qui saurait flatter ou argumenter de manière efficace aurait de bonnes chances de donner tort à Descartes. Trois cents ans avant l'invention de l'ordinateur numérique, il écrivait, dans le *Discours de la méthode* : « S'il y avoit de telles machines [...] qui eussent la ressemblance de nos corps, et imitassent autant nos actions que moralement il seroit possible, nous aurions toujours [des] moyens très certains pour reconnoître qu'elles ne seroient point pour cela de vrais hommes : [...] jamais elles ne pourroient user de paroles ni d'autres signes en les composant, comme nous faisons pour déclarer aux autres nos pensées ; car on peut bien concevoir qu'une machine soit tellement faite qu'elle profère des paroles, et même qu'elle en profère quelques-unes à propos des actions corporelles qui causeront quelque changement en ses organes, comme, si on la touche en quelque endroit, qu'elle demande ce qu'on lui veut dire ; si en un autre, qu'elle crie qu'on lui fait mal, et choses semblables ; mais non pas qu'elle les arrange diversement pour répondre au sens de tout ce qui se dira en sa présence, ainsi que les hommes les plus hébétés peuvent faire. »

Le test de langage de Descartes était une expérience de l'esprit, une défense de la spécificité du raisonnement humain formulée au XVIIe siècle, sans aucune intention opérationnelle. En revanche, le test de Turing (nommé d'après le pionnier de l'informatique britannique Alan Turing), proposé pour la première fois en 1950, avance une manière simple de juger de la capacité d'un programme à parler.

Voilà comment il se déroule. Un « interrogateur » se tient seul dans une pièce face à un écran d'ordinateur. Les messages qu'il tape sur le clavier sont envoyés à deux interlocuteurs dans deux pièces séparées. L'un est un homme ou une femme qui répond aux questions et aux commentaires de l'interrogateur comme le ferait n'importe quel humain. L'autre est un programme conçu pour interagir comme un communicant confirmé. L'interrogateur a cinq minutes pour distinguer le vrai du faux. Jeux de mots, plaisanteries, conversations idiosyncratiques : tout est permis. Si, après ce dialogue, il s'avère impossible de distinguer l'humain du robot, alors le programme a réussi, et l'on peut écarter l'objection de Descartes : on pourra dire qu'une machine a tenu une conversation.

Pourtant, Eliza, Evie et les autres chatbots restent très loin du but. Tellement loin, en fait, que l'on se demande si le « concevoir » de Descartes signifie qu'il s'agit d'une chose impensable – comme une machine volante a un jour été impensable –, mais également impossible – aussi impossible qu'un cochon qui vole. La parole serait quelque chose d'inaccessible aux robots. Les exclamations maladroites, les incohérences, les blagues qui tombent à plat comme des châteaux de cartes : l'incapacité de l'ordinateur à dire ce qu'il faut semble effectivement révélatrice. Dans d'autres domaines, ses prouesses font des bonds impressionnants, rendant cette incapacité d'autant plus remarquable. Depuis des années, des programmes ont dépassé les plus grands maîtres des échecs, et jouent aux dames à la perfection – littéralement. À l'heure où j'écris, un programme a vaincu pour la première fois un champion humain au jeu de go, un jeu de stratégie ancien. (L'humain en question, un Sud-Coréen de vingt-trois ans, se vantait lors d'une conférence de presse précédant le match qu'il battrait la machine cinq à zéro. Il a perdu quatre à un.) Viennent ensuite les programmes de reconnaissance faciale, les robots qui plient les genoux, les machines qui répondent aux questions des quiz télévisés. Seul le savoir-faire des ordinateurs en matière de langage laisse beaucoup à désirer. Le dédain cartésien pour les machines ne reste tenable que dans le domaine du langage. Les ordinateurs restent muets, et leur silence se remarque davantage chaque année.

Ce n'est pourtant pas faute d'essayer. Pendant vingt-cinq ans, un homme d'affaires américain aurait promis cent mille dollars à qui concevrait le premier chatbot suffisamment doué pour tromper la majorité de ses interrogateurs humains. Chaque année, des programmeurs lancent dans la compétition leur dernière création – avec nom, prénom et biographie. Pour rendre justice aux programmeurs, il arrive que les examinateurs les plus crédules ou les moins imaginatifs prennent les bizarreries d'un bot pour les approximations d'un adolescent étranger. Mais c'est là une exception. Les programmes ne produisent jamais des textes fluides, réfléchis et attirants. Jamais ils n'« arrange[nt] diversement [les paroles] pour répondre au sens de tout ce qui se dira en [leur] présence, ainsi que les hommes les plus hébétés peuvent faire ». Pas une seule fois cet homme d'affaires n'a couru le risque de perdre son argent, mais la publicité que font les médias à son concours annuel ne fait pas de tort à ses activités.

Quelques jours après ma conversation avec la linguiste, il me semble que les conseils de quelqu'un qui passe du temps avec ces programmes seraient les bienvenus. Quelqu'un qui s'y connaisse en octets et en RAM. Je ne possède pas ce genre de savoirs. Les entrailles d'un ordinateur sont pour moi un mystère total. J'en discute avec un ami informaticien. Il réfléchit. Puis il me conseille de ne pas me plonger dans l'aspect technique des choses, c'est inutile. Il me suggère un nom : Harry Collins. Pas réellement un informaticien, mais un sociologue qui mène un travail intéressant sur le test de Turing.

J'écris à Collins et fixe avec lui un rendez-vous pour l'appeler dans son bureau de l'université de Cardiff. Quand il décroche, il a tout l'air d'un homme entre deux réunions. L'espace d'un instant, je redoute de devoir annoncer à mon ami que ma discussion avec son sociologue n'a rien donné, mais mon inquiétude s'évapore rapidement. L'emploi du temps serré de Collins (au cours de notre conversation, il évoque le fait qu'il rédige trois manuels académiques en même temps) l'a rendu brusque, mais aussi efficace. Il explique tout rapidement et précisément. Je lui suis reconnaissant de cette concision : j'économise mes questions.

À propos des chatbots actuels et de leurs créateurs :

« Le concours de cet homme d'affaires est absurde. Il se contente de mesurer qui *fait mieux*, et non qui *fait*. Mais même le moins pire des robots ne peut pas parler. Il ne peut pas converser. Il n'est pas capable d'utiliser le langage humain de manière adéquate. Les plus optimistes dans le domaine disent : attendez vingt ans, vous verrez. Honnêtement, je ne les crois pas. Ils font de la publicité : ils diraient n'importe quoi. »

Sur le test de Turing :

« Mes propres expériences sont des variations autour du test de Turing. La même installation : des écrans d'ordinateur, des claviers, des pièces séparées, etc., mais avec une deuxième personne à l'autre bout, non un programme. D'humain à humain, comme dans la vraie vie. L'idée est de mieux comprendre comment les humains communiquent, comment nous nous faisons comprendre, comment nous employons le langage pour nous faire passer pour un certain type de personne.

« Dans une expérience, nous avons utilisé un groupe de sujets daltoniens. Nous leur avons dit : répondez aux messages de l'interrogateur comme si vous voyiez les couleurs normalement. Ainsi, par exemple, si un interrogateur vous demande quelle est votre couleur préférée, vous répondez "bleu", "jaune" ou "rouge pivoine", comme vous voulez, même si vous n'avez jamais vu de jaune, de bleu ou de rouge de votre vie. L'idée était d'étudier la manière dont ils s'appropriaient le langage de ceux qui voient le monde en couleurs. »

Collins raconte que ses sujets s'en sont sortis à merveille. Ils ont discuté sans la moindre difficulté d'arrangement floral, raconté leurs exploits au billard, décrit leur impatience quand ils attendaient que le feu passe au vert. Les interrogateurs ne pouvaient déterminer si leurs interlocuteurs voyaient réellement les couleurs ou non. La raison, m'explique Collins, est que les sujets étaient immergés depuis leur naissance dans une société où l'on perçoit les couleurs ; ils y ont acquis le langage jusqu'aux expressions familières « voir rouge » ou « se faire un bleu ».

Collins a poussé le jeu d'imitation du test de Turing encore plus loin dans une autre expérience. Il a demandé à un groupe de sujets aveugles de converser à distance avec des interrogateurs voyants. Les sujets utilisaient un logiciel de lecture d'écran pour entendre les mots qu'ils formaient en tapant leurs réponses. « Tous avaient perdu la vue très jeunes, vers l'âge de deux ou trois ans. Ils n'avaient donc aucun souvenir du monde visible. » Malgré cela, les interrogateurs furent incapables de déterminer si leurs correspondants étaient aveugles ou pas. Élevés dans une société où la vision domine, les sujets possédaient un « langage voyant ». Ils pouvaient fournir à chaque question le « bon type de réponse ».

Je demande à Collins de me donner un exemple des questions posées à ces sujets. « Par exemple : À combien de millimètres de la ligne doit tomber une balle de tennis pour être considérée comme étant dehors ? »

Ils n'avaient jamais tenu une raquette ni pivoté la tête de gauche à droite puis de droite à gauche pour suivre un match de tennis, mais leurs amis et leur famille l'avaient fait. Certains avaient même écouté les commentaires sportifs à la radio.

« Ensuite, nous avons retourné la situation. Nous avons demandé à un groupe de sujets voyants de s'exprimer comme s'ils ne pouvaient pas voir et n'avaient aucun souvenir d'avoir jamais vu. En d'autres termes, d'employer un "langage aveugle". Ils en étaient incapables. Les interrogateurs, tous non voyants, ont deviné dès les premières réponses que les sujets faisaient semblant. »

Pourtant, la première question des interrogateurs paraissait simple : « À quel âge êtes-vous devenu aveugle ? »

Collins : « Les sujets répondaient des choses comme : "Deux ans" ou "J'ai perdu la vue à trois ans", tandis qu'un aveugle répondrait quelque chose comme : "Ça a commencé quand j'avais deux ans, et j'ai été déclaré aveugle à trois ans et demi." »

N'ayant pas été élevés par des parents aveugles ou mêlés à des amis aveugles, les sujets voyants n'avaient jamais appris comment les non-voyants parlent entre eux. Ils ne savaient pas qu'on parle de la cécité comme d'un processus graduel.

« Les sujets daltoniens et aveugles de ce test n'utilisaient pas les mots au hasard. Ils n'essayaient pas non plus d'imiter. Il se passait autre chose, de bien plus intéressant. Ils démontraient un véritable savoir-faire langagier. Ils savaient ce que signifiait "vert" ou "tennis", mais surtout, ils savaient précisément comment les locuteurs utilisent ces mots dans cette société où l'on perçoit le vert et où l'on joue au tennis. Ils étaient capables de reproduire un comportement conversationnel approprié à n'importe quel moment. Ils savaient jouer la comédie humaine. »

Le langage serait alors un substitut du corps et de l'expérience directe. La conversation humaine résulte de notre interprétation. Souvent, on parle de la pluie et du beau temps. Mais, ajoute Collins, dans certains cas, les choses se compliquent, par exemple quand nous nous adressons à un avocat ou à un médecin et que la conversation est moins facile. Pourtant, la plupart des accusés et des patients s'en sortent. Le savoir-faire langagier d'un individu moyen est étonnamment vaste et profond.

Pour tester cette profondeur, en 2006, Collins mena son expérience la plus impressionnante. Sur lui-même. « Je suis sociologue de la connaissance scientifique. J'ai passé ma carrière à étudier des hommes et des femmes qui s'occupent de physique des ondes gravitationnelles. Je les ai fréquentés. J'ai parlé avec eux pendant des heures. Je me suis immergé dans leur communauté. Je suis incapable de réaliser le moindre de leurs calculs, personne ne me laisserait utiliser un fer à souder, mais je suis capable de parler comme eux. Un jour, j'ai décidé de me mettre à l'épreuve. »

Collins demanda à un panel de physiciens des ondes gravitationnelles d'envoyer une liste de questions, à lui ainsi qu'à un de leurs confrères, à laquelle ils répondraient séparément. Voici l'une de ces questions :

« Une théoricienne vous dit qu'elle a formulé une théorie selon laquelle un anneau circulaire de particules est déplacé par des ondes gravitationnelles de sorte que sa forme circulaire reste identique mais que sa taille oscille autour d'une taille moyenne. Serait-il possible de mesurer cet effet en utilisant un interféromètre laser ? »

Le physicien répondit : « Oui, mais il faudrait analyser la somme des tensions dans les deux bras, plutôt que leur différence. En fait, il n'y a même pas besoin des deux bras d'un interféromètre pour détecter les ondes gravitationnelles, à condition que l'on puisse mesurer le temps de trajet aller-retour de la lumière dans un seul bras assez précisément pour détecter de petites variations dans sa longueur. »

Collins imitant un physicien répondit : « Tout dépend de la direction de la source. Il n'y aura pas de signal détectable si la source se situe quelque part sur le plan qui traverse la station centrale et coupe l'angle des deux bras. Autrement, il y aura un signal, maximisé quand la source se trouve le long de l'un ou l'autre des deux bras. »

Sur les neuf juges du panel, sept ont estimé que la qualité des réponses à leurs questions était identique. Seuls deux ont osé identifier le non-physicien. Aucun des deux n'a désigné Collins.

« Apparemment, pour l'une de ses réponses, le véritable physicien avait puisé des idées dans un article publié que je n'avais pas lu. J'ai dû inventer ma propre réponse. Les deux juges se sont dit : "Seul un vrai physicien pourrait écrire quelque chose comme ça." »

Collins a réussi cette version du test de Turing car, de même que ses sujets daltoniens et aveugles, il avait accumulé suffisamment d'« expertise interactionnelle ».

« Lire des articles, des livres et des journaux ne suffit pas. Il faut passer beaucoup de temps à discuter avec des gens qui savent d'expérience de quoi ils parlent. »

Je suis d'accord avec Collins. Je lui dis que sa théorie correspond à mon expérience d'écrivain. Pour préparer mon roman *Mishenka*, l'histoire d'un jeune maître des échecs « qui pense avec ses mains », j'ai longuement parlé en personne avec plusieurs grands maîtres. Je me suis rendu chez l'ancien champion du monde Vladimir Kramnik, le vainqueur de Garry Kasparov, lui soutirant de nombreuses anecdotes. À Paris, j'ai fréquenté les coulisses d'un tournoi où s'affrontaient les meilleurs joueurs du monde, en compagnie des analystes et des reporters. Tout cela afin d'entrer dans les pensées de mes personnages.

« Exactement. Vous pouvez le faire, mais personne n'a trouvé comment les ordinateurs pourraient se socialiser. Ils n'ont pas de corps. Peut-être n'en ont-ils pas réellement besoin. Peut-être qu'une langue et un larynx, une paire d'yeux et d'oreilles, ou leurs équivalents mécaniques, suffiraient. Mais alors, comment insérer la machine dans une communauté langagière humaine ? Comment la faire participer à la circulation du sens ? Cette idée même paraît absurde. »

Absurde. Dans ce cas, pourquoi Turing a-t-il prévu que des machines parleraient couramment au XXe siècle ? (Il a écrit que les machines converseraient sans doute avec facilité en l'an 2000.) Sans doute, en raison de sa fascination pour les données, supposait-il que la conversation deviendrait un jour une science. Beaucoup d'autres intellectuels d'après-guerre voyaient le cerveau comme une sorte d'ordinateur spongieux, le langage humain comme un simple code numérique. La métaphore a l'avantage d'être séduisante, même ses détracteurs en conviennent. Accrocheuse. Malgré la déception d'une prédiction fausse, sa popularité est restée.

« C'est la faute de Chomsky », affirme Mark Bickhard, philosophe du langage. Il me parle depuis chez lui, en Pennsylvanie, par Skype. « Dans les années 1950, son travail faisait fureur, et bien sûr il a toujours du poids. En gros, Chomsky dit que vous et moi comprenons les phrases en raison de leur structure – l'ordre des mots, les règles grammaticales, etc. J'ai deux choses à répondre à cela. Premièrement, bien sûr que le langage est en partie structurel, mais c'est également le cas d'un certain nombre de savoir-faire. Par exemple, l'allumage du feu possède sa propre syntaxe : il faut accomplir toutes les différentes sous-tâches – ramasser du bois, craquer une allumette, souffler sur les bûches – dans un certain ordre pour que le feu prenne. Cela ne fait pas du feu une langue. Deuxièmement, la théorie de l'apprentissage a beaucoup évolué depuis les années 1950. Nous connaissons aujourd'hui le rôle prépondérant que jouent dans notre manière de communiquer le contexte situationnel ainsi que les nombreuses et complexes relations sémantiques entre les mots. »

Bickhard a soixante et onze ans, un crâne chauve et un regard intense. Résident de Bethlehem, Pennsylvanie, il porte fort à propos une longue barbe blanche de prophète. Derrière son bureau, sur une table basse, sont empilés d'épais volumes. Il me dit être arrivé au langage par accident. Il y a quarante ans, il avait rédigé un mémoire de psychothérapie. On lui avait reproché le trop-plein de mathématiques et le manque d'un chapitre sur le langage. Bickhard passa « un bon paquet d'années » à étudier puis à rejeter tous les modèles linguistiques existants. Mais sa fascination pour ce qui fait que le langage est langage a persisté.

Pour Bickhard, le langage est dynamique. Comme les tâches de Rorschach, les mots doivent constamment être interprétés et exigent toujours d'être complétés. « Vous descendez un vieil escalier de bois, et une marche grince. Vous savez immédiatement ce que signifie ce grincement : "Bon sang, je ferais mieux de filer, elle va se casser." Il se passe sans cesse la même chose avec les mots. Un père qui entend son fils dire quelque chose comme "J'ai clapoté sur ma calculatrice" le comprend parfaitement, il sait parfaitement quoi lui répondre, même si les mots en eux-mêmes n'ont pas de sens.

«Imaginez que vous entendiez crier : "Le rosbif de la trois a besoin d'eau." Pareil, ça n'a pas de sens. À moins que vous ne vous trouviez dans un restaurant. Jargon de serveurs.»

Dans n'importe quelle situation, le sens d'un mot, d'une expression, se développe de manière dynamique. On ne peut pas le deviner. «Vous êtes dans un restaurant. Vous regardez le menu et vous commandez. Vous dites : "Rosbif." Le serveur revient un peu plus tard avec votre plat.» Pour Bickhard, il se passe toujours bien plus de choses que ce qu'on entend. «Il faut se poser la question suivante : en quoi le fait de dire "rosbif" modifie-t-il la réalité sociale à laquelle participe le locuteur ?»

Le fait de dire «rosbif» a-t-il une valeur sociale plus haute que celui de dire, par exemple, «côte de porc» ? Le serveur, qui vous prenait pour un végétarien, vous verra-t-il maintenant d'un œil différent ? L'ami du locuteur assis à la même table réprimera-t-il un sourire en repensant à une vieille comptine : «*This little piggy had roast beef, this little piggy had none*» («Ce petit cochon a mangé du rosbif, ce petit cochon n'en a pas eu») ?

«Les mots transforment le monde autour de nous. Apprendre une langue, c'est apprendre comment "rosbif" transforme une situation par rapport à "poulet rôti" ou "Je suis fatigué" ou "Celui-là, là-bas", ou "À bientôt".»

J'écoute attentivement Bickhard, mon stylo court sur la page, quand soudain la communication s'interrompt ; le philosophe disparaît au milieu d'une phrase. Plusieurs minutes s'écoulent. Finalement, il me rappelle et l'écran s'emplit à nouveau de sa barbe blanche, de son pull bleu marine et de sa pile de livres.

En conversant, les humains mettent à jour et modifient la réalité sociale d'un moment à l'autre, conclut-il. Le sens est constamment entamé, négocié, débattu. L'enjeu est fort. Les ordinateurs, eux, inertes et indifférents, « n'ont rien à faire » du sens. C'est ce « je-m'en-foutisme » qui fait qu'ils ne feront jamais que singer les mots des gens.

Les mots du philosophe ont de l'importance pour moi. Ils peuvent me changer, et je les laisse faire. Quand j'éteins mon ordinateur portable, il est chaud. Je le remarque. Ce n'est pas la chaleur de l'accolade ou de la poignée de main d'un ami, seulement l'électricité, me dis-je. Mais sans elle, combien d'histoires venues du monde notre cerveau aurait-il pu manquer ?

Remerciements

J'aimerais tout d'abord remercier mon premier soutien et lecteur Jérôme Tabet, ainsi que nos familles respectives – en particulier, ma mère Jennifer et mes frères et sœurs ainsi que Catherine Tabet, Nicole Thibault et Raymonde Tabet pour leurs encouragements affectueux. Sans oublier Patrick Tabet et Brigitte Curtelin.

Je remercie également mes amis Ian et Ana Williams, Oliver et Ash Jeffery, Sigriður Kristinsdóttir et Hallgrímur Helgi Helgason, Valgerður Benediktsdóttir et Grímur Björnsson, Laufey Bjarnadóttir et Torfi Magnússon, Linda Flah, Claire Bertrand et sa famille, Valérie Leclerc et Arnaud Salembier, Helen et Rick Zipes, Jérémie Giles, Aurélia Chapelain et Didier Delgado, Agnès et Nicolas Ciaravola, Emilie et Jérôme Jude, Sonia Velli, Caroline Ravel et Radouane, Yoann Milin et Marianne Cruciani, Guy et Nadine Landais, Martin Johnson et Kristina, et Leandro Jofré, pour les heures de conversation stimulante et multilingue.

Le chapitre *Mains bavardes* n'aurait pu être écrit sans l'hospitalité et le soutien indéfectible de Margo Flah et de Jean-Philippe Tabet. Mes remerciements les plus chaleureux à Monica Elaine Campbell et à Michel David.

Pour leur précieuses contributions à ce livre, ma gratitude va aussi à Erin McKean; Les Murray et Margaret Connolly; Eszter Besenyei, Peter Weide, Ulrich Lins, Renato Corsetti, Ken Miner, W. H. Jansen; Ngũgĩ wa Thiong'o, Wangui wa Goro, Gichingiri Ndigirigi, Evan Mwangi; Richard Ringler; Brian Stowell, Adrian Cain, Paul Weatherall de Manx National Heritage; sir Michael Edwards; David Bellos, Gilles Esposito-Farese; Erri De Luca, Andy Minch; Wayne A. Beach, Lana Rakow; Naomi Susan Baron, Harry Collins, Mark Bickhard.

Un grand merci à mon éditrice française Catherine Meyer, à Maude Sapin, à Aleth Stroebel ainsi qu'à toute l'équipe des Arènes.

Enfin, je voudrais remercier mon traducteur, Samuel Sfez, tout particulièrement pour le chapitre *OuLiPo*.

L'EXEMPLAIRE QUE VOUS TENEZ ENTRE LES MAINS A ÉTÉ RENDU POSSIBLE GRÂCE AU TRAVAIL DE TOUTE UNE ÉQUIPE.

COUVERTURE : Sara Deux
MISE EN PAGE : Soft Office
RÉVISION : Aleth Stroebel et Laurent Raymond
FABRICATION : Maude Sapin

COMMERCIAL : Pierre Bottura
PRESSE/COMMUNICATION : Isabelle Mazzaschi et Jérôme Lambert, avec Adèle Hybre
RELATIONS LIBRAIRES : Jean-Baptiste Noailhat

DIFFUSION : Élise Lacaze (Rue Jacob diffusion), Katia Berry (grand Sud-Est), François-Marie Bironneau (Nord et Est), Charlotte Knibiehly avec Charlotte Jeunesse (Paris et région parisienne), Christelle Guilleminot (grand Sud-Ouest), Laure Sagot (grand Ouest) et Diane Maretheu (coordination), avec Christine Lagarde (Pro Livre), Béatrice Cousin et Laurence Demurger (équipe Enseignes), Fabienne Audinet et Benoît Lemaire (LDS), Bernadette Gildemyn et Richard Van Overbroeck (Belgique), Nathalie Laroche et Alodie Auderset (Suisse), Kamel Yahia et Kimly Ear (Grand Export)

DISTRIBUTION : Hachette

DROITS FRANCE ET JURIDIQUE : Geoffroy Fauchier-Magnan
DROITS ÉTRANGERS : Sophie Langlais

ENVOIS AUX JOURNALISTES ET LIBRAIRES : Patrick Darchy
LIBRAIRIE DU 27 RUE JACOB : Laurence Zarra
ANIMATION DU 27 RUE JACOB : Perrine Daubas

COMPTABILITÉ ET DROITS D'AUTEUR : Christelle Lemonnier avec Camille Breynaert
SERVICES GÉNÉRAUX : Isadora Monteiro Dos Reis

La couverture et la bande ont été imprimées
par Déjà Link à Stains.

Achevé d'imprimer par CPI Bussière
à Saint-Amand-Montrond
en France en septembre 2017.

ISBN : 978-2-35204-681-3
N° d'impression : 2032078
Dépôt légal : octobre 2017